中等职业教育“十四五”规划教材

冶金工业出版社

税务会计实务

部冰　杨晓　王晓莉　主编

北京
冶金工业出版社
2024

内 容 提 要

本书共分为6个项目，主要内容包括税务会计基础知识、增值税的会计实务、消费税的会计实务、企业所得税的会计实务、个人所得税的会计实务、其他税种的会计实务。

本书可作为中等职业院校财务会计专业的教材，也可作为相关单位专业人员的培训教材和参考书。

图书在版编目(CIP)数据

税务会计实务/部冰，杨晓，王晓莉主编 .—北京：冶金工业出版社，2024. 9. —（中等职业教育“十四五”规划教材）.—ISBN 978-7-5024-9905-1

Ⅰ. F810. 42

中国国家版本馆 CIP 数据核字第 2024EW8089 号

税务会计实务

出版发行 冶金工业出版社 **电　话** (010)64027926

地　址 北京市东城区嵩祝院北巷 39 号 **邮　编** 100009

网　址 www. mip1953. com **电子信箱** service@ mip1953. com

责任编辑 马媛馨 美术编辑 吕欣童 版式设计 郑小利

责任校对 梁江凤 责任印制 禹 蕊

北京建宏印刷有限公司印刷

2024 年 9 月第 1 版，2024 年 9 月第 1 次印刷

787mm×1092mm 1/16；14 印张；338 千字；212 页

定价 46. 00 元

投稿电话 (010)64027932 投稿信箱 tougao@cnmip. com. cn

营销中心电话 (010)64044283

冶金工业出版社天猫旗舰店 yjgycbs. tmall. com

(本书如有印装质量问题，本社营销中心负责退换)

前　言

“税务会计实务”是会计、税收等专业的一门专业核心课，服务于会计、税收等专业人才培养目标，培养具有一定的企业会计与税收能力的技术技能型人才。本书坚持“理实一体、学做合一”，以会计人员税务能力的培养为主线，直接为培养学生从事会计、税收工作应具备的基本知识、基本技能和实战操作能力服务。

与同类书相比，本书具有以下特色。

（1）从职业岗位能力培养出发，注重学生职业能力的养成。职业能力培养是职业院校教育的培养目标，财税职业能力围绕学生的职业道德素养养成和职业技能训练来开展。本书从大数据与会计职业能力入手，根据现行的准则、政策法规，每个项目把“基础知识”“岗位技能”“职业素养”等教学目标有机结合，按任务和活动设置职业能力目标，明确工作任务，引导学生有效学习。

（2）内容全面。本书在内容框架构建上设置了税收基本理论（包括税收征收管理制度）和实体税收法律制度两大部分，其中实体税收法律制度是本书的核心内容。在具体税种选择上，编者同时考虑了学生就业岗位中涉及较多的税种及学生在初中级职业资格考试中所要求掌握的增值税、消费税、企业所得税、个人所得税、城市维护建设税、关税、土地增值税、资源税、城镇土地使用税、房产税、契税、车船税、车辆购置税、印花税共 14 个具体税种。

（3）逻辑清晰。在每个税种的讲述中，本书按税收法定要素的逻辑关系统一分五个层次顺序展开：一是纳税人、征税范围和税率，二是税收优惠及税额计算，三是会计核算，四是纳税义务发生时间、纳税期限、纳税地点，五是纳税申报。

（4）注重思政教育。本书以教育部《高等学校课程思政建设指导纲要》的文件精神为指引，贯彻执行“课程思政建设是落实立德树人根本任务的战略举措”，具体项目教学中渗透职业素养教育，培养学生爱岗敬业、廉洁自律、依法纳税、勤俭节约等素养和品质，教育学生树立正确的人生观和价值观，有助于为学生职业能力发展奠定良好的基础。

本书由济南信息工程学校部冰、杨晓、王晓莉担任主编，广西南宁技师学院陆璐参编。全书由部冰、杨晓、王晓莉统编定稿，具体编写分工为：项目一、项目二由部冰编写；项目五、项目六由杨晓编写；项目三、项目四由王晓莉编写。

由于编者水平所限，书中不妥之处，敬请广大读者批评指正。

编 者

2024年3月

目　录

项目一　税务会计基础知识

·知识目标

（1）掌握税务会计的基础知识。

（2）熟悉税务登记、发票管理、纳税申报及税款缴纳的基本知识和要求。

·能力目标

（1）能明确税务会计与财务会计的联系与区别。

（2）能基本完成税务会计的工作流程。

·素质目标

（1）形成税务会计的基本职业素养。

（2）培养不做假账，守法、诚信的职业道德观念。

项目导入

2021年12月，浙江省杭州市税务局稽查局经税收大数据分析发现，网络主播黄某2019—2020年，通过隐匿个人收入、虚构业务转换收入性质、虚假申报等方式偷逃税款6.43亿元，少缴其他税款0.6亿元。该稽查局依法对黄某作出税务行政处理处罚决定，追缴税款、加收滞纳金并处罚款共计13.41亿元。2021年12月20日，黄某因偷逃税致歉后，其在淘宝、抖音、微博等多个平台的账号被封。2021年12月21日，中央纪委国家监委网站刊文表示，直播不是法外之地。

［思考］该案例给大家敲响警钟，遵纪守法是每个公民应尽的义务。那么，作为一名未来的会计从业者，应该进行哪些知识储备来避免主动或者被动碰触税收法律红线。

（资料来源：国家税务总局浙江省税务局，薇娅偷逃税被查，网络直播税收秩序规范迎来新拐点）

任务一　税务会计概述

一、税务会计的概念

税务会计是以税法为准绳，以货币为主要计量单位，运用会计的专门理论和方法，对纳税人的应纳税额进行确认、计算、会计核算、纳税筹划和申报缴纳等工作的一种专业会计管理活动。

税务会计是现代会计体系的重要组成部分，是企业会计的一个特殊领域。它以财务会计为基础，能对企业的涉税事项进行系统的反映，并对财务会计中，按会计准则进行的会计处理与现行税收法律法规不一致的会计事项进行纳税处理。即使当会计准则与现行税收法律法规的规定基本一致时，应纳税额的计算、申报、缴纳乃至纳税筹划等事项也依然存在，税务会计的应用就显得十分必要了。税务会计融合于企业会计核算的全过程。税务会计并非要求企业在财务会计的凭证、账簿、报表之外再设一套会计账表（纳税申报表及其附表除外），而是借助于财务会计的凭证、账簿、报表以及会计核算方法进行会计处理，对财务会计提供的资料按照税法的要求进行计算和调整后，再融于财务会计账簿和财务会计报表之中。所以，税务会计是融国家税收法律法规和会计核算为一体的一门特殊的专业会计。

二、税务会计的对象、目标和职能

（一）税务会计的对象

税务会计的对象是纳税人的各种涉税事项所引起的资金运动。企业在经营过程中，如果依法产生了纳税义务，就应当计算各种税金，并依法缴纳。因此，与税收资金运动相关的应税收入、计税成本费用、应税所得、应交税费、税收减免、税款退还、税收滞纳金等均构成税务会计核算与监督的内容。

（二）税务会计的目标

税务会计的目标主要是向各信息使用者提供有关纳税人税务活动的会计信息，具体可概括为：向国家有关部门提供满足其税收宏观管理需要的信息，保证国家财政收入；向企业外部信息使用者（如投资者、债权人等）披露企业税务资金的活动信息，为他们提供决策依据；为企业内部经营管理者进行科学的税务筹划，选择合理的纳税方案，为加强内部经营管理提供信息。

（三）税务会计的职能

税务会计的职能就是税务会计在经济管理活动中所具有的功能。税务会计的职能主要如下。

（1）核算职能。税务会计的首要职能是对企业生产经营活动中各种应纳税额进行确认、计算、会计核算、纳税筹划和申报缴纳等工作，筹集和运用各种涉税资金，反映纳税主体纳税义务履行的动态，提供纳税主体管理决策所需要的各种纳税信息。

（2）监督职能。企业具有法定的纳税义务，只有按照税收法律法规的要求规范执行，才能最大限度地避免纳税风险；同时企业也享有税收法律法规所赋予纳税人的权利，企业应当充分享受这些权利。合格的税务会计人员能够帮助企业适应税收政策环境的变化，理解把握并贯彻执行相关税收法律法规，并在配合税务机关、海关及相关工作人员检查的同时，维护企业的合法权益，监督和督促税务机关、海关及相关工作人员依法征税。

除此之外，税务会计还具有履行纳税程序的职能、提供税收法律法规咨询服务的职能等。

提 示

税务会计岗位职责主要有：

（1）负责对各税种进行计算、审核、复核；

（2）负责对各税种进行会计核算，登记涉税账簿；

（3）负责对各税种进行纳税筹划，在合法合理的前提下确定纳税方案，并降低纳税风险；

（4）负责对各税种进行纳税申报和税款缴纳；

（5）根据前期实缴税款情况及当前税收政策对本单位年度及月度应纳税额做出合理调整、预测；

（6）负责建立健全单位纳税内部控制制度；

（7）负责向财政机关、市场监督管理机关、审计机关、税务机关、海关等提供相关财税资料，协助税务机关开展对公司有关信息及税源的调查工作；

（8）负责进行纳税系统信息的核对与检查，并反馈信息给相关部门；

（9）负责向市场监督管理机关、税务机关等办理“一照一码”登记、设立税务登记、变更税务登记、停业复业登记、跨区域涉税事项报验管理、注销税务登记等工作；

（10）负责及时收集、反馈财政机关、市场监督管理机关、审计机关、税务机关、海关等发布的最新政策文件资料，以及参加各项市场监督管理、税务例会；

（11）负责向国家行政部门，如财政机关、税务机关、海关等申请财税优惠政策；

（12）完成上级领导交办的其他临时工作。

三、税务会计与财务会计的联系与区别

税务会计是社会经济发展到一定历史阶段后从传统的财务会计中细化分离出来的。税务会计与财务会计均属于企业的会计体系，两者在会计主体、记账基础、核算前提等方面基本相同，但在会计目标、会计对象、会计核算法律依据、提供的信息和会计核算基础等方面又存在着一定的区别。

（一）税务会计与财务会计的联系

税务会计是以财务会计为基础的。税务会计既要以国家现行税法为准绳，又要按会计准则进行账务处理，还要在财务会计报告中正确披露有关税务会计信息。税务会计与财务会计之间是相互补充、相互服务、相互依存的。两者作为企业会计的重要组成部分，只有相互配合、相互协调，才能完成各自的具体目标，并为企业共同的目标服务。

（二）税务会计与财务会计的区别

（1）会计目标不同。财务会计的目标主要是向投资者、债权人、政府部门、社会公众、企业管理决策者等有关信息使用者提供企业的财务状况、经营成果和现金流量等信息；税务会计的目标主要是向国家税务机关、海关及企业管理决策者等有关信息使用者提供纳税活动方面的信息。

（2）会计对象不同。财务会计的对象是核算和监督企业生产经营活动所引起的资金运动和变化，包括：资金的投入、循环、周转、退出的全过程；税务会计的对象仅限于与纳税人纳税有关的资金运动，如税款的计算、申报、缴纳、退补等。

（3）会计核算的法律依据不同。财务会计核算的法律依据是：会计法、会计准则和会计制度等会计法律法规；税务会计的核算除依据会计法、会计准则和会计制度等会计法律法规外，更侧重于税收法律法规（简称税法）。目前我国的税收法律法规与会计法律法规存在着较多差异，主要表现在收入的确认、费用的确认、资产的取得和期末计价等方面。

当会计法律法规与税收法律法规不一致时，税务会计应以税收法律法规为依据来调整财务会计的核算结果。

(4) 计算损益的角度不同。财务会计是从企业收益的角度计算损益的，依据会计准则的规定，以资产的历史成本计量为主，以公允价值等计量方式为辅，遵循谨慎性原则来确认和计量损益，按照“收入-费用=利润”的会计等式来计算损益；税务会计是从计税依据的角度计算损益的，依据税法的规定，以历史成本确认和计量损益，按照“收入总额-不征税收入-免税收入-各项扣除金额-允许弥补的以前年度亏损=应纳税所得额”的计算公式来计算损益，由此形成了“会计所得”与“应税所得”的不同。以税法为依据，将会计所得调整为应税所得，正是税务会计的主要内容。

任务二 税务会计的基本前提和原则

一、税务会计的基本前提

由于税务会计是以财务会计为基础的，因此财务会计中的基本前提有些也适用于税务会计，如会计分期、货币计量等，但因税收法律法规的特殊性，税务会计的基本前提也有其特殊性。

(1) 纳税主体。纳税主体就是通常所称的纳税人或纳税义务人，即依法直接负有纳税义务的法人、自然人和其他组织。纳税主体与财务会计中的会计主体有一定的联系，但又有一定的区别。在一般情况下，会计主体同时也是纳税主体。例如，某工业企业既是会计主体，同时又是纳税主体。但在某些特殊或特定情况下，会计主体不一定同时就是纳税主体，纳税主体也不一定同时就是会计主体。例如，由于个体工商户独立进行会计核算，因此，个体工商户是会计主体，但个体工商户不是企业所得税的纳税主体，而是个人所得税和其他某些税种的纳税主体；由于其他个人（指个体工商户以外的个人，即自然人）不进行会计核算，因此，其他个人不是会计主体，但却是个人所得税和其他某些税种的纳税主体。

(2) 持续经营。持续经营是指企业的生产经营活动将按照既定的目标持续进行下去，在可以预见的将来，不会面临破产清算或者注销。持续经营是增值税留抵和增值税期末留抵税额退税制度、企业所得税递延、亏损弥补、享受跨期税收优惠、税收返还或退还的前提条件。

(3) 货币时间价值。货币时间价值是指货币随着时间的推移而增加的价值。货币时间价值这一基本前提是税收立法、税收征收管理的出发点。因此，税法对各个税种都明确规定了纳税义务发生时间、纳税期限、纳税申报期限、税款缴纳期限等。在纳税筹划实务中，纳税人延期纳税就是利用了货币时间价值。纳税人在合法合理的前提下，采取递延确认收入或加速确认费用的方式便可以实现延期纳税的目的。

(4) 纳税期限。纳税期限是指纳税人按照税法规定缴纳税款的期限，有按年纳税、按期纳税和按次纳税之分，一般为一个时间段。纳税人不能自己决定纳税期限，必须根据税法的规定来确定自己的纳税期限。例如：根据税法的规定，增值税的纳税期限分别为 1 日、3 日、5 日、10 日、15 日、1 个月或者 1 个季度；不能按照固定期限纳税的，可以按次纳税。而企业所得税按年计征，分月或者分季预缴，年终汇算清缴，多退少补。企业所得税的纳税年度，自公历1月1日起至12月31日止。企业在一个纳税年度的中间开业，或者由于合并、关闭等原因终止经营活动，使该纳税年度的实际经营期不足12个月的，应当以其实际经营期为一个纳税年度。企业清算时，应当以清算期间作为一个纳税年度。自年度终了之日起5个月内，向税务机关报送年度企业所得税纳税申报表，并汇算清缴，结清应缴税款或应退税款。企业在年度中间终止经营活动的，应当自实际经营终止之日起60日内，向税务机关办理当期企业所得税汇算清缴。

二、税务会计的原则

税务会计是会计的一个分支，财务会计中的总体要求原则、会计信息质量要求原则以及会计要素的确认与计量原则，基本上也适用于税务会计。但税务会计与税法的特定联系，税收理论和立法中的实际支付能力原则、公平税负原则、社会效益原则等，会非常明显地影响税务会计。根据税务会计的特点，结合财务会计原则与税收原则，税务会计的原则可归纳为以下几个方面。

（1）合法性。税务会计在核算收入与费用、计算应纳税额、筹划税务活动和申报缴纳税款的过程中，一切须以税收法规为准绳，不能违背法律。而税法因国家的政治、经济发展与政策调整会有所变更。因此，税法是有时效的，这就要求税务会计人员及时关注税法的变化，坚持按现行税收法规处理业务。

（2）调整性。税务会计与财务会计的依存关系，决定了计税基础对会计账簿数据的依赖性。但税务会计与财务会计目标的分歧，又决定了两者之间的差异。为达到正确计税和及时纳税的目的，税务会计必须对财务会计处理中与现行税法不符的会计事项进行调整。因此，调整性原则是税务会计有别于其他专业会计的突出标志。

（3）公平性。税收是调整国家与企业单位、国家与个人之间经济利益的重要手段，税务会计则是落实税收政策、达成公平课税的工具。在税法面前，每一个纳税人的权利和义务都是平等的。因此，税务会计必须客观、真实地核算纳税人的收入与费用，达到合理、公平税收负担的效果。

（4）经济性。税务会计信息具有的双向服务特点，决定了税务会计的经济性原则具有双向含义。也就是说，为了维护自身的经济利益，纳税人理应依法筹划税务活动，力求经济纳税；而为了实现国家的宏观管理职能，税务机关必然依法强化税收征管，以保证财政收入。因此，经济性原则要求税务会计精确计算纳税人应纳税额，合理地完成纳税义务。

任务三　税务会计的工作流程

一、税务登记

以增值税一般纳税人登记为例。根据《增值税一般纳税人登记管理办法》增值税一般纳税人资格登记的条件如下。

（1）会计核算健全，能够精准提供税务资料。

（2）预计年应税销售额超过小规模企业标准。根据财政部、国家税务总局发布的《关于统一增值税小规模纳税人标准的通知》（财税〔2018〕33号）规定，从2018年5月1日起，增值税小规模纳税人标准不再按企业类型划分，统一调整为年应征增值税销售额500万元及以下。

增值税一般纳税人资格登记的程序如下：

1）纳税人向主管税务机关填报《增值税一般纳税人登记表》；

2）纳税人填报内容与税务登记信息一致的，主管税务机关当场登记；

3）纳税人填报内容与税务登记信息不一致，或者不符合填列要求的，税务机关应当场告知纳税人需要补正的内容。

二、账证票管理

从事生产、经营的纳税人应当自领取营业执照或者发生纳税义务之日起15日内，按照国家有关规定设置账簿。一般企业要设置的涉税账簿有总分类账、明细分类账及相关辅助性账簿。

从事生产、经营的纳税人应当自领取税务登记证件之日起15日内，将其财务、会计制度或者财务、会计处理办法报送主管税务机关备案。2016年，全国推进“五证合一、一照一码”登记制度改革后，企业领取“一照一码”营业执照时，等同于办理了税务登记证，应在领取营业执照之日起15日内将其财务、会计制度或财务、会计处理办法报送主管税务机关备案。

扣缴义务人应当自税法规定的扣缴义务发生之日起10日内，按照所代扣代收的税种设置代扣代缴、代收代缴税款账簿。其中，关于发票管理的基本内容如下。

（一）发票领购

这里以增值税专用发票的领购为例。

企业首次领用增值税专用发票需要提供以下资料到税务机关或电子税务局办理：（1）纳税人领用发票票种核定表；（2）税务登记证件；（3）经办人身份证明原件及复印件；（4）发票专用章印模；（5）税务行政许可申请表；（6）增值税专用发票最高开票限额申请单。

企业非首次领用增值税专用发票需携带以下资料到税务机关或电子税务局办理：（1）经办人身份证明（实名认证可免报送）；（2）发票领用簿；（3）金税盘（税控盘）；（4）报税盘。

（二）发票的基本内容

发票的基本内容包括发票的名称、字轨号码、发票联次及用途、客户名称、商品名称及经营项目、计量单位、数量、单价、金额、开票人、开票日期、开票单位（个人）名称（章）等。此外，增值税专用发票还应包括购销双方的经营地址、电话、税务登记证号、开户银行及账号、税率、税额等内容。

（三）发票的保管

国家税务总局统一负责全国发票管理工作。税务机关是发票主管机关，负责发票印制、领购、开具、取得、保管、缴销的管理和监督。对已开具的发票存根和发票登记簿要妥善保管，保存期为5年，保存期满需要经税务机关查验后才能销毁。

三、纳税申报

纳税申报是指纳税人按照税法规定，定期就计算缴纳税款的有关事项的税务机关提交书面报告的法定手续。凡是按照国家法律、行政法规的规定负有纳税义务的纳税人和扣缴义务人，无论本期有无应纳、应缴税款，都必须按税法规定的期限如实向主管税务机关办理纳税申报。

为了全面反映纳税人一定时期内的生产经营活动，纳税人在进行纳税申报时，要报送纳税申报表、代扣代缴或代收代缴税款报告表、财务会计报表以及税务机关根据实际需要要求纳税人或扣缴义务人报送的其他资料。

我国各税种都有相应的纳税申报表，实行税源控制的税种还有由扣缴义务人填报的代扣代缴或代收代缴税款报告表。不同税种的纳税申报表格式各不相同，但申报的主要内容一般包括纳税人名称、税款所属期限、税种、税目、应纳税项目、适用税率或单位税额、计税依据、应纳税额等。代扣代缴或代收代缴税款报告表内容一般包括纳税人名称、代扣代收税款所属期限、应代扣代收税款项目、适用税率、计税依据、应代扣代收税款以及税务机关规定的其他应申报的项目。

纳税申报的方式主要有直接申报、电子申报、邮寄申报、简易申报等。

提 示

《中华人民共和国税收征收管理法》（以下简称《税收征管法》）第 32 条规定："纳税人未按规定期限缴纳税款的，扣缴义务人未按照规定期限解缴税款的，税务机关除责令限期缴纳外，从滞纳税款之日起，按日加收滞纳税款 0.05%的滞纳金。"

《税收征管法》第 40 条和第 68 条规定，纳税人、扣缴义务人在规定期限内不缴或者少缴应纳或者应解缴的税款，经税务机关责令限期缴纳，逾期仍未缴纳的，税务机关可以依法采取从其存款中扣缴税款，扣押、查封、依法拍卖或者变卖的强制执行措施，还可以处以不缴或者少缴的税款 50%以上 5 倍以下的罚款。

四、税款缴纳

税款缴纳是纳税义务人依税法规定的期限，将应纳税款向国库解缴的活动。具体内容如下。

（一）税款征收方式

税款征收方式主要包括查账征收、查定征收、查验征收、定期定额征收等方式。

（二）税款缴纳方式

税款缴纳方式主要包括纳税人直接向国库经收处缴纳、税务机关自收税款并办理入库手续、代扣代缴、代收代缴、委托代征等方式。

（三）税款缴纳期限

（1）如期缴纳。所有的纳税人都应按照税法的规定如期缴纳税款。

（2）延期缴纳。纳税人有特殊困难，不能按期缴纳税款的，经省、自治区、直辖市税务局批准，可以延期缴纳税款，但最长不得超过 3 个月。上述所述的特殊困难主要指两种情况：一是因不可抗力，导致纳税人发生较大损失，正常生产经营受到较大影响的；二是当期货币资金在扣除应付职工工资、社会保险费后，不足以缴纳税款的。纳税人在申请延期缴纳税款时，必须以书面形式提出申请，税务机关应在收到申请延期缴纳税款报告之日起20日内作出批复，批准延期内免予加收滞纳金。

（四）税款的减免、退还与追征

（1）税款的减免。纳税人可以书面形式按法定程序向税务机关申请减税、免税。

（2）税款的退还。纳税人缴纳了超过应纳税额的税款，多缴税款应于接到纳税人退款申请之日起30日内予以退还。

（3）税款的追征。1）因税务机关的责任，3年内追征税款。2）因纳税人、扣缴义务人的责任，3年内追征税款及滞纳金，有特殊情况的，追征期可以延长到5年。3）对逃税、抗税、骗税的，可无限期追征税款、滞纳金。

五、税款征收措施

税款征收措施主要包括税收保全措施、税收统一强制执行措施、税务检查。

（1）税收保全措施。税务机关有根据认为从事生产经营的纳税人有逃避纳税义务行为的，可以在规定的纳税期限之前，责令限期缴纳税款。在限期内发现纳税人有明显的转移、隐匿其应纳税商品、货物以及其他财产或应纳税收入迹象的，税务机关应责令其提供纳税担保。如果纳税人不能提供纳税担保，经县以上税务局（分局）局长批准，税务机关可以采取下列税收保全措施：第一，书面通知纳税人开户银行或其他金融机构冻结纳税人的金额相当于应纳税款的存款；第二，扣押、查封纳税人价值相当于应纳税款的商品、货物或其他财产。

（2）税收统一强制执行措施。从事生产经营的纳税人、扣缴义务人未按规定的期限缴纳税款或解缴税款，纳税担保人未按规定的期限缴纳所担保的税款，由税务机关责令限期缴纳，逾期仍未缴纳的，经县以上税务局（分局）局长批准，税务机关可以采取下列强制执行措施：第一，书面通知其开户银行或其他金融机构从其存款中扣缴税款；第二，扣押、查封、依法拍卖或变卖其价值相当于应纳税款的商品、货物或其他财产，以拍卖或变卖所得抵缴税款。税务机关在将拍卖或变卖所得抵缴税款、滞纳金、罚款以及扣押、查封、保管、拍卖、变卖等费用后，剩余部分应在3日内退还被执行人。

（3）税务检查。广义的税务检查是指税务机关依法对纳税人、扣缴义务人履行纳税义务、扣缴义务情况所进行的监督、审查和处理的总称。狭义的税务检查是税务机关下设的享有稽查权的专业机构，依照税收法律、行政法规的规定，按照一定的程序和标准，对有税收违法嫌疑的税收管理相对人履行税收义务情况进行检查、处理的税收执法活动。税收实践中的税务检查主要是指狭义的税务检查，也称为税务稽查。根据税务检查对象的来源和税务检查的目的，税务检查的形式有日常检查、专项检查与专案检查。

思政小课堂

构建“亲清”新型的税企关系，培养德才兼备的财税人才。

（1）税务机关：深入贯彻“深化简政放权、放管结合、优化服务改革”精神，搭建税企沟通桥梁，优化税收营商环境，更好服务市场主体，贡献税务智慧力量。

（2）税务会计：努力增强法治观念，“践行社会主义核心价值观”，配合税务机关工作，做好税务会计工作，充分运用税收优惠，合理依法足额纳税。

【课后练习】

1-1 单选题

(1) 在我国，为了便于协调税务会计与财务会计的有关数据，应纳税年度与日历年度、财政年度、会计年度是相同的，都是每年的（ ）。

A. 1月1日起到12月31日止　　B. 7月1日起到6月30日止
C. 3月1日起到2月28日止　　D. 9月1日起到8月31日止

(2) 增值税一般纳税人资格登记条件之一：预计年应税销售额超过小规模企业标准。从2018年5月1日起，不再按企业类型划分，统一调整为（ ）万元。

A. 300　　B. 500　　C. 800　　D. 1000

(3) 纳税人未按规定期限缴纳税款的、扣缴义务人未按照规定期限解缴税款的，税务机关除了责令限期缴纳，从滞纳税款之日起，按日加收滞纳税款（ ）的滞纳金。

A. 0.01%　　B. 0.03%　　C. 0.05%　　D. 0.07%

(4) 经税务机关批准延期缴纳的税款，在批准的延期内（ ）。

A. 加收滞纳金　　B. 减半征收滞纳金
C. 加倍征收滞纳金　　D. 不加收滞纳金

(5) 税务机关确认应纳税额时，对于生产规模小，账册不健全，但能够控制原材料或进销货的纳税人，可采用（ ）方式确定应纳税额。

A. 查账确定　　B. 查定确定　　C. 查验确定　　D. 定期核定

(6) 下列各项中，属于税收保全措施的是（ ）。

A. 暂扣纳税人营业执照
B. 书面通知纳税人开户银行从其存款中扣缴税款
C. 拍卖纳税人价值相当于应纳税款的货物，以拍卖所得抵缴税款
D. 查封纳税人价值相当于应纳税款的货物

(7) 下列关于税收强制执行措施的说法错误的是（ ）。

A. 税收强制执行措施经县以上税务局（分局）局长批准
B. 税收强制执行措施的权力，不得由法定的税务机关以外的单位和个人行使
C. “书面通知其开户银行或其他金融机构从其存款中扣缴税款”属于税收强制执行措施之一
D. 从事生产经营的纳税人、扣缴义务人未按规定的期限缴纳税款或解缴税款就可采用税收强制执行措施

(8) 对偷税、抗税、骗税的，税务机关的税款追征期为（ ）。

A. 3年　　B. 5年　　C. 10年　　D. 无期限

1-2 多选题

(1) 税务会计的目标包括（ ）。

A. 依法纳税　　B. 正确进行税务会计处理
C. 科学进行纳税筹划　　D. 合理避税

(2) 税务会计对象是纳税人的各种涉税事项所引起的税收资金运动，具体有应税收入、（ ）等。

A. 计税成本费用　　B. 应税所得
C. 应交税费　　D. 税收减免与退还

(3) 税务会计与财务会计的区别主要表现在（ ）及计算损益的程序不同。

A. 目标　　B. 对象　　C. 核算原则　　D. 法律依据

(4) 以下关于税务会计与财务会计的区别说法正确的有（ ）。

A. 财务会计的目标是向信息使用者提供企业财务状况、经营成果的会计信息，而税务会计的目标是向信息使用者提供企业税务活动会计信息

B. 财务会计核算与监督的对象是企业能以货币计量的全部经济事项，而税务会计核算与监督的对象仅限于与纳税人纳税有关的资金运动

C. 财务会计强调提供信息的真实性和可靠性，会计核算应以权责发生制为基础，而税务会计不仅要求所提供信息的真实性，更强调纳税人“支付能力”“征管方便”和“足额、及时纳税”的要求，会计核算以修正的权责发生制为基础

D. 财务会计遵循会计制度，注重会计信息的客观、公允，而税务会计注重税务信息的合法性，不仅要遵循与税法不相矛盾的财务会计一般原则，更要严格按税法的要求进行会计处理

(5) 纳税人有下列（ ）特殊困难，不能按期缴纳税款的，经省、自治区、直辖市的税务机关批准，可以延期缴纳税款，但最长不得超过3个月。

A. 因不可抗力，导致纳税人发生较大损失，正常生产经营受到较大影响的

B. 当期货币资金在扣除应付职工工资、社会保险费后，不足以缴纳税款的

C. 出现网络故障无法申报缴纳的

D. 因企业法定代表人、财务人员外出，不能按期缴纳税款的

1-3 判断题

(1) 税务会计与财务会计核算方法完全不同。 （ ）

(2) 税款的追征如果是因税务机关的责任，5年内追征税款。 （ ）

(3) 为加强税务会计核算，企业必须在财务会计的凭证、账簿、报表之外再设一套专门的税务会计账表，方便税务管理与检查。 （ ）

(4) 纳税人在纳税申报期内若有应税收入，应按规定的期限办理纳税申报，若无应税收入或在减免税期间，可以不办理纳税申报。 （ ）

【实践教学任务】

税务会计岗位认知

与会计专业相关的职业或者执业资格主要有会计师（初级、中级、高级，下同）、经济师（初级、中级、高级，下同）、审计师（初级、中级、高级，下同）、税务师、资产评估师、注册会计师。将全班同学分成若干小组，每组10人左右。

要求：

(1) 每组通过电话、电子邮件调查问卷、网页版调查问卷或者纸质版调查问卷等方式来调查相关会计从业人员都获取了哪些职业或者执业资格，调查职业或者执业资格获取的难易程度并排序，调查职业或者执业资格的重要性程度并排序；

(2) 会计师、经济师、审计师、税务师、资产评估师、注册会计师等职业或执业资格的报考条件有哪些？在校生或者毕业生（毕业当年度）可以考取的职业或执业资格的条件；

(3) 对相关会计从业人员获取的职业或者执业资格调查结果进行分析。

项目二　增值税的会计实务

·知识目标

（1）掌握增值税征税范围、纳税人、税率的相关内容。

（2）掌握增值税一般纳税人、小规模纳税人及进口货物增值税应纳税额计算方法。

（3）熟悉增值税的税收优惠政策。

（4）掌握增值税涉税业务的会计核算内容和方法。

·能力目标

（1）能根据相关业务资料计算增值税。

（2）能设置增值税会计科目，能根据相关业务资料对增值税进行会计核算。

（3）能根据相关业务资料填写增值税及附加税费申报表以及相关申报表，并能进行增值税的纳税申报。

·素质目标

（1）学好税收政策，养成关注国家税收政策变化的习惯。

（2）理解增值税优惠政策，培养爱国主义情怀。

（3）养成认真细致的工作态度，培养对数字的敏感性。

（4）培养良好的职业道德、团结协作的精神和协调工作的素质。

项目导入

国家税务总局于2023年1月27日发布的增值税发票数据显示，2023年春节假期，全国消费相关行业销售收入与2022年春节假期相比增长12.2%，与2019年春节假期相比年均增长12.4%，总体保持平稳增长态势。

数据显示，2023年春节假期，旅游及住宿服务恢复加快，旅行社及相关服务业销售收入同比增长1.3倍，已恢复至2019年春节假期的80.7%。旅游饭店、经济型连锁酒店销售收入同比分别增长16.4%、30.6%，分别恢复至2019年春节假期的73.4%、79.9%。

此外，生活必需品消费保持稳定增长，春节假期，粮油食品等基本生活类商品销售收入同比增长31.5%。家居升级类商品消费增长较快，家具、五金、文体用品销售收入同比分别增长15.2%、8.6%和20.9%。

[要求] 请登录国家税务总局网站或中国注册税务师协会网站，搜索国家近几年出台的税收优惠政策，了解国家为帮助企业恢复元气、增添动力，都有哪些有关增值税的优惠政策?

（资料来源：国家税务局，增值税发票数据显示：春节假期消费平稳增长　出行旅游恢复较快）

任务一 增值税概述

一、增值税的概念及分类

增值税是以销售货物，提供加工、修理修配劳务，销售服务、无形资产或者不动产过程中产生的增值额作为计税依据而征收的一种流转税。

按购进固定资产的进项税额是否可以抵扣及如何抵扣的不同，可将增值税分为消费型增值税、收入型增值税和生产型增值税三种类型。三种类型增值税的特点见表2-1。

表2-1 三种类型增值税的特点

类型	特 点
消费型增值税	（1）购进的固定资产所含的增值税额（进项税额）允许一次性从销项税额中全部抵扣； （2）彻底消除重复征税，有利于设备更新和技术进步
收入型增值税	购进的固定资产在当期计提折旧的部分所含的增值税额（进项税额）允许从销项税额中抵扣
生产型增值税	（1）购进的固定资产所含的增值税额（进项税额）不允许从销项税额中抵扣； （2）存在重复征税，抑制固定资产投资

【延伸】

增值税的改革历程

我国自1979年开始在部分城市试行增值税，1982年财政部制定了《增值税暂行办法》，自1983年1月1日开始在全国试行。我国增值税目前适用的主要法律文件是《中华人民共和国增值税暂行条例》。《中华人民共和国增值税暂行条例》是于1993年12月13日以中华人民共和国国务院令第134号的文件形式公布，于2008年11月5日经国务院第34次常务会议修订通过，根据2016年2月6日《国务院关于修改部分行政法规的决定》再次修订，根据2017年11月19日《国务院关于废止〈中华人民共和国营业税暂行条例〉和修改〈中华人民共和国增值税暂行条例〉的决定》进一步修订。到目前为止，我国增值税经历了四次改革。

（1）1984年的第一次改革，属于增值税的过渡阶段。此时的增值税是在产品税的基础上进行的，征税范围较窄，税率档次较多，计算方式复杂，留有产品税的痕迹，属于变相增值税。

（2）1993年的第二次改革，属于增值税的规范阶段。参照国际通行做法，结合我国实际情况，扩大了征税范围，减并了税率，规范了计算方法，开始进入国际通行的规范化行列。

（3）2009年的第三次改革，属于增值税的转型阶段。自2009年1月1日起，符合规定的固定资产进项税额允许抵扣，实现了由生产型增值税向消费型增值税的转型。

（4）2012年起的第四次改革，属于增值税的"营改增"阶段。交通运输业和部分现代服务业率先由征收营业税改为征收增值税，扩大了增值税的征税范围。

财政部、国家税务总局于2011年11月17日公布了营业税改征增值税试点方案，交通运输业和部分现代服务业营业税改征增值税自2012年1月1日起在上海等地实施。自2012年8月1日起至2012年年底，将交通运输业和部分现代服务业作为营业税改征增值税的试点范围，由上海市分批扩大至北京、天津、江苏、浙江、安徽、福建、湖北、广东、厦门和深圳10个省、直辖市、计划单列市。自2013年8月1日起，在全国范围内开展交通运输业（除铁路运输外）和部分现代服务业“营改增”试点。自2014年1月1日起，“营改增”试点扩大到铁路运输和邮政服务业。自2014年6月1日起，“营改增”试点扩大到电信业。自2016年5月1日起，将建筑业、房地产业、金融业、生活服务业4个行业纳入“营改增”试点范围。至此，营业税全部改征增值税。

二、增值税的征税范围

（一）增值税征税范围的一般规定

1. 销售或者进口货物

销售货物是指有偿转让货物的所有权。

进口货物是指申报进入中国海关境内的货物。只要是报关进口的应税货物，均属于增值税的征税范围，除了享受免税政策，在进口环节缴纳增值税。

“有偿”是指从购买方取得货币、货物或者其他经济利益。“货物”是指除土地、房屋和其他建筑物等一切不动产之外的有形动产，包括电力、热力、气体在内。

2. 提供（销售）加工、修理修配劳务

“加工”是指委托方提供原材料及主要材料，受托方按照委托方的要求制造货物并收取加工费的业务；“修理修配”是指受托对损伤和丧失功能的货物进行修复，使其恢复原状和功能的业务。

【注意】

提供加工、修理修配劳务是指有偿提供加工、修理修配劳务，但单位或个体工商户聘用的员工为本单位或雇主提供加工修理修配劳务，不包括在内。

3. 销售服务

销售服务是指提供交通运输服务、邮政服务、电信服务、建筑服务、金融服务、现代服务、生活服务。

（1）交通运输服务。交通运输服务是指使用运输工具将货物或者旅客送达目的地，使其空间位置得到转移的业务活动，包括陆路运输服务、水路运输服务、航空运输服务和管道运输服务。

（2）邮政服务。邮政服务是指中国邮政集团公司及其所属邮政企业提供邮件寄递、邮政汇兑、机要通信和邮政代理等邮政基本服务的业务活动，包括邮政普遍服务、邮政特殊服务和其他邮政服务。

（3）电信服务。电信服务是指利用有线、无线的电磁系统或者光电系统等各种通信网络资源，提供语音通话服务，传送、发射、接收或者应用图像、短信等电子数据和信息的业务活动，包括基础电信服务和增值电信服务。

(4) 建筑服务。建筑服务是指各类建筑物、构筑物及其附属设施的建造、修缮、装饰，线路、管道、设备、设施等的安装以及其他工程作业的业务活动，包括工程服务、安装服务、修缮服务、装饰服务和其他建筑服务。

(5) 金融服务。金融服务是指经营金融保险的业务活动，包括贷款服务、直接收费金融服务、保险服务和金融商品转让。

(6) 现代服务。现代服务是指围绕制造业、文化产业、现代物流产业等提供技术性、知识性服务的业务活动，包括研发和技术服务、信息技术服务、文化创意服务、物流辅助服务、租赁服务、鉴证咨询服务、广播影视服务、商务辅助服务和其他现代服务。

(7) 生活服务。生活服务是指为满足城乡居民日常生活需求提供的各类服务活动，包括文化体育服务、教育医疗服务、旅游娱乐服务、餐饮住宿服务、居民日常服务和其他生活服务。

4. 销售无形资产

销售无形资产是指转让无形资产所有权或者使用权的业务活动。

无形资产是指不具实物形态，但能带来经济利益的资产，包括技术、商标、著作权、商誉、自然资源使用权和其他权益性无形资产。技术，包括专利技术和非专利技术。自然资源使用权，包括土地使用权、海域使用权、探矿权、采矿权、取水权和其他自然资源使用权。其他权益性无形资产，包括基础设施资产经营权、公共事业特许权、配额、经营权(包括特许经营权、连锁经营权、其他经营权)、经销权、分销权、代理权、会员权、席位权、网络游戏虚拟道具、域名、名称权、肖像权、冠名权、转会费等。

5. 销售不动产

销售不动产是指转让不动产所有权的业务活动。

不动产是指不能移动或者移动后会引起性质、形状改变的财产，包括建筑物、构筑物等。建筑物包括住宅、商业营业用房、办公楼等可供居住、工作或者进行其他活动的建造物。构筑物包括道路、桥梁、隧道、水坝等建造物。

【注意】

转让建筑物有限产权或者永久使用权的、转让在建的建筑物或者构筑物所有权的、在转让建筑物或者构筑物时一并转让其所占土地的使用权的，按照销售不动产缴纳增值税。

(二) 增值税征税范围的特殊规定

1. 视同销售货物

视同销售货物是指在会计上不作为销售核算，而在税收上作为销售、确认收入计缴税费的商品的转移行为。《中华人民共和国增值税暂行条例实施细则》规定，单位或者个体工商户的下列行为，视同销售货物，具体包括如下情形：

(1) 将货物交付其他单位或者个人代销；

(2) 销售代销货物；

(3) 设有两个以上机构并实行统一核算的纳税人，将货物从一个机构移送其他机构用于销售，但相关机构设在同一县（市）的除外；

(4) 将自产、委托加工的货物用于非增值税应税项目；

(5) 将自产、委托加工的货物用于集体福利或者个人消费；

（6）将自产、委托加工或者购进的货物作为投资，提供给其他单位或者个体工商户；

（7）将自产、委托加工或者购进的货物分配给股东或者投资者；

（8）将自产、委托加工或者购进的货物无偿赠送其他单位或者个人。

提 示

将购进的货物用于集体福利或者个人消费，不属于视同销售。就一般纳税人采用一般计税方法的情形而言，此类行为属于“销项不计、进项不抵”；若购进货物的增值税进项税额已经抵扣过了，应当对其作进项税额转出处理。

2. 视同销售服务、无形资产或不动产

（1）单位或者个体工商户向其他单位或者个人无偿提供服务，但是用于公益事业或者以社会公众为对象的除外。

（2）单位或者个人向其他单位或者个人无偿转让无形资产或者不动产，但是用于公益事业或者以社会公众为对象的除外。

（3）财政部和国家税务总局规定的其他情形。

3. 混合销售与兼营销售

混合销售是指纳税人的一项既涉及服务，又涉及货物的销售行为。

兼营销售是指纳税人兼营货物、劳务、服务、无形资产或者不动产的销售行为。兼营销售适用不同税率或者征收率的，企业应当分别核算适用不同税率或者征收率的销售额；未分别核算的，从高适用税率。

混合销售与兼营销售的区别见表 2-2。

表 2-2 混合销售和兼营销售两种特殊行为的区别

行为	混合销售	兼营销售
判断依据	强调同一项销售行为中存在两类经营项目（一类是货物，另一类是服务）的混合，两者有从属关系	强调同一纳税人的经营活动中存在两类或多类的经营项目（货物、加工修理修配劳务、服务、无形资产或者不动产），它们之间无直接从属关系
税务处理	从事货物的生产、批发或者零售的单位和个体工商户的混合销售行为，按照销售货物缴纳增值税；其他单位和个体工商户的混合销售行为，按照销售服务缴纳增值税	应当分别核算适用不同税率或者征收率的销售额，未分别核算销售额的，从高适用税率或者征收率
备注	从事货物的生产、批发或者零售的单位和个体工商户，包括以从事货物的生产、批发或者零售为主，并兼营销售服务的单位和个体工商户在内	（1）兼有不同税率的销售货物、加工修理修配劳务、服务、无形资产或者不动产，从高适用税率。 （2）兼有不同征收率的销售货物、加工修理修配劳务、服务、无形资产或者不动产，从高适用征收率。 （3）兼有不同税率和征收率的销售货物、加工修理修配劳务、服务、无形资产或者不动产，从高适用税率

续表 2-2

行为	混合销售	兼营销售
举例	（1）超市销售家电同时提供送货上门服务。 （2）某 KTV 所提供娱乐服务的同时销售烟、酒、饮料	某购物中心既销售商品，又提供餐饮服务

三、增值税纳税人

增值税纳税人是指税法规定负有缴纳增值税义务的单位和个人。

在中华人民共和国境内销售货物或者加工、修理修配劳务（以下简称劳务），销售服务、无形资产、不动产以及进口货物的单位和个人，为增值税的纳税人，应当缴纳增值税。

“单位”是指企业、行政单位、事业单位、军事单位、社会团体及其他单位；“个人”是指个体工商户和其他个人。

【注意】

在中华人民共和国境内的界定：

（1）销售货物在境内是指起运地或所在地在境内；

（2）提供应税劳务在境内是指发生地在境内；

（3）销售服务、无形资产或者不动产在境内是指：1）服务（租赁不动产除外）或者无形资产（自然资源使用权除外）的销售方或者购买方在境内；2）所销售或者租赁的不动产在境内；3）所销售自然资源使用权的自然资源在境内。

单位以承包、承租、挂靠方式经营的，一般情况以承包人为纳税人。承包人以发包人名义对外经营并由发包人承担相关法律责任的，以该发包人为纳税人。资管产品运营过程中发生的增值税应税行为，以资管产品管理人为增值税纳税人。

中华人民共和国境外的单位或者个人在境内销售劳务，在境内未设有经营机构的，以其境内代理人为扣缴义务人；在境内没有代理人的，以购买方为扣缴义务人。

按照经营规模的大小和会计核算健全与否等标准，增值税纳税人可分为一般纳税人和小规模纳税人。

（一）增值税小规模纳税人

小规模纳税人是指年销售额在规定标准以下，并且会计核算不健全，不能按规定报送有关税务资料的增值税纳税人。小规模纳税人的标准如下：

（1）自 2018 年 5 月 1 日起，增值税小规模纳税人标准统一为年应税销售额 500 万元及以下；

（2）年应税销售额超过小规模纳税人标准的其他个人（指个体工商户以外的个人）按照小规模纳税人纳税；

（3）年应税销售额超过小规模纳税人标准的非企业性单位、不经常发生应税行为的企业可选择按照小规模纳税人纳税（针对销售货物、加工修理修配劳务的纳税人）；年应税销售额超过规定标准但不经常发生应税行为的单位和个体工商户可选择按照小规模纳税人纳税（针对销售服务、无形资产或者不动产的纳税人）。

【注意】

（1）小规模纳税人会计核算健全，能够提供准确税务资料的，可以向主管税务机关办理一般纳税人登记，成为一般纳税人。

（2）除国家税务总局另有规定外，一经登记为一般纳税人后，不得转为小规模纳税人。

（二）增值税一般纳税人

一般纳税人是指年应征增值税销售额（以下简称年应税销售额，指的是销售货物、劳务、服务、无形资产、不动产年应征增值税销售额之和）超过税法规定的小规模纳税人标准的企业和企业性单位。

一般纳税人的特点是增值税进项税额可以抵扣销项税额。纳税人不属于一般纳税人（或者可选择不作为一般纳税人）的情况包括以下几点：

（1）年应税销售额未超过小规模纳税人标准的企业（不属于一般纳税人，但符合一定条件的可以申请成为一般纳税人）；

（2）除个体工商户以外的其他个人（不属于一般纳税人）；

（3）非企业性单位、不经常发生增值税应税行为的企业（针对销售货物、加工修理修配劳务的纳税人，年应税销售额超过小规模纳税人标准的，可选择不作为一般纳税人）；

（4）不经常发生应税行为的单位和个体工商户（针对销售服务、无形资产或者不动产的纳税人，年应税销售额超过规定标准的，可选择不作为一般纳税人）。

增值税纳税人年应税销售额超过财政部、国家税务总局规定的小规模纳税人标准的，除税法另有规定外，应当向其机构所在地主管税务机关办理一般纳税人登记。

在税务机关登记的一般纳税人，可按税法规定计算应纳税额，并使用增值税专用发票。对符合一般纳税人条件但不办理一般纳税人登记手续的纳税人，应按销售额依照增值税税率计算应纳税额，不得抵扣进项税额，也不得使用增值税专用发票。

四、增值税税率和征收率

增值税一般纳税人在一般计税方法下适用13%、9%、6%、零税率四档比例税率。一般纳税人在特殊情况下以及小规模纳税人缴纳增值税均采用简易计税方法适用征收率。

（一）增值税税率

1. 基本税率13%

适用基本税率13%的货物包括：销售和进口货物（执行9%税率的货物除外）；提供加工修理修配劳务；有形动产租赁服务。

2. 税率9%

适用税率9%的销售或进口的货物包括：（1）粮食等农产品、食用植物油、食用盐；（2）自来水、暖气、冷气、热水、煤气、石油液化气、天然气、二甲醚、沼气、居民用煤炭制品；（3）图书、报纸、杂志、音像制品、电子出版物；（4）饲料、化肥、农药、农机、农膜；（5）国务院规定的其他货物。

适用税率9%的服务、无形资产和不动产包括提供交通运输服务、邮政服务、基础电信服务、建筑服务、不动产租赁服务，销售不动产、转让土地使用权。

3. 税率6%

适用税率6%的服务、无形资产和不动产包括提供增值电信服务、金融服务、现代服务（租赁除外）、生活服务，销售无形资产（转让土地使用权除外）。

4. 零税率

适用零税率的情形包括：（1）纳税人出口货物，税率为0，但国务院另有规定的除外；（2）境内单位和个人跨境销售国务院规定范围内的服务、无形资产，税率为0。

（二）增值税征收率

1. 征收率3%

（1）小规模纳税人。小规模纳税人一般的应税行为适用3%征收率；但有特殊情况的，另按其规定征收。

（2）一般纳税人。一般纳税人适用3%征收率的情形见表2-3。

表2-3 一般纳税人适用3%征收率的情形

适用情形	具体内容	
适用3%征收率	寄售商店代销寄售物品、典当业销售死当物品	
销售自产货物可选择按照3%征收率纳税的货物	（1）自来水。 （2）县级及以下小型水力发电单位生产的电力。 （3）用微生物、血液或组织等制成的生物制品。 （4）建筑用和生产建筑材料所用的砂、土、石料。 （5）以自己采掘的砂、土、石料或其他矿物连续生产的砖、瓦、石灰。 （6）商品混凝土	选择简易办法后，36个月内不得变更
可选择按照3%征收率纳税的服务	（1）公共交通运输服务。 （2）动漫产品的设计、制作服务，以及在境内转让动漫版权。 （3）电影放映服务。 （4）仓储服务。 （5）装卸搬运服务。 （6）收派服务。 （7）文化体育服务。 （8）以营改增试点前取得的有形动产，提供的有形动产经营租赁服务。 （9）营改增试点前签订的，尚未执行完毕的有形动产租赁合同	选择简易办法后，36个月内不得变更

2. 征收率3%减按2%征收

征收率3%减按2%征收的情形见表2-4。

表 2-4 征收率 3%减按 2%征收的情形

<table>
<tr><th colspan="2">应税项目</th><th>计算方法</th></tr>
<tr><td colspan="2">销售旧货（二手车除外）</td><td rowspan="2">应纳税额 = 含税售价÷(1+3%)×2%</td></tr>
<tr><td>销售自己使用过的购入时不得抵扣且未抵扣过进项税的固定资产</td><td>（1）小规模纳税人。
（2）2009 年 1 月 1 日以前购入的固定资产。
（3）2013 年 8 月 1 日以前购入的小汽车、摩托车和游艇（2 车 1 艇）</td></tr>
</table>

3. 征收率 5%

适用征收率 5%的情形见表 2-5。

表 2-5 适用征收率 5%的情形

<table>
<tr><th colspan="2">身份</th><th colspan="3">项目</th></tr>
<tr><td rowspan="2">小规模纳税人</td><td>非房地产开发企业</td><td colspan="3">转让、出租其取得的不动产（不含个人出租住房）</td></tr>
<tr><td>房地产开发企业</td><td colspan="3">销售自行开发的房地产项目</td></tr>
<tr><td rowspan="2">一般纳税人</td><td>非房地产开发企业</td><td colspan="3">转让、出租其 2016 年 4 月 30 日前取得的不动产且选择简易方法计税</td></tr>
<tr><td>房地产开发企业</td><td colspan="3">销售自行开发的房地产老项目且选择简易方法计税</td></tr>
<tr><td colspan="2" rowspan="3">个人出售住房</td><td colspan="2">购买年限<2 年</td><td>全额计征</td></tr>
<tr><td rowspan="2">购买年限≥2 年</td><td>北京、上海、广州、深圳非普通住房</td><td>差额计征</td></tr>
<tr><td>其他</td><td>免征</td></tr>
</table>

【链接】

自 2023 年 1 月 1 日至 2023 年 12 月 31 日，国家税务总局关于增值税小规模纳税人减免增值税等政策有关征管事项规定如下。

（1）增值税小规模纳税人（以下简称小规模纳税人）发生增值税应税销售行为，合计月销售额未超过 10 万元（以 1 个季度为 1 个纳税期的，季度销售额未超过 30 万元）的，免征增值税。

小规模纳税人发生增值税应税销售行为，合计月销售额超过 10 万元（以 1 个季度为 1 个纳税期的，季度销售额超过 30 万元），但扣除本期发生的销售不动产的销售额后未超过 10 万元（以 1 个季度为 1 个纳税期的，季度销售额未超过 30 万元）的，其销售货物、劳务、服务、无形资产取得的销售额免征增值税。

（2）适用增值税差额征税政策的小规模纳税人，以差额后的销售额确定是否可以享受

“自2023年1月1日至2023年12月31日，对月销售额10万元（以1个季度为1个纳税期的，季度销售额30万元）以下（含本数）的增值税小规模纳税人，免征增值税”规定中的免征增值税政策。

“增值税及附加税费申报表（小规模纳税人适用）”中的“免税销售额”相关栏次，填写差额后的销售额。

(3)《中华人民共和国增值税暂行条例实施细则》第九条所称的其他个人，采取一次性收取租金形式出租不动产取得的租金收入，可在对应的租赁期内平均分摊，分摊后的月租金收入未超过10万元的，免征增值税。

(4) 小规模纳税人取得应税销售收入，适用“自2023年1月1日至2023年12月31日，对月销售额10万元（以1个季度为1个纳税期的，季度销售额30万元）以下（含本数）的增值税小规模纳税人，免征增值税”规定中的免征增值税政策的，纳税人可就该笔销售收入选择放弃免税并开具增值税专用发票。

(5) 小规模纳税人取得应税销售收入，适用“自2023年1月1日至2023年12月31日，增值税小规模纳税人适用3%征收率的应税销售收入，减按1%征收率征收增值税”政策的，应按照1%征收率开具增值税发票。纳税人可就该笔销售收入选择放弃减税并开具增值税专用发票。

(6) 小规模纳税人取得应税销售收入，纳税义务发生时间在2022年12月31日前并已开具增值税发票，如发生销售折让、中止或者退回等情形需要开具红字发票，应开具对应征收率红字发票或免税红字发票；开票有误需要重新开具的，应开具对应征收率红字发票或免税红字发票，再重新开具正确的蓝字发票。

(7) 小规模纳税人发生增值税应税销售行为，合计月销售额未超过10万元（以1个季度为1个纳税期的，季度销售额未超过30万元）的，免征增值税的销售额等项目应填写在“增值税及附加税费申报表（小规模纳税人适用）”的“小微企业免税销售额”或者“未达起征点销售额”相关栏次；减按1%征收率征收增值税的销售额应填写在“增值税及附加税费申报表（小规模纳税人适用）”的“应征增值税不含税销售额（3%征收率）”相应栏次，对应减征的增值税应纳税额按销售额的2%计算填写在“增值税及附加税费申报表（小规模纳税人适用）”的“本期应纳税额减征额”及“增值税减免税申报明细表”减税项目相应栏次。

(8) 按固定期限纳税的小规模纳税人可以选择以1个月或1个季度为纳税期限，一经选择，一个会计年度内不得变更。

(9) 按照现行规定应当预缴增值税税款的小规模纳税人，凡在预缴地实现的月销售额未超过10万元（以1个季度为1个纳税期的，季度销售额未超过30万元）的，当期无须预缴税款。在预缴地实现的月销售额超过10万元（以1个季度为1个纳税期的，季度销售额超过30万元）的，适用3%预征率的预缴增值税项目，减按1%预征率预缴增值税。

(10) 小规模纳税人中的单位和个体工商户销售不动产，应按其纳税期、上述第(9)条以及其他现行政策规定确定是否预缴增值税；其他个人销售不动产，继续按照现行规定征免增值税。

（11）纳税人按照《财政部　税务总局关于明确增值税小规模纳税人减免增值税等政策的公告》（财政部　税务总局公告2023年第1号）第四条规定申请办理抵减或退还已缴纳税款，如果已经向购买方开具了增值税专用发票，应先将增值税专用发票追回。

任务二　增值税应纳税额计算

增值税应纳税额的计算方法，主要包括一般计税方法和简易计税方法。我国目前对一般纳税人增值税的计算通常采用一般计税方法，某些特殊情况下采用或者选择采用简易计税方法；对小规模纳税人增值税的计算采用简易计税方法。

一、增值税一般纳税人一般计税方法下应纳税额的计算

我国增值税一般纳税人在一般计税方法下的应纳税额的计算实行购进扣税法。一般纳税人在一般计税方法下销售货物、劳务、服务、无形资产、不动产（统称应税销售行为），应纳税额为当期销项税额抵扣当期进项税额后的余额。其应纳增值税税额的计算公式为：

应纳增值税税额=当期销项税额-当期准予抵扣的进项税额

=当期销售额×适用税率-当期准予抵扣的进项税额

【注意】

“当期”是个很重要的时间限定，是指税务机关依照税法对纳税人确定的纳税期间。只有在纳税期间内实际发生的销项税额、进项税额，才是法定的当期销项税额、进项税额。如果当期销项税额小于当期准予抵扣的进项税额，当期不足抵扣的部分可以结转到下期继续抵扣。

（一）增值税销项税额的计算

销项税额是指纳税人发生应税销售行为时，按照销售额与适用税率计算并向购买方收取的增值税税额。其计算公式为：

销项税额=销售额×税率

在税率确定的情况下，销项税额计算的关键是销售额的确认。

1. 一般销售方式下销售额的确定

销售额为纳税人发生应税销售行为收取的全部价款和价外费用，但是不包括收取的销项税额。

价外费用包括价外向购买方收取的手续费、补贴、基金、集资费、返还利润、奖励费、违约金、滞纳金、延期付款利息、赔偿金、代收款项、代垫款项、包装费、包装物租金、储备费、优质费、运输装卸费以及其他各种性质的价外收费。但不包括以下几个项目：

（1）向购买方收取的销项税额；

（2）受托加工应征消费税的消费品所代收代缴的消费税；

（3）同时符合以下条件的代垫运费：承运者的运费发票开给购货方、纳税人将该项发票转交给购货方；

（4）同时符合一定条件代为收取的政府性基金或者行政事业性收费；

（5）销售货物的同时代办保险等而向购买方收取的保险费，以及向购买方收取的代购买方缴纳的车辆购置税、车辆牌照费；

（6）以委托方名义开具发票代委托方收取的款项。

2. 视同销售方式下销售额的确定

纳税人发生应税销售行为的价格明显偏低并无正当理由的，由主管税务机关核定其销售额。纳税人发生视同应税销售行为而无销售额的，由主管税务机关按照下列顺序核定其销售额：

（1）按纳税人最近时期同类货物、服务、无形资产或者不动产的平均销售价格确定；

（2）按其他纳税人最近时期同类货物、服务、无形资产或者不动产的平均销售价格确定；

（3）以上方法均不能确定，可按组成计税价格确定销售额。计算公式如下：

1）销售的若是服务、无形资产、不动产或者销售的货物不属于消费税应税消费品：

$$组成计税价格=成本\times(1+成本利润率)$$

2）若销售的货物属于消费税应税消费品。

①实行从价定率办法计算纳税的组成计税价格计算公式：

$$\begin{aligned}组成计税价格&=成本\times(1+成本利润率)+消费税税额\\&=成本\times(1+成本利润率)\div(1-消费税比例税率)\end{aligned}$$

②实行从量定额办法计算纳税的组成计税价格计算公式：

$$\begin{aligned}组成计税价格&=成本\times(1+成本利润率)+消费税税额\\&=成本\times(1+成本利润率)+课税数量\times消费税定额税率\end{aligned}$$

③实行复合计税办法计算纳税的组成计税价格计算公式：

$$\begin{aligned}组成计税价格&=成本\times(1+成本利润率)+消费税税额\\&=[成本\times(1+成本利润率)+课税数量\times消费税定额税率]\div\\&\quad(1-消费税比例税率)\end{aligned}$$

成本利润率由国家税务总局规定。

3. 特殊销售方式下销售额的确定

（1）折扣销售、销售折扣与销售折让。

1）折扣销售，会计上称为商业折扣。它是为促销对购买数量大等原因而给予购货方的价格优惠。该折扣在销售实现时发生并确定，因此税法规定，只要在同一张发票上“金额”栏分别注明的，可以按折扣后的销售额征收增值税。

2）销售折扣，会计上称为现金折扣。它是为鼓励购买方及早偿还货款而给予的价格优惠。该折扣只有在收到货款时才能确定，因此税法规定，折扣额不得从销售额中扣除。

3）销售折让。它是为保证商业信誉，对已售商品存在质量、品种不符等问题而给予购买方的价格补偿。该折让发生在货物销售之后，因此税法规定，折让额可从折让当期销售额中扣除。

【任务实例 2-1】某商场为增值税一般纳税人，某年 5 月 1 日批发销售给 A 企业空调 100 台，合同标价不含税 1800 元/台，因批量购买给予七折优惠，同时约定付款条件为“5/10，2/20，*n*/30”。商场开具发票时将折扣额与销售额开在一张专用发票上，当月 10 日收到 A 企业支付的全部货款。

【任务要求】计算该商场上述销售业务增值税销项税额。

【任务实施】商场采取的是“折扣销售”与“销售折扣”相结合的促销方式。其中，七折优惠属于折扣销售，发票开具符合税法规定，折扣额准予扣除；约定“5/10，2/20，*n*/30”的付款条件属于销售折扣，折扣额不得扣除。

$$销售额 = 100×1800×70\% = 126000（元）$$

（2）以旧换新。以旧换新是指纳税人在销售新货物的同时有偿收回旧货物的行为。如果是非金银首饰，按新货物的同期销售价格确定销售额，不得扣减旧货物的收购价格。新货物的销售价格等于实际收取的价款加上旧货物的收购价格。

如果是金银首饰，按销售方实际收取的不含增值税的全部价款确定销售额。实际收取的价款等于新货物的销售价格减去旧货物的收购价格。

（3）包装物押金。纳税人为销售货物而出租、出借包装物收取的押金，单独记账核算的，时间在 1 年内又未过期的，不并入销售额征税；对收取的包装物押金，逾期（超过 12 个月）应并入销售额征税。对销售啤酒、黄酒以外的其他酒类产品收取的包装物押金，无论是否返还以及会计上如何核算，均应并入当期销售额征税；啤酒、黄酒包装物押金则按是否逾期处理。

（4）差额计税。差额征税是指提供增值税应税服务、转让无形资产或销售不动产的纳税人，按照国家有关增值税差额征税的政策规定，以取得的全部价款和价外费用扣除支付给规定范围纳税人的规定项目价款后的不含税余额为销售额。一般纳税人允许差额征收的具体情况如下：

第一，金融商品转让，按照卖出价扣除买入价后的余额为销售额；

第二，经纪代理服务，以取得的全部价款和价外费用，扣除向委托方收取并代为支付的政府性基金或者行政事业性收费后的余额为销售额；

第三，融资租赁服务，以全部价款加上价外费用，减去支付的借款利息、发行债券利息和车辆购置税作为销售额。融资性售后回租服务以全部价款加上价外费用（不含本金）减去对外支付的借款利息、发行债券利息作为销售额；

第四，航空运输企业的销售额，不包括代收的机场建设费和代售其他航空运输企业客票而代收转付的价款；

第五，纳税人中的一般纳税人提供客运场站服务，以其取得的全部价款和价外费用，扣除支付给承运方运费后的余额为销售额；

第六，纳税人提供旅游服务，可以选择以取得的全部价款和价外费用，扣除向旅游服务购买方收取并支付给其他单位或者个人的住宿费、餐饮费、交通费、签证费、门票费和支付给其他接团旅游企业的旅游费用后的余额为销售额；

第七，纳税人提供建筑服务适用简易计税方法的，以取得的全部价款和价外费用扣除支付的分包款后的余额为销售额；

第八，房地产开发企业中的一般纳税人销售其开发的房地产项目（选择简易计税方法的房地产老项目除外），以取得的全部价款和价外费用，扣除受让土地时向政府部门支付的土地价款后的余额为销售额；

第九，纳税人转让不动产缴纳增值税差额扣除有关规定；

第十，一般纳税人提供劳务派遣服务，以取得的全部价款和价外费用扣除支付给劳务派遣员工的工资、福利和为其办理社会保险以及住房公积金后的余额为销售额。

一般纳税人差额征收应纳税额的计算公式为：

$$计税销售额=\frac{取得的全部含税价款和价外费用-支付给其他单位或个人的含税价款}{1+税率或征收率}$$

$$应纳税额=计税销售额\times税率或征收率$$

（二）增值税进项税额的计算

进项税额是指纳税人购进货物、加工、修理修配劳务、服务、无形资产或者不动产所支付或者负担的增值税税额。它与销售方收取的销项税额相对应。

1. 准予抵扣的进项税额

（1）以票抵扣。

1）从销售方取得的增值税专用发票（含税控机动车销售统一发票）上注明的增值税税额。

2）从海关取得的海关进口增值税专用缴款书上注明的增值税税额。

3）纳税人从境外单位或者个人购进劳务、服务、无形资产或者境内的不动产，从税务机关或者扣缴义务人取得的代扣代缴税款的完税凭证上注明的增值税税额。

（2）计算抵扣。

1）农产品的抵扣政策。购进农产品取得增值税专用发票或海关进口增值税专用缴款书的，凭票抵扣进项税额。

从适用3%征收率的小规模纳税人处购入农产品，取得3%税率的增值税专用发票，以及购进免税农产品，取得或开具农产品收购（销售）发票根据用途分别适用规定的扣除率计算抵扣进项税额。具体标准为：后续用于生产或委托加工13%税率的货物，适用10%的扣除率；后续用于生产或委托加工9%税率的货物或6%税率的服务，适用9%的扣除率。

进项税额计算公式为：

$$进项税额=买价\times扣除率\ (9\%或10\%)$$

2）购入国内旅客运输服务的抵扣政策。纳税人购进国内旅客运输服务，其进项税额允许从销项税额中抵扣，未取得增值税专用发票的，暂按以下规定计算可抵扣的进项税额：

①取得增值税电子普通发票的，为发票上注明的税额；

②取得注明旅客身份信息的航空运输电子客票行程单的：进项税额=(票价+燃油附加费)÷(1+9%)×9%；

③取得注明旅客身份信息的铁路车票的：进项税额=票面金额÷(1+9%)×9%；

④取得注明旅客身份信息的公路、水路等其他客票的：进项税额=票面金额÷(1+3%)×3%。

取得非实名制的票据，一律不得抵扣。

3）支付的道路、桥、闸通行费的抵扣政策。过路费、过桥费、过闸费属于道路通行服务，为“现代服务业——租赁业”。2018 年 7 月 1 日后，企业凭公路通行费增值税电子普通发票上注明的税额可以抵扣进项税额，包括以下几种情形：

①高速公路通行费可抵扣进项税额=通行费发票上注明的金额÷(1+3%)×3%；

②一级公路、二级公路、桥、闸通行费可抵扣进项税额=通行费发票上注明的金额÷(1+5%)×5%。

【延伸】

加计抵减政策：

自 2023 年 1 月 1 日至 2023 年 12 月 31 日，增值税加计抵减政策按照以下规定执行。

(1) 允许生产性服务业纳税人按照当期可抵扣进项税额加计 5%抵减应纳税额。生产性服务业纳税人，是指提供邮政服务、电信服务、现代服务、生活服务取得的销售额占全部销售额的比重超过 50%的纳税人。

(2) 允许生活性服务业纳税人按照当期可抵扣进项税额加计 10%抵减应纳税额。生活性服务业纳税人，是指提供生活服务取得的销售额占全部销售额的比重超过 50%的纳税人。

(3) 纳税人适用加计抵减政策的其他有关事项，按照《财政部 税务总局 海关总署关于深化增值税改革有关政策的公告》(财政部 税务总局 海关总署公告 2019 年第 39 号)、《财政部 税务总局关于明确生活性服务业增值税加计抵减政策的公告》(财政部 税务总局公告 2019 年第 87 号) 等有关规定执行。

(4) 符合《财政部 税务总局 海关总署关于深化增值税改革有关政策的公告》(2019 年第 39 号)、1 号公告规定的生产性服务业纳税人，应在年度首次确认适用 5%加计抵减政策时，通过电子税务局或办税服务厅提交《适用 5%加计抵减政策的声明》；符合《财政部 税务总局关于明确生活性服务业增值税加计抵减政策的公告》(2019 年第 87 号)、1 号公告规定的生活性服务业纳税人，应在年度首次确认适用 10%加计抵减政策时，通过电子税务局或办税服务厅提交《适用 10%加计抵减政策的声明》。

(5) 纳税人适用加计抵减政策的其他征管事项，按照《国家税务总局关于国内旅客运输服务进项税抵扣等增值税征管问题的公告》(2019 年第 31 号) 第二条等有关规定执行。

【任务实例 2-2】甲公司为增值税一般纳税人，2023 年 1 月向农业生产者收购一批免税农产品，农产品收购发票上注明价款 100000 元，支付运输公司运送该批产品的运费 3000 元（不含增值税），取得增值税专用发票，且甲公司取得的增值税专用发票本年 1 月符合抵扣规定。该批免税农产品当月全部领用，并用于生产增值税税率为 13%的货物。

【任务要求】计算可抵扣的增值税进项税额。

【任务实施】可抵扣的增值税进项税额=100000×(9%+1%)+3000×9%

=100000×10%+3000×9%=10270（元）

2. 不得抵扣的进项税额

(1) 用于简易计税方法计税项目、免征增值税项目、集体福利或者个人消费的购进货物、劳务、服务、无形资产和不动产。其中涉及的固定资产、无形资产、不动产，仅指专用于上述项目的固定资产、无形资产（不包括其他权益性无形资产）、不动产。纳税人的交际应酬消费属于个人消费。

(2) 非正常损失的购进货物，以及相关的劳务和交通运输服务。

(3) 非正常损失的在产品、产成品所耗用的购进货物（不包括固定资产）、劳务和交通运输服务。

(4) 非正常损失的不动产，以及该不动产所耗用的购进货物、设计服务和建筑服务。

(5) 非正常损失的不动产在建工程所耗用的购进货物、设计服务和建筑服务。

纳税人新建、改建、扩建、修缮、装饰不动产，均属于不动产在建工程。

非正常损失是指因管理不善造成货物被盗、丢失、霉烂变质，以及因违反法律法规造成货物或者不动产被依法没收、销毁、拆除的情形。

(6) 购进的贷款服务、餐饮服务、居民日常服务和娱乐服务。

【注意】

上述第（4）项、第（5）项所称货物，是指构成不动产实体的材料和设备，包括建筑装饰材料和给排水、采暖、卫生、通风、照明、通信、煤气、消防、中央空调、电梯、电气、智能化楼宇设备及配套设施。

【任务实例 2-3】甲公司是增值税一般纳税人，2023 年 5 月有关生产经营业务如下：

(1) 月初购进货物一批，取得增值税专用发票，支付增值税进项税额 45 万元，中下旬因企业经营管理不善，造成该批货物一部分发生霉烂变质，经核实造成 1/5 损失；

(2) 购进动力燃料，取得增值税专用发票，支付增值税进项税额 20 万元，80%用于增值税应税项目，另 20%用于免征增值税项目。

甲公司取得的增值税专用发票本年 5 月均符合抵扣规定。

【任务要求】计算甲公司当月可抵扣的增值税进项税额。

【任务实施】

购进货物可抵扣的增值税进项税额 = 45−45÷5 = 45−9 = 36（万元）

购进动力燃料可抵扣的增值税进项税额 = 20−20×20% = 16（万元）

可抵扣的增值税进项税额 = 36+16 = 52（万元）

【任务实例 2-4】甲公司为增值税一般纳税人，2023 年 6 月发生经济业务如下：

(1) 购进一批 A 材料，取得增值税专用发票注明的价款为 30 万元，取得增值税专用发票注明的运费为 3 万元；

(2) 向农业生产者收购一批免税农产品，在农产品收购发票上注明的价款为 20 万元。该批免税农产品于本年 6 月全部领用，并用于生产增值税税率为 13%的应税货物；

(3) 销售产品一批，取得不含税销售额 200 万元，另外收取包装物租金 5. 65 万元；

(4) 因仓库管理不善，上月购进的一批工具被盗，该批工具的采购成本为 20 万元（进项税额上月已抵扣）。

已知：甲公司取得的增值税专用发票本年 6 月均符合抵扣规定。购进和销售产品适用的增值税税率为 13%，向农业生产者收购免税农产品用于生产增值税税率为 13%的应税货物时的增值税扣除率为 10%。

【任务要求】计算甲公司当月的应纳增值税。

【任务实施】

进项税额 = 30×13%+3×9%+20×10% = 6.17（万元）

销项税额 = 200×13%+5.65÷(1+13%)×13% = 26.65（万元）

进项税额转出 = 20×13% = 2.6（万元）

应纳增值税 = 26.65−(6.17−2.6) = 23.08（万元）

二、增值税小规模纳税人应纳税额的计算

小规模纳税人发生应税销售行为，实行按照销售额乘以征收率计算应纳税额的简易计税方法，并不得抵扣进项税额。其应纳税额计算公式为：

应纳税额 = 销售额×征收率

简易计税方法的销售额不包括其应纳增值税税额。纳税人采用销售额和应纳增值税税额合并定价方法的，按照下列公式计算销售额：

销售额 = 含税销售额÷(1+征收率)

一般纳税人提供财政部和国家税务总局规定的特定应税行为，可以选择使用简易计税方法计税，但一经选定，36 个月内不得变更。

提　示

自 2020 年 2 月 1 日起，增值税小规模纳税人（其他个人除外）发生增值税应税行为，需要开具增值税专用发票的，可以自愿使用增值税发票管理系统自行开具。选择自行开具增值税专用发票的小规模纳税人，税务机关不再为其代开增值税专用发票。

【任务实例 2-5】甲咨询公司为小规模纳税人，按月申报缴纳增值税，2023 年 1 月取得含税咨询收入 404000 元。本年 1 月甲咨询公司减按 1%的征收率征收增值税。

【任务要求】计算甲咨询公司本年 1 月的应纳增值税。

【任务实施】不含税销售额 = 404000÷(1+1%) = 400000（元）

应纳增值税 = 400000×1% = 4000（元）

三、进口货物增值税应纳税额的计算

纳税人进口货物，无论是一般纳税人还是小规模纳税人，都按照组成计税价格（海关）和税法规定的税率计算应纳税额。也就是说，进口货物增值税的计税依据是组成计税价格而非其他金额；小规模纳税人进口货物时使用税率计税，而不使用征收率。

进口货物应纳税额计算公式为：

应纳税额 = 组成计税价格×税率

若进口货物不属于消费税应税消费品，则组成计税价格计算公式为：

组成计税价格 = 关税完税价格+关税 = 关税完税价格×(1+关税税率)

若进口货物属于消费税应税消费品，实行从价定率办法计算，则组成计税价格计算公式为：

组成计税价格 = 关税完税价格+关税+消费税

= (关税完税价格+关税)÷(1−消费税比例税率)

【**任务实例 2-6**】甲公司为增值税一般纳税人，2023 年 5 月进口一批消费税应税货物，关税完税价格为 30000 元，适用的消费税税率为 10%、关税税率为 50%，进口该批货物的增值税税率为 13%。

【**任务要求**】计算甲公司进口货物的增值税。

【**任务实施**】关税 = 30000×50% = 15000（元）

组成计税价格 =（30000+15000）÷（1−10%）= 50000（元）

进口货物的增值税 = 50000×13% = 6500（元）

任务三 增值税会计核算

一、增值税会计科目设置

（一）增值税一般纳税人会计科目设置

根据《关于印发〈增值税会计处理规定〉的通知》（财会〔2016〕22 号）（以下简称“22 号文件”）以及《财政部会计司关于〈增值税会计处理规定〉有关问题的解读》的规定，增值税一般纳税人应当在“应交税费”科目下设置“应交增值税”“未交增值税”“预交增值税”“待抵扣进项税额”“待认证进项税额”“待转销项税额”“增值税留抵税额”“简易计税”“转让金融商品应交增值税”“代扣代交增值税”“增值税检查调整”共 11 个二级明细科目。

1. “应交税费——应交增值税”

“应交税费——应交增值税”科目的借、贷方需要核算许多经济内容，借方既要核算进项税额，又要核算预缴的税金等；贷方既要核算销项税额，又要核算出口退税、进项税额转出等。“应交增值税”明细科目如果仍使用三栏式账户，不能详细地核算企业增值税的计提、扣减、预缴、缴纳等情况，因此在账户设置上采用了多栏式账户的方式，在“应交税费——应交增值税”账户中的借方和贷方分别设置了“进项税额”“销项税额抵减”“已交税金”“转出未交增值税”“减免税款”“出口抵减内销产品应纳税额”“销项税额”“出口退税”“进项税额转出”和“转出多交增值税”等专栏。“应交税费——应交增值税”三级明细科目见表 2-6。

表 2-6 “应交税费——应交增值税”三级明细科目

借方专栏	贷方专栏
进项税额	销项税额
销项税额抵减	出口退税
已交税金	进项税额转出
减免税款	转出多交增值税
出口抵减内销产品应纳税额	
转出未交增值税	

（1）“应交税费——应交增值税（进项税额）”科目，核算一般纳税人购进货物，加

工、修理修配劳务，服务，无形资产或不动产而支付或负担的，准予从当期销项税额中抵扣的增值税税额。

“应交税费——应交增值税（进项税额）”科目一般的处理包括：1）企业购入时支付或负担的进项税额，用蓝字登记；2）退回所购货物应冲销的进项税额，用红字登记。

（2）“应交税费——应交增值税（销项税额抵减）”科目，核算一般纳税人按照现行增值税制度规定因扣减销售额而减少的销项税额，记录一般纳税人差额纳税而减少的销项税额。只有按一般计税方法计税且允许差额纳税时才使用该科目核算。

（3）“应交税费——应交增值税（已交税金）”科目，核算一般纳税人当月缴纳当月的应缴增值税税额，企业已缴纳的增值税用蓝字登记；退回多缴的增值税税额用红字登记，注意该科目不同于“应交税费——预交增值税”科目。

用“应交税费——应交增值税（已交税金）”科目记账的情形包括：1）辅导期一般纳税人需要增购发票；2）以 1 日、3 日、5 日、10 日、15 日（不足 1 个月）为一期纳税的。

（4）“应交税费——应交增值税（减免税款）”科目，核算一般纳税人按现行增值税制度规定准予减免的增值税税额。企业按规定直接减免的增值税税额，借记该科目，贷记损益类相关科目，如“其他收益”“营业外收入”等科目。

（5）“应交税费——应交增值税（出口抵减内销产品应纳税额）”科目，核算实行“免抵退”办法的一般纳税人按规定计算的出口货物的进项税额抵减内销产品的应纳税额，即反映出口企业销售出口货物后，向税务机关办理免、抵、退税申报，按规定计算的应免抵税额。

（6）“应交税费——应交增值税（转出未交增值税）”和“应交税费——应交增值税（转出多交增税）”科目，分别核算一般纳税人月度终了转出当月应缴未缴或多缴的增值税额。

（7）“应交税费——应交增值税（销项税额）”科目，核算一般纳税人销售货物，加工、修理修配劳务，服务，无形资产或不动产应收取的增值税税额。需要说明的是，退回销售货物应冲减的销项税额，只能在贷方用红字登记。

（8）“应交税费——应交增值税（出口退税）”科目，核算一般纳税人出口货物，加工、修理修配劳务，服务，无形资产按规定退回的增值税税额。企业出口适用零税率的货物。

（9）“应交税费——应交增值税（进项税额转出）”科目，核算一般纳税人购进货物，加工、修理修配劳务，服务，无形资产或不动产等发生非正常损失以及其他原因而不应从销项税额中抵扣、按规定转出的进项税额。

2.“应交税费——未交增值税”

“应交税费——未交增值税”明细科目，核算一般纳税人月度终了从“应交税费——应交增值税”或“应交税费——预交增值税”明细科目转入当月应缴未缴、多缴或预缴的增值税额，以及当月缴纳以前期间未缴的增值税额。

3.“应交税费——预交增值税”

“应交税费——预交增值税”明细科目，核算一般纳税人适用一般计税方法时转让不动产、提供不动产经营租赁服务、提供建筑服务、采用预收款方式销售自行开发的房地产项目等，以及其他按现行增值税制度规定应预缴的增值税额。

4. “应交税费——待抵扣进项税额”

“应交税费——待抵扣进项税额”明细科目，核算一般纳税人已取得增值税扣税凭证并经税务机关认证，按照现行增值税制度规定准予以后期间从销项税额中抵扣的进项税额。自2019年4月起，企业可以将以前按规定尚未抵扣完毕的待抵扣进项税额一次性进行抵扣。

5. “应交税费——待认证进项税额”

“应交税费——待认证进项税额”明细科目，核算一般纳税人由于未经税务机关认证而不得从当期销项税额中抵扣的进项税额。其包括：一般纳税人已取得增值税扣税凭证、按照现行增值税制度规定准予从销项税额中抵扣，但尚未经税务机关认证的进项税额；一般纳税人已取得海关缴款书，但尚未申请稽核或者已申请稽核但尚未取得稽核相符结果的海关缴款书进项税额。

6. “应交税费——待转销项税额”

“应交税费——待转销项税额”明细科目，核算一般纳税人销售货物、加工修理修配劳务、服务、无形资产或不动产，已确认相关收入（或利得）但尚未发生增值税纳税义务而需于以后期间确认为销项税额或者应纳增值税的税额。

7. “应交税费——增值税留抵税额”

“应交税费——增值税留抵税额”明细科目，核算兼有销售服务、无形资产或不动产的原增值税一般纳税人，截止到纳入营改增试点之日前的增值税期末留抵税额按照现行增值税制度规定不得从销售服务、无形资产或不动产的销项税额中抵扣的增值税留抵税额。

8. “应交税费——简易计税”

“应交税费——简易计税”明细科目，核算一般纳税人采用简易计税方法发生的增值税计提、扣减、预缴、缴纳等业务。

9. “应交税费——转让金融商品应交增值税”科目

该科目核算增值税纳税人转让金融商品发生的增值税税额。金融商品转让按规定以盈亏相抵后的余额作为销售额。

10. “应交税费——代扣代缴增值税”

“应交税费——代扣代缴增值税”明细科目，核算纳税人购进在境内未设经营机构的境外单位或个人在境内的应税行为代扣代缴的增值税额。按照适用税率代扣代缴税额的计算公式为：

$$\text{应扣缴税额} = \frac{\text{购买方支付的价款}}{1 + \text{税率}} \times \text{税率}$$

11. “应交税费——增值税检查调整”

“应交税费——增值税检查调整”明细科目。根据国家税务总局1998年3月26日发布的《关于印发〈增值税日常稽查办法〉的通知》（国税发〔1998〕44号）的规定，增值税一般纳税人在税务机关对其增值税纳税情况进行检查后，凡涉及应交增值税账务调整的，应设立“应交税费——增值税检查调整”专门科目。凡检查后应调减账面进项税额或调增账面销项税额和进项税额转出的，借记有关科目，贷记“应交税费——增值税检查调整”科目；凡检查后应调增账面进项税额或调减账面销项税额和进项税额转出的，借记

“应交税费——增值税检查调整”科目，贷记有关科目；全部调账事项入账后，应对该科目的余额进行处理，处理后，该科目无余额。

（二）增值税小规模纳税人会计科目设置

小规模纳税人核算增值税只需在“应交税费”账户下设“应交增值税”明细账户，不需专栏。该账户通常采用三栏式账页，其贷方发生额反映企业销售货物、劳务、服务、不动产或无形资产应缴纳的增值税税额，借方发生额反映企业已缴纳的增值税税额；期末贷方余额反映企业应交未交的增值税税额，期末借方余额反映企业多交的增值税税额。

特殊情况下需设置“转让金融商品应交增值税”“代扣代缴增值税”二级明细账户。

二、销项税额的会计核算

（一）一般销售业务增值税的会计核算

1. 直接收款方式

企业采取直接收款方式销售货物的，不论货物是否发出，其纳税义务发生时间均为收到销售款项或者取得索取销售款项凭据（销售发票）的当天。

企业销售除固定资产以外的货物，应当按应收或已收的金额，借记“应收账款”“应收票据”“银行存款”等科目，按取得的收入金额，贷记“主营业务收入”“其他业务收入”等科目，按现行增值税制度规定计算的销项税额（或采用简易计税方法计算的应纳增值税额），贷记“应交税费——应交增值税（销项税额）”或“应交税费——简易计税（小规模纳税人贷记“应交税费——应交增值税”）科目。发生销售退回的，应根据按规定开具的红字增值税专用发票做相反的会计分录。

提　示

企业结转已销售商品或提供服务成本时，借记“主营业务成本”“其他业务成本”等科目，贷记“库存商品”“合同履约成本”等科目。

【任务实例 2-7】甲电器厂为增值税一般纳税人，2023 年 5 月采取直接收款方式销售 A 商品 100 台，每台不含税售价为 6000 元，开具的增值税专用发票上注明价款 600000 元，增值税税额 78000 元。A 商品的成本为 400000 元。产品已发出，款项已存入银行。

【任务要求】对甲电器厂上述业务进行账务处理。

【任务实施】

（1）确认销售收入时。

借：银行存款　　678000

　贷：主营业务收入　　600000

　　　应交税费——应交增值税（销项税额）　　78000

（2）确认销售成本时。

借：主营业务成本　　400000

　贷：库存商品　　400000

2. 委托收款和托收承付方式

企业采取托收承付或委托收款方式销售货物的，其纳税义务发生时间为发出货物并办妥托收手续的当天。企业采取托收承付或委托收款方式销售货物，应当根据托收承付或委托收款结算凭证和发票，按应收或已收的金额，借记“应收账款”科目，按取得的收入金额，贷记“主营业务收入”“其他业务收入”等科目，按现行增值税制度规定计算的销项税额（或采用简易计税方法计算的应纳增值税额），贷记“应交税费——应交增值税（销项税额）”或“应交税费——简易计税”（小规模纳税人贷记“应交税费——应交增值税”）科目。

【任务实例 2-8】 甲公司为增值税一般纳税人，2023 年 5 月底采取托收承付结算方式向外地乙公司销售 A 产品一批，货物已发出，开具的增值税专用发票上注明价款 300000 元，增值税税额 39000 元。以银行存款代垫运费 1090 元。已向银行办妥托收手续。托运方将增值税专用发票开具给乙公司，注明运费 1000 元，增值税税额 90 元。甲公司将该发票转交给乙公司。

【任务要求】 对甲公司上述业务进行账务处理。

【任务实施】

借：应收账款——乙公司	340090
贷：主营业务收入	300000
应交税费——应交增值税（销项税额）	39000
银行存款	1090

3. 赊销和分期收款销售方式

采取赊销或分期收款方式销售货物，其纳税义务发生时间为书面合同约定的收款日期的当天，无书面合同的或者书面合同没有约定收款日期的，其纳税义务发生时间为货物发出的当天。采取赊销或分期收款方式销售货物，会计上要求在满足收入确认条件时就要确认收入，一般情况下，发出商品时，会计上就需要确认收入。

企业采取赊销或分期收款方式销售货物，在发出货物时，应当借记“应收账款”或“长期应收款”科目，贷记“主营业务收入”“应交税费——待转销项税额”科目；同时，结转销售成本。按合同约定的收款日期开具发票时，借记“银行存款”“应交税费——待转销项税额”等科目，贷记“应收账款”或“长期应收款”“应交税费——应交增值税（销项税额）”或“应交税费——简易计税”（小规模纳税人贷记“应交税费——应交增值税”）等科目。

【任务实例 2-9】 甲公司为增值税一般纳税人，2023 年 4 月以赊销方式销售 A 产品共计 60000 元（不含增值税），未来应确认的增值税税额为 7800 元，产品实际成本为 30000 元，按合同规定，收款日期为本年 9 月 15 日，且甲公司于本年 9 月 15 日开具增值税专用发票。

【任务要求】 对甲公司上述业务进行账务处理。

【任务实施】

（1）4 月甲公司发出 A 产品时。

借：应收账款	67800

贷：主营业务收入 60000

应交税费——待转销项税额 7800

借：主营业务成本 30000

贷：库存商品 30000

（2）若合同约定的收款日期收到款项，则甲公司9月15日开具增值税专用发票，并计算增值税销项税额，账务处理如下。

借：银行存款 67800

应交税费——待转销项税额 7800

贷：应收账款 67800

应交税费——应交增值税（销项税额） 7800

若合同约定的收款日期未收到款项，则甲公司9月15日开具增值税专用发票，并计算增值税销项税额，账务处理如下：

借：应交税费——待转销项税额 7800

贷：应交税费——应交增值税（销项税额） 7800

（二）视同销售业务增值税的会计核算

企业发生税法上视同销售的行为，应当按照企业会计准则等相关规定进行相应的会计处理，并按照现行增值税制度规定计算的销项税额（或采用简易计税方法计算的应纳增值税额），借记“应付职工薪酬”“利润分配”等科目，贷记“应交税费——应交增值税（销项税额）”或“应交税费——简易计税”（小规模纳税人贷记“应交税费——应交增值税”）科目。

1. 委托代销

根据增值税相关规定，纳税人委托其他纳税人代销货物，其纳税义务发生时间为收到代销单位的代销清单或者收到全部或部分货款的当天；未收到代销清单及货款的，为发出代销货物满180天的当天作为销售收入实现、纳税义务发生和开出增值税发票的时间。委托代销主要有两种方式，收取手续费方式和视同买断方式。

（1）收取手续费方式。在收取手续费销售方式下，委托方在发出商品时通常不应确认销售商品收入，而应在收到受托方开出的代销清单时确认销售商品收入，同时将应支付的代销手续费计入销售费用；受托方应在代销商品销售后，按合同或协议约定的方法计算确定代销手续费，确认劳务收入。

在会计处理上，委托方应在受托方将商品销售后，并收到受托方开具的代销清单时，确认收入，根据代销清单上注明的已销商品货款的实现情况，按应收的款项，借记“应收账款”“应收票据”等科目；按实现的营业收入，贷记“主营业务收入”等科目；按应交的增值税税额，贷记“应交税费——应交增值税（销项税额）”科目；按应支付的代销手续费，借记“销售费用”科目，贷记“应收账款”等科目。

企业将委托代销的商品发交受托方时，按实际成本（或进价）或计划成本（或售价），借记“发出商品（或委托代销商品）”科目，贷记“库存商品”科目；确认委托代销商品收入时按代销商品的实际成本（或进价）或计划成本（或售价），借记“主营业务成本”等科目，贷记“发出商品（或委托代销商品）”科目；采用计划成本（或售价）核算的企业，月末应结转售出委托代销商品应分摊的产品成本差异或商品进销差价，调整当期的主营业务成本。

【任务实例 2-10】 甲公司年初与乙公司签订委托代销合同，甲公司委托乙公司销售 A 商品 100 件，A 商品已经发出，每件成本为 3 万元。合同约定乙公司应按每件 4 万元对外销售，甲公司按售价的 10%向乙公司支付委托代销手续费。2023 年 1 月份，乙公司实际对外销售 50 件，销售金额 200 万元，增值税 26 万元。1 月 31 日，甲公司收到乙公司开具的代销清单和代销手续费增值税专用发票（增值税税率为 6%），以及扣除代销手续费后的货款，甲公司开具相应的增值税专用发票。

【任务要求】

1）对收取手续费方式下委托方甲公司的业务进行账务处理。

2）对收取手续费方式下受托方乙公司的业务进行账务处理。

【任务实施】

1）委托方甲公司的账务处理如下。

①年初发出商品时。

借：发出商品（或委托代销商品） 300

  贷：库存商品 300

②1 月 31 日，甲公司收到乙公司开具的代销清单、代销手续费发票时。

借：应收账款 226

  贷：主营业务收入 200

    应交税费——应交增值税（销项税额） 26

同时

借：主营业务成本 150

  贷：发出商品（或委托代销商品） 150

借：销售费用 20

  应交税费——应交增值税（进项税额） 1.2

  贷：应收账款——乙公司 21.2

③1 月 31 日，收到乙公司支付的货款时。

借：银行存款 204.8

  贷：应收账款 204.8

2）受托方乙公司的账务处理如下。

①1 月 1 日，收到委托代销商品。

借：受托代销商品 400

  贷：受托代销商品款 400

②1 月对外销售时。

借：银行存款 226

  贷：受托代销商品 200

    应交税费——应交增值税（销项税额） 26

③1 月 31 日，乙公司收到甲公司开具的增值税专用发票时。

和N市。两者实行统一核算，乙分支机构具备向购货单位开票的资格或者有权向购货方收取货款。2023年9月，甲公司将自产货物100件调往乙分支机构用于销售。该自产货物每件不含增值税售价为200元，成本为160元。10月，乙分支机构将其全部销售给丙公司，并由乙分支机构向购买方丙公司开具增值税专用发票，之后乙分支机构收到货款。已知该货物的税率为13%。

【任务要求】对甲公司进行账务处理。

【任务实施】

（1）9月移送货物时。

借：库存商品——乙分支机构　16000

　　应交税费——应交增值税（进项税额）　2080

　贷：库存商品——甲公司　16000

　　　应交税费——应交增值税（销项税额）　2080

（2）10月乙分支机构销售货物时，收取货款时。

借：银行存款　22600

　贷：主营业务收入　20000

　　　应交税费——应交增值税（销项税额）　2600

借：主营业务成本　16000

　贷：库存商品——乙分支机构　16000

3. 将自产、委托加工的货物用于集体福利或个人消费

企业将自产、委托加工的货物用于集体福利或个人消费的，税法上应于货物移送时视同销售，计算销项税额或应纳增值税额，会计上应当确认收入。企业应借记“应付职工薪酬——非货币性福利”等科目，按最近时期同类货物的平均销售价格或组成计税价格，贷记“主营业务收入”“其他业务收入”等科目，按最近时期同类货物的平均销售价格或组成计税价格和规定的增值税税率计算的销项税额或者采用简易计税方法计算的应纳增值税额，贷记“应交税费——应交增值税（销项税额）”或“应交税费——简易计税”（小规模纳税人贷记“应交税费——应交增值税”）科目，同时结转该货物的成本，借记“主营业务成本”“其他业务成本”等科目，贷记“库存商品”科目。

【任务实例2-13】某面粉有限公司为增值税一般纳税人，主营面粉、挂面加工等，共有职工90人，其中生产工人80人、厂部管理人员10人。2023年8月份，公司决定以其生产的特制面粉作为福利发放给职工，每人2袋。每袋面粉单位成本40元，当月平均售价65.4元/袋（含税）。

【任务要求】对该面粉有限公司进行账务处理。

【任务实施】

（1）给职工发放面粉时。

应交增值税 $=[65.4\div(1+9\%)\times90\times2]\times9\%=972$（元）

借：应付职工薪酬——非货币性福利　11772

　贷：主营业务收入　10800

　　　应交税费——应交增值税（销项税额）　972

(2) 结转发放自产面粉成本时。

借：主营业务成本 7200

贷：库存商品——面粉 7200

(3) 成本费用分配：

计入生成成本的金额=[65.4÷(1+9%)]×80×2×(1+9%)=10464

计入管理费用的金额=[65.4÷(1+9%)]×10×2×(1+9%)=1308

借：生产成本 10464

管理费用 1308

贷：应付职工薪酬——非货币性福利 11772

4. 将自产、委托加工或购买货物作为投资

企业将自产、委托加工或购买的货物作为投资，提供给其他单位或者个体工商户的，要视同销售缴纳增值税，按自产、委托加工或购买货物的成本与税务机关核定的货物计税依据计算缴纳增值税，纳税义务的确认时间为货物移送的当天。会计处理通过如下的【任务实例】详细介绍。

【任务实例 2-14】 甲公司和乙公司为非同一控制下的两家公司。2023 年 1 月 31 日，甲公司以本公司库存商品为对价取得乙公司有表决权的股份 20%，准备长期持有。甲公司该商品账面余额 800000 元，市场价为 1000000 元，未计提存货跌价准备，甲公司销售该库存商品适用的增值税税率为 13%。假定不考虑其他因素影响。

【任务要求】 对甲公司上述业务进行账务处理。

【任务实施】

借：长期股权投资 1130000

贷：主营业务收入 1000000

应交税费——应交增值税（销项税额）(1000000×13%) 130000

借：主营业务成本 800000

贷：库存商品 800000

5. 将自产、委托加工或购买的货物分配给股东或投资者

纳税人将自产、委托加工的货物分配给股东，货物所有权发生了转移，税法规定属于视同销售行为，纳税义务的确认时间为货物移送的当天。会计处理通过如下的【任务实例】详细介绍。

【任务实例 2-15】 甲公司为增值税一般纳税人，2023 年 5 月将生产的一批产品作为股利分配给股东。该批产品市场售价为 70000 元，实际成本为 60000 元。假设该批产品的增值税税率为 13%。

【任务要求】 对甲公司上述业务进行账务处理。

【任务实施】

(1) 分配股利时。

借：应付股利 79100

贷：主营业务收入 70000

应交税费——应交增值税（销项税额） 9100

（2）结转该批产品成本时。

借：主营业务成本 60000

　贷：库存商品 60000

6. 将自产、委托加工或购买的货物无偿赠送给其他单位或个人

企业将自产、委托加工或购买的货物无偿赠送给其他单位或个人，属于视同销售行为，按自产、委托加工或购买货物的成本与税务机关核定的货物计税依据计算缴纳增值税，纳税义务的确认时间为货物移送的当天。会计处理通过如下的【任务实例】详细介绍。

【任务实例 2-16】甲公司为增值税一般纳税人，2023 年 8 月将自产的棉被 1000 件直接捐赠给灾区。该棉被每件成本 300 元，每件不含增值税售价 400 元。

【任务要求】对甲公司上述业务进行账务处理。

【任务实施】

借：营业外支出 352000

　贷：库存商品（300×1000） 300000

　　应交税费——应交增值税（销项税额）（400×1000×13%） 52000

（三）其他销售业务增值税的会计核算

1. 销售折让、中止或者销售退回

纳税人适用一般计税方法计税的，因销售折让、中止或者退回而退还给购买方的增值税税额，应当从当期的销项税额中扣减；因销售折让、中止或者退回而收回的增值税税额，应当从当期的进项税额中扣减。纳税人适用简易计税方法计税的，因销售折让、中止或者退回而退还给购买方的销售额，应当从当期销售额中扣减。扣减当期销售额后仍有余额造成多缴的税款，可以从以后的应纳税额中扣减。纳税人发生应税行为，开具增值税专用发票后，发生开票有误或者销售折让、中止、退回等情形的，应当按照国家税务总局的规定开具红字增值税专用发票；未按照规定开具红字增值税专用发票的，不得扣减销项税额或者销售额。

销售方凭税务机关系统校验通过的“开具红字增值税专用发票信息表”开具红字专用发票，在新系统中以销项负数开具，借记“主营业务收入”“应交税费——应交增值税（销项税额）”或“应交税费——简易计税”（小规模纳税人借记“应交税费——应交增值税”）等科目（登账时用红字在贷方登记），贷记“应收账款”“银行存款”“财务费用”等科目（登账时用红字在借方登记）；同时，借记“库存商品”科目（登账时用红字在贷方登记），贷记“主营业务成本”科目（登账时用红字在借方登记）。

【任务实例 2-17】甲公司为增值税一般纳税人，2023 年 5 月甲公司向乙公司提供货物运输服务，甲公司开具的增值税专用发票上注明价款 10000 元，增值税税额 900 元。由于货物未及时送达，双方协商折让 10%，甲公司按照现行税法规定开具红字增值税专用发票，款项尚未结算。

【任务要求】对甲公司上述业务进行账务处理。

【任务实施】

（1）提供运输服务时。

借：应收账款——乙公司　　10900

　贷：主营业务收入　　10000

　　　应交税费——应交增值税（销项税额）　　900

（2）发生折让时。

甲公司按照税法规定开具红字增值税专用发票，冲销主营业务收入1000元和增值税税额90元。

借：应收账款——乙公司　　1090

　贷：主营业务收入　　1000

　　　应交税费——应交增值税（销项税额）　　90

2. 以旧换新

以旧换新是指纳税人在销售自己的货物时，有偿收回旧货物的行为。采取以旧换新方式销售货物的，应按新货物的同期销售价格确定销售额，不得扣减旧货物的收购价格。会计处理通过如下的【任务实例】详细介绍。

【任务实例2-18】甲公司为增值税一般纳税人，2023年9月采取以旧换新方式向个人消费者销售手机10台，手机零售价为4520元/台，收回旧手机入账单价为600元/台。甲公司从个人消费者处共计收取现金39200元。

【任务要求】对甲公司上述业务进行账务处理。

【任务实施】

借：库存现金　　39200

　　库存商品——旧手机（600×10）　　6000

　贷：主营业务收入［4520×10÷(1+13%)］　　40000

　　　应交税费应交增值税（销项税额）［4520×10÷(1+13%)×13%］　　5200

3. 销售包装物与包装物押金

（1）销售包装物的会计核算。包装物无论是随同产品销售还是单独销售，均应计算缴纳增值税。

【任务实例2-19】甲工厂销售给本市乙工厂带包装物的A产品600件，包装物单独计价，开出的增值税专用发票上列明产品销售价款96000元、包装物销售价款10000元、增值税额13780元，款未收到。A产品的单位成本为50元/件，包装物的单位成本为10元/件。

【任务要求】对甲公司上述业务进行账务处理。

【任务实施】

1）确认销售收入时。

借：应收账款——乙工厂　　119780

　贷：主营业务收入——A产品　　96000

　　　其他业务收入——包装物　　10000

　　　应交税费——应交增值税（销项税额）　　13780

2）结转成本时。

借：主营业务成本　　30000

贷：库存商品 30000

借：其他业务成本 6000

贷：周转材料——包装物 6000

（2）包装物押金的会计核算。未逾期的包装物押金不计算缴纳增值税，但对逾期的包装物押金应计算其销项税额。纳税人为销售货物而出租、出借包装物收取的押金，单独记账核算、时间在 1 年内、又未过期的，不并入销售额征税；但对因逾期未收回包装物不再退还的押金，应按所包装货物的适用税率计算增值税销项税额。

【任务实例 2-20】甲公司为增值税一般纳税人，2023 年 9 月 5 日，销售扫地机器人取得不含税收入为 20000 元，同时出借包装物一批，收到包装物押金为 3390 元，款项已存入银行。扫地机器人成本为 18000 元，包装物成本为 1000 元。

【任务要求】对甲公司上述业务进行账务处理。

【任务实施】

1）销售扫地机器人收到包装物押金时。

借：银行存款 25990

贷：主营业务收入 20000

应交税费——应交增值税（销项税额）（20000×13%） 2600

其他应付款——存入保证金 3390

2）结转成本时。

借：主营业务成本 18000

贷：库存商品 18000

3）如果出借的包装物在约定期限之内或者在 1 年之内收回，则退还包装物押金。

借：其他应付款——存入保证金 3390

贷：银行存款 3390

4）如果出借的包装物逾期或者超过 1 年仍未收回的，则没收包装物押金，确认收入及销项税额或应纳增值税税额，并同时结转包装物成本。

借：其他应付款——存入保证金 3390

贷：其他业务收入 3000

应交税费——应交增值税（销项税额） 390

借：其他业务成本 1000

贷：周转材料包装物 1000

（四）销售自己使用过的固定资产

增值税一般纳税人销售自己使用过的，属于税法规定不得抵扣且未抵扣进项税额的固定资产，自 2014 年 7 月 1 日起调整为按简易计税方法依照 3%的征收率减按 2%征收增值税；已使用过的固定资产是指纳税人根据财务会计制度已经计提折旧的固定资产。

【任务实例 2-21】甲公司为增值税一般纳税人，2023 年 8 月，转让一台自己使用过的旧设备。该设备是 2007 年 12 月 31 日购入的，原值为 50000 元，已经提足折旧。在转让过程中，甲公司用银行存款支付清理费为 200 元，取得转让收入为 2000 元，甲公司选择使用简易计税办法。

【**任务要求**】对甲公司上述业务进行账务处理。

【**任务实施**】

甲公司2007年12月31日购入的旧设备，按当时税法的规定不能抵扣进项税额。因此，甲公司按简易计税方法依照3%的征收率减按2%计算应交增值税。

应交增值税=2000÷(1+3%)×2%=38.83（元）

（1）注销固定资产时。

借：累计折旧　　50000

　贷：固定资产　　50000

（2）支付清理费时。

借：固定资产清理　　200

　贷：银行存款　　200

（3）收到转让收入时。

借：银行存款　　2000.00

　贷：固定资产清理　　1961.17

　　　应交税费——简易计税　　38.83

（4）计算城市维护建设税、教育费附加时。

借：固定资产清理　　3.88

　贷：应交税费——城市维护建设税　　2.72

　　　　　　　——教育费附加　　1.16

（5）结转净收益时。

净收益=1961.17-200-3.88=1757.29（元）

借：固定资产清理　　1757.29

　贷：资产处置损益　　1757.29

三、进项税额的会计核算

（一）一般购进业务进项税额的会计核算

一般纳税人适用一般计税方法购进货物、加工修理修配劳务、服务、无形资产或不动产，按应计入相关成本费用或资产的金额，借记“在途物资”（或“材料采购”）或“原材料”“库存商品”“委托加工物资”“生产成本”“无形资产”“固定资产”“管理费用”等科目，按当月已认证的可抵扣增值税额，借记“应交税费——应交增值税（进项税额）”科目，按当月未认证的可抵扣增值税额，借记“应交税费——待认证进项税额”科目（小规模纳税人购进货物、加工修理修配劳务、服务、无形资产或不动产，支付或者承担的增值税不记入“应交税费——应交增值税（进项税额）”或“应交税费——待认证进项税额”等科目，而记入“在途物资”（或“材料采购”）或“原材料”“库存商品”“生产成本”“固定资产”“管理费用”等科目；一般纳税人适用简易计税方法计税时以及一般纳税人适用一般计税方法计税但取得增值税普通发票等情形时，购进货物、加工修理修配劳务、服务、无形资产或不动产支付或者承担的增值税不记入“应交税费——应交增值税（进项税额）”或“应交税费——待认证进项税额”等科目，而记入“在途物资”（或“材料采购”）或“原材料”“库存商品”“生产成本”“固定资产”“管理费用”等科目，下同，按应付或实际支付的金额，贷记“应付账款”“应付票据”“银行存款”等科目。发生退货的，如原增值税专用发票已做认证，应根据税务机关开具的红字增值税专用发票做相反的会计分录；如原增值税专用发票未做认证，应将发票退回并做相反的会计分录。

1. 购进货物进项税额的会计核算

一般纳税人购进货物，按应计入相关成本费用或资产的金额，借记“在途物资”（或“材料采购”）或“原材料”“库存商品”“生产成本”“固定资产”“管理费用”等科目，按当月已认证的可抵扣增值税额，借记“应交税费——应交增值税（进项税额）”科目，按当月未认证的可抵扣增值税额，借记“应交税费——待认证进项税额”科目，按应付或实际支付的金额，贷记“应付账款”“应付票据”“银行存款”等科目。

【任务实例 2-22】甲公司为增值税一般纳税人，原材料成本的核算采用实际成本法。甲公司2023年5月购入原材料3000千克，单价5元/千克，取得的增值税专用发票上注明价款15000元，增值税税额1950元，款项以银行存款支付。本年5月货款已支付，原材料尚未到达。本年6月收到原材料，并验收入库。甲公司取得的增值税专用发票本年5月符合抵扣规定。

【任务要求】对甲公司上述业务进行账务处理。

【任务实施】

（1）2023年5月购入原材料取得增值税专用发票，且取得的增值税专用发票2023年5月符合抵扣规定，并支付货款时。

借：在途物资	15000
应交税费——应交增值税（进项税额）	1950
贷：银行存款	16950

（2）2023年6月收到原材料，并验收入库时。

借：原材料	15000
贷：在途物资	15000

2. 进口货物进项税额的会计核算

适用一般计税方法的一般纳税人进口货物，按应计入相关成本费用或资产的金额，借记“在途物资”（或“材料采购”）或“原材料”“库存商品”“生产成本”“固定资产”“管理费用”等科目，按从海关取得的海关进口增值税专用缴款书上注明的增值税税额（已申请稽核并取得稽核相符结果的海关缴款书进项税额），借记“应交税费——应交增值税（进项税额）”科目，按从海关取得的海关进口增值税专用缴款书上注明的增值税税额（尚未申请稽核或者已申请稽核但尚未取得稽核相符结果的海关缴款书进项税额），借记“应交税费——待认证进项税额”科目，按应付或实际支付的金额，贷记“应付账款”“应付票据”“银行存款”等科目。适用简易计税方法的一般纳税人或者小规模纳税人进口货物支付或者承担的增值税不记入“应交税费——应交增值税（进项税额）”或“应交税费——待认证进项税额”等科目，而记入“在途物资”（或“材料采购”）或“原材料”“库存商品”“生产成本”“固定资产”“管理费用”等科目，按应付或实际支付的金额，贷记“应付账款”“应付票据”“银行存款”等科目。

【任务实例 2-23】甲公司为增值税一般纳税人，2023 年 7 月从国外进口一批布料并已验收入库，海关完税凭证上注明的价款为 100000 元，已知其关税税率为 10%。该公司原材料成本的核算采用实际成本法。从海关取得的海关进口增值税专用缴款书上注明的增值税税额为 14300 元，该海关进口增值税专用缴款书 2023 年 7 月已经申请稽核比对并且稽核比对结果为相符。2023 年 7 月，甲公司全部款项以银行存款支付。

【任务要求】对甲公司上述业务进行账务处理。

【任务实施】

该批商品进口时应纳关税 = 100000×10% = 10000（元）

该批商品进口时应纳增值税 =（100000+10000）×13% = 14300（元）

借：原材料	110000
应交税费——应交增值税（进项税额）	14300
贷：银行存款	124300

3. 购进免税农产品进项税额的会计核算

自 2018 年 5 月 1 日起，纳税人购进农产品，原适用 11% 扣除率的，扣除率调整为 10%。自 2019 年 4 月 1 日起，纳税人购进农产品，原适用 10% 扣除率的，扣除率调整为 9%。

4. 购进（接受）加工修理修配劳务进项税额的会计核算

一般纳税人购进加工修理修配劳务，按应计入相关成本费用或资产的金额，借记“委托加工物资”“生产成本”“管理费用”等科目，按当月已认证的可抵扣增值税额，借记“应交税费——应交增值税（进项税额）”科目，按当月未认证的可抵扣增值税额，借记“应交税费——待认证进项税额”科目，按应付或实际支付的金额，贷记“应付账款”“应付票据”“银行存款”等科目。

5. 购进（接受）服务进项税额的会计核算

一般纳税人购进服务，按应计入相关成本费用或资产的金额，借记“在途物资”（或“材料采购”）或“原材料”“库存商品”“生产成本”“销售费用”“管理费用”等科目，按当月已认证的可抵扣增值税额，借记“应交税费——应交增值税（进项税额）”科目，按当月未认证的可抵扣增值税额，借记“应交税费——待认证进项税额”科目，按应付或实际支付的金额，贷记“应付账款”“应付票据”“银行存款”等科目。

6. 购进无形资产进项税额的会计核算

一般纳税人购进无形资产，按应计入相关成本费用或资产的金额，借记“无形资产”等科目，按当月已认证的可抵扣增值税额，借记“应交税费——应交增值税（进项税额）”科目，按当月未认证的可抵扣增值税额，借记“应交税费——待认证进项税额”科目，按应付或实际支付的金额，贷记“应付账款”“应付票据”“银行存款”等科目。

（二）购进业务进项税额不得抵扣的会计核算

1. 购进货物、加工修理修配劳务、服务、无形资产或不动产，用于简易计税方法计税项目、免征增值税项目、集体福利或个人消费等进项税额不得抵扣的会计核算一般纳税人购进货物、加工修理修配劳务、服务、无形资产或不动产，用于简易计税方法计税项目、免征增值税项目、集体福利或个人消费等，其进项税额按照现行增值税制度规定不得从销项税额中抵扣的，取得增值税专用发票时，应借记相关成本费用或资产科目，借记“应交税费——待认证进项税额”科目，贷记“银行存款”“应付账款”等科目，经税务机关认证后，根据有关“进项税额”“进项税额转出”专栏及“待认证进项税额”明细科目的核算内容，先转入“进项税额”专栏，借记“应交税费——应交增值税（进项税额）”科目，贷记“应交税费——待认证进项税额”科目；按现行增值税制度规定转出时，记入“进项税额转出”专栏，借记相关成本费用或资产科目，贷记“应交税费——应交增值税（进项税额转出）”科目。

2. 兼营简易计税方法计税项目、免征增值税项目而无法划分不得抵扣的进项税额的会计核算

适用一般计税方法的纳税人，兼营简易计税方法计税项目、免征增值税项目而无法划分不得抵扣的进项税额，按照下列公式计算不得抵扣的进项税额：

$$\text{不得抵扣的进项税额}=\text{当期无法划分的全部进项税额}\times\left(\text{当前简易计税方法计税项目销售额}+\text{免征增值税项目销售额}\right)\div\text{当期全部销售额}$$

主管税务机关可以按照上述公式依据年度数据对不得抵扣的进项税额进行清算。其会计核算类似于“一般纳税人购进货物、加工修理修配劳务、服务、无形资产或不动产，用于简易计税方法计税项目、免征增值税项目、集体福利或个人消费等进项税额不得抵扣的会计核算”。

四、差额征税的会计核算

（一）企业发生相关成本费用允许扣减销售额的情况

在发生成本费用时，按照应付或实际支付的金额，借记“主营业务成本”“存货”“合同履约成本”等科目，贷记“应付账款”“应付票据”“银行存款”等科目。待取得合规增值税扣税凭证且纳税义务发生时，应按照允许抵扣的税额，借记“应交税费——应交增值税（销项税额抵减）”或“应交税费——简易计税”科目，注意小规模纳税人应借记“应交税费——应交增值税”科目，贷记“主营业务成本”“存货”“合同履约成本”等科目。

【任务实例 2-24】甲公司为增值税一般纳税人，核算选择差额征税方式。甲公司于2023年5月向旅游服务购买方收取含税价款为106万元（适用税率为6%），支付给其他接团旅游企业的旅游费用和其他单位的相关费用为84.8万元，其中因允许扣减销售额而减少的销项税额为4.8万元。假设该旅游企业采用总额法确认收入。

【任务要求】对甲公司上述业务进行账务处理。

【任务实施】

（1）确认收入时。

借：银行存款	1060000
贷：主营业务收入	1000000
应交税费——应交增值税（销项税额）	60000

（2）支付旅游费用时。

借：主营业务成本 848000

贷：银行存款 848000

(3) 根据扣税凭证，差额计税抵减销项税额，调整成本时。

借：应交税费——应交增值税（销项税额抵减） 48000

贷：主营业务成本 48000

也可以合并 (2)(3) 分录如下。

借：主营业务成本 800000

应交税费——应交增值税（销项税额抵减） 48000

贷：银行存款 848000

（二）转让金融产品的会计核算

金融商品实际转让月末，若产生转让收益，则按应纳税额借记“投资收益”等科目，贷记“应交税费——转让金融商品应交增值税”科目；若产生转让损失，则可结转下月抵扣税额，借记“应交税费——转让金融产品应交增值税”科目，贷记“投资收益”等科目。缴纳增值税时，应借记“应交税费——转让金融商品应交增值税”科目，贷记“银行存款”等科目。年末时，本科目若有借方余额，则借记“投资收益”等科目，贷记“应交税费——转让金融商品应交增值税”科目。

【任务实例 2-25】甲公司增值税一般纳税人，2023 年 6 月转让作为交易性金融资产管理的 A 股票，卖出价为 10 万元，对应的买入价为 12 万元；7 月，转让作为交易性金融资产管理的 B 股票，卖出价为 15 万元，对应的买入价为 11 万元。适用增值税税率为 6%。

【任务要求】做出甲公司 6 月、7 月计提和缴纳增值税的账务处理。

【任务实施】

(1) 6 月转让 A 股票时。

差价 = 100000 − 120000 = −20000（元）

增值税 = 20000 ÷ (1 + 6%) × 6% = 1132.08（元）

借：应交税费——转让金融商品应交增值税 1132.08

贷：投资收益 1132.08

(2) 7 月转让 B 股票时。

差价 = 150000 − 110000 = 40000（元）

增值税 = 40000 ÷ (1 + 6%) × 6% = 2264.15（元）

借：投资收益 2264.15

贷：应交税费——转让金融商品应交增值税 2264.15

(3) 7 月缴纳税款时。

应交增值税 = 2264.15 − 1132.08 = 1132.07（元）

借：应交税费——转让金融商品应交增值税 1132.07

贷：银行存款 1132.07

五、增值税出口和跨境业务退（免）税和征税的会计核算

出口和跨境业务是“出口货物、劳务和跨境应税行为”的简称。目前，我国的出口货

物、劳务和跨境应税行为的增值税税收政策分为以下三种形式：（1）出口免税并退税；（2）出口免税不退税；（3）出口不免税也不退税。只有“出口免税并退税”政策才涉及增值税的出口退税，“出口免税不退税”政策、“出口不免税也不退税”政策不涉及增值税的出口退税。

为核算纳税人出口业务应收取的出口退税款，设置“应收出口退税款”科目。“应收出口退税款”科目可以设置“应收出口退税款——增值税”“应收出口退税款——消费税”两个明细科目。“应收出口退税款——增值税”科目的借方反映销售出口货物、劳务、服务或者无形资产按规定向税务机关申报应退回的增值税额，贷方反映实际收到的出口货物、劳务、服务或者无形资产应退回的增值税额，期末借方余额，反映尚未收到的应退增值税额。“应收出口退税款——消费税”科目的借方反映销售出口应税消费品按规定向税务机关申报应退回的消费税额，贷方反映实际收到的出口应税消费品应退回的消费税额，期末借方余额，反映尚未收到的应退消费税额。

适用增值税退（免）税政策（“出口免税并退税”政策）的出口货物、劳务和跨境应税行为，根据不同的情形，实行增值税“免、抵、退”办法（又称“免抵退税”办法）或“免、退”办法（又称“免退税”办法、“先征后退”办法）。

（一）实行“免、退”办法出口退税的会计核算

实行“免、退”办法的一般纳税人出口业务按规定退税的，按规定计算的应收出口退税额，借记“应收出口退税款——增值税”科目，贷记“应交税费——应交增值税（出口退税）”科目；收到出口退税时，借记“银行存款”科目，贷记“应收出口退税款”科目；退税额低于购进时取得的增值税专用发票上的增值税税额的差额，借记“主营业务成本”科目，贷记“应交税费——应交增值税（进项税额转出）”科目。

（二）实行“免、抵、退”办法出口退税的会计核算

以出口货物为例，实行“免、抵、退”办法的一般纳税人出口货物，在货物出口销售后结转产品销售成本时，按规定计算的退税额低于购进时取得的增值税专用发票上的增值税税额的差额，借记“主营业务成本”科目，贷记“应交税费——应交增值税（进项税额转出）”科目；按规定计算的当期出口货物的进项税抵减内销产品的应纳税额，借记“应交税费——应交增值税（出口抵减内销产品应纳税额）”科目，贷记“应交税费——应交增值税（出口退税）”科目。在规定期限内，内销产品的应纳税额不足以抵减出口货物的进项税额，不足部分按有关税法规定给予退税的，应在实际收到退税款时，借记“银行存款”科目，贷记“应交税费——应交增值税（出口退税）”科目。

六、减免增值税的会计核算

（一）直接减免增值税的会计核算

对于当期直接免征的增值税，企业无须专门针对免征的增值税进行账务处理；对于当期直接减征或者扣减的增值税，企业应当根据《增值税会计处理规定》（财会〔2016〕22号）的相关规定进行会计处理，一般纳税人适用一般计税方法的，借记“应交税费——应交增值税（减免税款）”科目（一般纳税人适用简易计税方法的，借记“应交税费——简易计税”科目；小规模纳税人借记“应交税费——应交增值税”科目），贷记“其他收益”科目。

【任务实例 2-26】甲公司是一家生产企业，为增值税一般纳税人。2023 年 1 月，甲公司购进原材料一批，取得的增值税专用发票上注明价款 100000 元，增值税税额 13000 元，款项以银行存款支付。甲公司取得的增值税专用发票本年 1 月符合抵扣规定。2023 年 1 月，甲公司销售产品共取得含增值税销售收入 339000 元，开具增值税专用发票，发票上注明价款 300000 万元，增值税税额 39000 元，款项已存入银行。甲公司 2023 年 1 月 1 日招用自主就业退役士兵 1 名，与其签订 3 年期限劳动合同并依法缴纳社会保险费。根据规定，甲公司自与其签订劳动合同并缴纳社会保险当月起，在 3 年内按实际招用人数予以定额（当地的定额标准为每人每年 6000 元）依次扣减增值税、城市维护建设税、教育费附加、地方教育附加和企业所得税优惠。

【任务要求】对甲公司上述业务进行账务处理。

【任务实施】根据《财政部 税务总局 退役军人部关于进一步扶持自主就业退役士兵创业就业有关税收政策的通知》（财税〔2019〕21 号）的规定，企业招用自主就业退役士兵，与其签订 1 年以上期限劳动合同并依法缴纳社会保险费的，自签订劳动合同并缴纳社会保险当月起，在 3 年内按实际招用人数予以定额依次扣减增值税、城市维护建设税、教育费附加、地方教育附加和企业所得税优惠。定额标准为每人每年 6000 元，最高可上浮 50%，各省、自治区、直辖市人民政府可根据本地区实际情况在此幅度内确定具体定额标准［该税收政策执行期限为 2019 年 1 月 1 日至 2021 年 12 月 31 日，根据《财政部 国家税务总局关于延长部分税收优惠政策执行期限的公告》（财政部 税务总局公告 2022 年第 4 号），该税收政策执行期限延长至 2023 年 12 月 31 日］。

（1）购进原材料时。

借：原材料　　100000
　　应交税费——应交增值税（进项税额）　　13000
　贷：银行存款　　113000

（2）销售产品时。

借：银行存款　　339000
　贷：主营业务收入　　300000
　　应交税费——应交增值税（销项税额）　　39000

（3）扣减增值税时。

借：应交税额——应交增值税（减免税款）　　6000
　贷：其他收益　　6000

（4）本年 1 月 31 日转出应缴未缴增值税时。

借：应交税费——应交增值税（转出未交增值税）（39000-13000-6000）　　20000
　贷：应交税费——未交增值税　　20000

（5）本年 2 月申报期内申报缴纳增值税时。

借：应交税费——未交增值税　　20000
　贷：银行存款　　20000

（二）先征后返、先征后退和即征即退增值税的会计核算

1. 先征后返增值税的会计核算

企业销售货物时应正常计税，即借记“银行存款”“应收账款”等科目，贷记“主营

业务收入”“应交税费——应交增值税（销项税额）”或“应交税费——简易计税”（小规模纳税人贷记“应交税费——应交增值税”）等科目；并按规定的纳税期限正常缴税，即若本月缴纳本月应缴纳的增值税，则借记“应交税费——应交增值税（已交税金）”或“应交税费——简易计税”（小规模纳税人借记“应交税费——应交增值税”）科目，贷记“银行存款”科目；若本月缴纳以前期间应缴未缴的增值税，则借记“应交税费——未交增值税”或“应交税费——简易计税”（小规模纳税人借记“应交税费——应交增值税”）科目，贷记“银行存款”科目；在确认先征后返增值税时，借记“其他应收款”科目，贷记“其他收益”科目；日后收到退税款时，借记“银行存款”科目，贷记“其他应收款”科目。

2. 先征后退增值税的会计核算

同“先征后返增值税的会计核算”

3. 即征即退增值税的会计核算

企业销售货物时应正常计税，即借记“银行存款”“应收账款”等科目，贷记“主营业务收入”“应交税费——应交增值税（销项税额）”或“应交税费——简易计税”（小规模纳税人贷记“应交税费——应交增值税”）等科目；并按规定的纳税期限正常缴税，即若本月缴纳本月应缴纳的增值税，则借记“应交税费——应交增值税（已交税金）”或“应交税费——简易计税”（小规模纳税人借记“应交税费——应交增值税”）科目，贷记“银行存款”科目；若本月缴纳以前期间应缴未缴的增值税，则借记“应交税费——未交增值税”或“应交税费——简易计税”（小规模纳税人借记“应交税费——应交增值税”）科目，贷记“银行存款”科目；在收到退税款时，借记“银行存款”科目，贷记“其他收益”科目（最后一步会计处理也可分为两步：在确认即征即退增值税时，借记“其他应收款”科目，贷记“其他收益”科目；日后收到退税款时，借记“银行存款”科目，贷记“其他应收款”科目）。

【注意】

“即征即退”“先征后退”“先征后返”三者的异同。

“即征即退”“先征后退”“先征后返”三者大同小异。即征即退、先征后退的税款由税务机关退还；先征后返的税款由财政机关返还。三种方式取得的时间是不同的，即征即退最快，先征后退次之，先征后返最慢。这三种优惠，都是在增值税正常缴纳之后的退库，并不影响增值税计算抵扣链条的完整性，销售货物时，可以按规定开具增值税专用发票，正常计算销项税，购买方也可以按规定抵扣。

【任务实例 2-27】甲公司是一家软件开发企业，为增值税一般纳税人，2023 年 6 月销售自行开发的软件产品，取得销售额 60000 元（不含增值税），开具增值税专用发票，款项已存入银行。本月开发软件产品的可抵扣增值税进项税额为 1000 元，本月无其他增值税事项。

【任务要求】对甲公司上述业务进行账务处理。

【任务实施】增值税一般纳税人销售自行开发的软件产品，按 13%税率征收增值税后，对其增值税实际税负超过 3%的部分实行即征即退。

应纳增值税 = 60000×13% − 1000 = 6800（元）

实际增值税税负 = 6800÷60000×100% = 11.33%>3%

应退增值税 = 6800 − 60000×3% = 5000（元）

（1）销售软件时。

借：银行存款	67800
贷：主营业务收入	60000
应交税费——应交增值税（销项税额）	7800

（2）2023 年 6 月 30 日转出应缴未缴增值税时。

借：应交税费——应交增值税（转出未交增值税）	6800
贷：应交税费——未交增值税	6800

（3）2023 年 7 月申报期内申报缴纳增值税时。

借：应交税费——未交增值税	6800
贷：银行存款	6800

（4）收到即征即退应退税款时。

借：银行存款	5000
贷：其他收益	5000

任务四 增值税征收管理

一、增值税的纳税义务发生时间

（1）采用直接收款方式销售货物的，不论货物是否发出，其纳税义务的发生时间均为收到销售款项或者取得索取销售款项凭据的当天；先开具发票的，其纳税义务的发生时间为开具发票的当天。纳税人发生应税行为（销售服务、无形资产或不动产）的，其纳税义务的发生时间为收讫销售款项或者取得索取销售款项凭据的当天；先开具发票的，其纳税义务的发生时间为开具发票的当天。

（2）采取托收承付和委托银行收款方式销售货物的，其纳税义务的发生时间为发出货物并办妥托收手续的当天。

（3）采取赊销和分期收款方式销售货物的，其纳税义务的发生时间为书面合同约定的收款日期当天；无书面合同的或者书面合同没有约定收款日期的，其纳税义务的发生时间为货物发出的当天。

（4）采取预收货款方式销售货物的，其纳税义务的发生时间为货物发出的当天；但生产销售生产工期超过 12 个月的大型机械设备、船舶、飞机等货物，其纳税义务的发生时间为收到预收款或者书面合同约定的收款日期的当天。

纳税人提供租赁服务采取预收款方式的，其纳税义务发生时间为收到预收款的当天。

（5）纳税人从事金融商品转让的，其纳税义务的发生时间为金融商品所有权转移的当天。

（6）委托其他纳税人代销货物的，其纳税义务的发生时间为收到代销单位的代销清单或者收到全部或者部分货款的当天。未收到代销清单及货款的，其纳税义务的发生时间为发出代销货物满180天的当天。

(7) 证券公司、保险公司、金融租赁公司、证券基金管理公司、证券投资基金以及其他经中国人民银行、银保监会、证监会批准成立且经营金融保险业务的机构发放贷款后自结息日起90天内发生的应收未收利息按现行规定缴纳增值税，自结息日起90天后发生的应收未收利息暂不缴纳增值税，待实际收到利息时按规定缴纳增值税。

(8) 销售应税劳务，其纳税义务的发生时间为提供劳务同时收讫销售款项或者取得索取销售款项凭据的当天。

(9) 纳税人提供建筑服务，被工程发包方从应支付的工程款中扣押的质押金、保证金，未开具发票的，其纳税义务的发生时间为纳税人实际收到质押金、保证金的当天。

(10) 纳税人发生视同销售货物行为（不包括代销行为）的，其纳税义务的发生时间为货物移送的当天。纳税人发生视同销售服务、无形资产或不动产行为的，其纳税义务发生时间为服务、无形资产转让完成的当天或者不动产权属变更的当天。

(11) 纳税人进口货物，纳税义务发生的时间为报关进口的当天。

(12) 增值税扣缴义务发生的时间为纳税人增值税纳税义务发生的当天。

二、增值税的纳税期限

增值税的纳税期限有1日、3日、5日、10日、15日、1个月或1个季度几类。纳税人不能按期纳税的，可以按次纳税。其中，以1个季度为纳税期限适用于小规模纳税人、银行、财务公司、信托投资公司、信用社。

纳税人以1个月或1个季度为纳税期的，应在期满之日起15日内申报纳税。纳税人以1日、3日、5日、10日、15日为纳税期的，期满之日起5日内预缴税款，于次月1日起15日内申报纳税并结清上月税款。

纳税人进口货物，应当自海关填发进口增值税专用缴款书之日起15日内缴纳税款。

三、增值税的纳税地点

(1) 固定业户应当向其机构所在地或者居住地主管税务机关申报纳税。总机构和分支机构不在同一县（市）的，应当分别向各自所在地的主管税务机关申报纳税，经财政部和国家税务总局或者其授权的财政和税务机关批准，可以由总机构汇总向总机构所在地的主管税务机关申报纳税。

(2) 固定业户到外县（市）销售货物或者劳务，应当向其机构所在地的主管税务机关报告外出经营事项，并向其机构所在地的主管税务机关申报纳税；未报告的，应当向销售地或者劳务发生地的主管税务机关申报纳税；未向销售地或者劳务发生地的主管税务机关申报纳税的，由其机构所在地的主管税务机关补征税款。

(3) 非固定业户销售货物、劳务、服务、无形资产或者不动产，应当向销售地、劳务发生地或者应税行为（销售服务、无形资产或者不动产）发生地主管税务机关申报纳税；未申报纳税的，由其机构所在地或者居住地主管税务机关补征税款。

(4) 其他个人提供建筑服务，销售或者租赁不动产，转让自然资源使用权，应向建筑服务发生地、不动产所在地、自然资源所在地主管税务机关申报纳税。

(5) 纳税人进口货物，应当向报关地海关申报纳税。

（6）扣缴义务人应当向其机构所在地或者居住地主管税务机关申报缴纳其扣缴的税款。

任务五 增值税纳税申报

一、增值税发票的使用规定

按照增值税抵扣凭证分类，增值税发票可以分为增值税专用发票和增值税普通发票。

（一）增值税专用发票的使用规定

1. 联次及用途

增值税专用发票的使用规定见表2-7。

表2-7 增值税专用发票的使用规定

基本联次	持有方	用途
发票联	购买方	核算采购成本和增值税进项税额的记账凭证
抵扣联		报送税务机关认证和留存备查的扣税凭证
记账联	销售方	核算销售收入和增值税销项税额的记账凭证

2. 最高开票限额管理

最高开票限额由区县税务机关依法审批。一般纳税人申请增值税专用发票最高开票限额≤10万元的，主管税务机关不需要事前进行实地查验。

3. 一般纳税人不得领购开具增值税专用发票的情形

（1）会计核算不健全，不能向税务机关准确提供增值税销项税额、进项税额、应纳税额数据及其他有关增值税税务资料的。

（2）有《税收征管法》规定的税收违法行为，拒不接受税务机关处理的。

（3）有涉及发票的税收违法行为，经税务机关责令限期改正而仍未改正的。

4. 一般纳税人不得开具增值税专用发票的情形

（1）向消费者个人销售货物、提供应税劳务或者销售服务、无形资产、不动产的。

（2）销售增值税免税项目，法律、法规及国家税务总局另有规定的除外。

（3）部分适用增值税简易征收政策规定的。

（4）法律、法规及国家税务总局规定的其他情形。

【注意】

（1）一般纳税人向小规模纳税人销售货物可以开具增值税专用发票。

（2）自2020年2月1日起，纳入增值税小规模纳税人自开增值税专用发票试点的小规模纳税人需要开具增值税专用发票的，可以通过新系统自行开具，主管税务机关不再为其代开。

（二）增值税普通发票的使用规定

（1）增值税普通发票是增值税小规模纳税人销售货物劳务、服务、无形资产和不动产开具的发票，一般纳税人在销售货物或者提供应税劳务不能开具增值税专用发票时，也可以使用增值税普通发票。

(2) 除了机动车销售统一发票、农产品销售发票或收购发票、通行费发票、通行费电子发票、航空运输电子客票行程单、铁路车票、公路、水路等其他客票可以抵扣增值税进项税额，其他增值税普通发票不能作为抵扣增值税进项税额的凭证。

(3) 目前尚未纳入增值税发票管理新系统的发票要有门票、过路（过桥）费发票、定额发票、客运发票。

二、一般纳税人增值税的纳税申报

一般纳税人办理纳税申报，需要经过抄报税、纳税申报、清零解锁等工作。

(1) 抄报税：纳税人在征税期间之内登录开票软件进行抄税，通过网上的抄报或是办税厅抄报，向所在税务机关上传上月开票数据。

(2) 纳税申报：纳税人在网上登录申报软件进行申报；网上申报成功而且通过税银联网实时扣缴税款。

(3) 清零解锁：申报成功之后，纳税人返回开票系统对税控设备进行清零解锁。

增值税一般纳税人（以下简称纳税人）纳税申报，必须实行电子信息采集。使用防伪税控系统开具增值税专用发票的纳税人必须在抄报税成功后，方可向所在地税务局办税服务厅进行纳税申报。

按 2021 年 8 月 1 日之后的申报要求，增值税一般纳税人对增值税进行纳税申报时，应填报“增值税及附加税费预缴表附列资料（附加税费情况表)”，以及“增值税及附加税费预缴表”；“增值税及附加税费申报表附列资料（一）（本期销售情况明细)”“增值税及附加税费申报表附列资料（二）（本期进项税额明细)”“增值税及附加税费申报表附列资料（三）(服务、不动产和无形资产扣除项目明细)”“增值税及附加税费申报表附列资料（四）(税额抵减情况表)”“增值税及附加税费报表（一般纳税人适用）附列资料（五）(附加税费情况表)”“增值税减免税申报明细表”，以及“增值税及附加税费申报表（一般纳税人适用)”。

三、小规模纳税人增值税的纳税申报

按 2021 年 8 月 1 日之后的申报要求，小规模纳税人对增值税进行纳税申报时，应填报“增值税及附加税费预缴表附列资料（附加税费情况表)”，以及“增值税及附加税费预缴表”；“增值税及附加税费申报表（小规模纳税人适用）附列资料（一）（服务、不动产和无形资产扣除项目明细)”“增值税及附加税费申报表（小规模纳税人适用）附列资料（二）(附加税费情况表)”“增值税减免税申报明细表”，以及“增值税及附加税费申报表（小规模纳税人适用)”。

【纳税申报实务 1】

×××贸易有限公司为增值税一般纳税人（位于市区）；登记注册类型为其他有限责任公司；法定代表人姓名为王某；企业注册地址和生产经营地址均为杭州市上城区港龙城××号，电话为0571-878202××；所属行业为批发和零售业；开户银行及账号为中国工商银行杭州滨江支行，33010220090115077××；纳税人识别号为×××××7229004568×××。

×××贸易有限公司主营货物批发零售，兼营国际货运代理和运输服务。2023 年 6 月，×××贸易有限公司发生的经济业务如下。

业务①：12 日，在国内采购货物一批，取得的增值税专用发票上注明价款 300000 元，增值税税额 39000 元，款项以银行存款支付。

业务②：13 日，进口货物 1 批，取得的海关进口增值税专用缴款书上注明价款 80000 元，增值税税额 10400 元，款项以银行存款支付。

业务③：15 日，销售货物一批，开具的增值税专用发票上注明价款 2000000 元，增值税税额 260000 元，款项已存入银行（假设不考虑成本结转）。

业务④：20 日，将 2023 年 5 月购进的货物 200000 元（不含增值税）改变用途用于发放职工福利。该批货物的进项税额为 26000 元，已于 2023 年 5 月进行了抵扣。

业务⑤：21 日，提供联运运输服务，共取得款项 2180000 元，并开具增值税专用发票，注明运输费用 2000000 元，增值税税额 180000 元，款项已存入银行；同时支付给联运方运费 763000 元（含税），取得的增值税专用发票上注明运输费用 700000 元，增值税税额 63000 元，款项以银行存款支付。

业务⑥：24 日，提供国际货运代理服务（该公司放弃免税权），取得收入并开具增值税专用发票，注明价款 1200000 元，增值税税额 72000 元，款项已存入银行。为取得该收入，支付给一般纳税人代理公司代理费用，取得的增值税专用发票上注明价款 1000000 元，增值税税额 60000 元，款项以银行存款支付；支付给小规模纳税人咨询公司咨询费用金额 206000 元，取得的增值税专用发票上注明价款 200000 元，增值税税额 6000 元，款项以银行存款支付；支付给小规模纳税人货物运输公司运费金额 90000 元（含增值税），取得增值税普通发票 1 张，款项以银行存款支付。

业务⑦：26 日，购进用于销售货物的设备 3 台，取得的增值税专用发票上注明价款 200000 元，增值税税额 26000 元，款项以银行存款支付。

×××贸易有限公司不适用小微企业“六税两费”减免政策。×××贸易有限公司于 2023 年 6 月 10 日缴纳 2023 年 5 月应缴未缴增值税 80000 元。×××贸易有限公司取得的增值税专用发票 2023 年 6 月均符合抵扣规定。×××贸易有限公司 2023 年 7 月 10 日对 2023 年 6 月的增值税进行纳税申报。

➤ 要求

（1）计算×××贸易有限公司 2023 年 6 月的应纳增值税。

（2）对×××贸易有限公司 2023 年 6 月发生的经济业务以及 2023 年 7 月缴纳增值税的业务进行账务处理。

（3）×××贸易有限公司 2023 年 7 月 10 日对 2023 年 6 月的增值税进行纳税申报，填写“增值税及附加税费申报表（一般纳税人适用）”等申报表。

➤ 实施

（1）计算×××贸易有限公司 2023 年 6 月的应纳增值税。

1）逐笔分析经济业务。确定是销项税额还是进项税额，并计算出具体数额。

业务①：进项税额 = 300000×13% = 39000（元）

业务②：进项税额 = 80000×13% = 10400（元）

业务③：销项税额 = 2000000×13% = 260000（元）

业务④：进项税额转出 = 200000×13% = 26000（元）

业务⑤：销项税额 = 2000000×9% = 180000（元）

进项税额 = 763000÷(1+9%)×9% = 63000（元）

业务⑥：销项税额 = 1200000×6% = 72000（元）

进项税额 = 1000000×6%+206000÷(1+3%)×3% = 66000（元）

业务⑦：进项税额 = 200000×13% = 26000（元）

2）计算本期销项税额。

销项税额合计 = 260000+180000+72000 = 512000（元）

3）计算本期可抵扣的进项税额。

进项税额合计 = 39000+10400+63000+66000+26000 = 204400（元）

进项税额转出合计 = 26000（元）

可抵扣的进项税额合计 = 204400−26000 = 178400（元）

4）计算本期应纳增值税税额。

应纳增值税 = 512000−178400 = 333600（元）

其中：本月销售货物应纳增值税 = 260000−(39000+10400+26000−26000) = 210600（元）

本月提供服务应纳增值税 = (180000+72000)−(63000+66000) = 123000（元）

（2）对×××贸易有限公司 2023 年 6 月发生的经济业务以及 2023 年 7 月缴纳增值税的业务进行账务处理。

业务①。

借：库存商品	300000	
应交税费——应交增值税（进项税额）	39000	
贷：银行存款		339000

业务②。

借：库存商品	80000	
应交税费——应交增值税（进项税额）	10400	
贷：银行存款		90400

业务③。

借：银行存款	2260000	
贷：主营业务收入		2000000
应交税费——应交增值税（销项税额）		260000

业务④。

借：应付职工薪酬	226000	
贷：库存商品		200000
应交税费——应交增值税（进项税额转出）		26000

业务⑤。

借：银行存款	2180000	
贷：其他业务收入		2000000

应交税费——应交增值税（销项税额） 180000

借：其他业务成本 700000

应交税费——应交增值税（进项税额） 63000

贷：银行存款 763000

业务⑥。

取得服务收入时。

借：银行存款 1272000

贷：其他业务收入 1200000

应交税费——应交增值税（销项税额） 72000

支付给一般纳税人代理公司代理费用并取得增值税专用发票时。

借：其他业务成本——代理费用 1000000

应交税费——应交增值税（进项税额） 60000

贷：银行存款 1060000

支付给小规模纳税人咨询公司咨询费用并取得增值税专用发票时。

借：其他业务成本——代理费用 200000

应交税费——应交增值税（进项税额） 6000

贷：银行存款 206000

支付给小规模纳税人货物运输公司运输费用并取得增值税普通发票时。

借：其他业务成本——运输费用 90000

贷：银行存款 90000

业务⑦。

借：固定资产 20000

应交税费——应交增值税（进项税额） 26000

贷：银行存款 226000

另外，2023 年 6 月 10 日缴纳 2023 年 5 月应交未交增值税时。

借：应交税费——未交增值税 80000

贷：银行存款 80000

2023 年 6 月 30 日转出当月应缴未缴增值税时。

借：应交税费——应交增值税（转出未交增值税） 333600

贷：应交税费——未交增值税 333600

2023 年 7 月 10 日申报缴纳 2023 年 6 月应缴未缴增值税时。

借：应交税费——未交增值税 333600

贷：银行存款 333600

（3）×××贸易有限公司 2023 年 7 月 10 日对 2023 年 6 月的增值税进行纳税申报，填写“增值税及附加税费申报表（一般纳税人适用）”等申报表。

第一步：根据“应交税费——应交增值税”明细账和相应的增值税发票等原始凭证，填写“增值税及附加税费申报表附列资料（一）（本期销售情况明细）”（见表 2-8）、“增值税及附加税费申报表附列资料（二）（本期进项税额明细）”（见表 2-9）、“增值税及附加税费申报表（一般纳税人适用）附列资料（五）（附加税费情况表）”（见表 2-10）。

表 2-8 增值税及附加税费申报表附列资料（一）

（本期销售情况明细）

税款所属时间：2023 年 06 月 01 日至 2023 年 06 月 30 日

纳税人名称：（公章）×××贸易有限公司　　　　金额单位：元（列至角分）

项目及栏次				开具增值税专用发票		开具其他发票		未开具发票		纳税检查调整		合计			服务、不动产和无形资产扣除项目本期实际扣除金额	扣除后	
				销售额	销项（应纳）税额	销售额	销项（应纳）税额	销售额	销项（应纳）税额	销售额	销项（应纳）税额	销售额	销项（应纳）税额	价税合计		含税（免税）销售额	销项（应纳）税额
				1	2	3	4	5	6	7	8	9=1+3+5+7	10=2+4+6+8	11=9+10	12	13=11−12	14=13（100%+税率或征收率）税率或征收率
一、一般计税方法计税	全部征税项目	13%税率的货物及加工修理修配劳务	1	2000000.00	260000.00							2000000.00	260000.00	—	—	—	—
		13%税率的服务、不动产和无形资产	2														
		9%税率的货物及加工修理修配劳务	3											—	—	—	—
		9%税率的服务、不动产和无形资产	4	2000000.00	180000.00							2000000.00	180000.00	2180000.00			
		6%税率	5	1200000.00	72000.00							1200000.00	72000.00	1272000.00			
	其中：即征即退项目	即征即退货物及加工修理修配劳务	6	—	—	—	—	—	—	—	—			—	—	—	—
		即征即退服务、不动产和无形资产	7	—	—	—	—	—	—	—	—						

续表 2-8

项目及栏次				开具增值税专用发票		开具其他发票		未开具发票		纳税检查调整		合计			服务、不动产和无形资产扣除项目本期实际扣除金额	扣除后	
				销售额	销项（应纳）税额	销售额	销项（应纳）税额	销售额	销项（应纳）税额	销售额	销项（应纳）税额	销售额	销项（应纳）税额	价税合计		含税（免税）销售额	销项（应纳）税额
				1	2	3	4	5	6	7	8	9=1+3+5+7	10=2+4+6+8	11=9+10	12	13=11−12	14=13（100%+税率或征收率） 税率或征收率
二、简易计税方法计税	全部征税项目	6%征收率	8							—	—				—	—	—
		5%征收率的货物及加工修理修配劳务	9a							—	—			—	—	—	—
		5%征收率的服务、不动产和无形资产	9b							—	—						
		4%征收率	10							—	—			—	—	—	—
		3%征收率的货物及加工修理修配劳务	11							—	—			—	—	—	—
		3%征收率的服务、不动产和无形资产	12							—	—						
		预征率 %	13a							—	—						
		预征率 %	13b							—	—						
		预征率 %	13c							—	—						

续表 2-8

项目及栏次				开具增值税专用发票		开具其他发票		未开具发票		纳税检查调整		合计			服务、不动产和无形资产扣除项目本期实际扣除金额	扣除后	
				销售额	销项（应纳）税额	销售额	销项（应纳）税额	销售额	销项（应纳）税额	销售额	销项（应纳）税额	销售额	销项（应纳）税额	价税合计		含税（免税）销售额	销项（应纳）税额
				1	2	3	4	5	6	7	8	9=1+3+5+7	10=2+4+6+8	11=9+10	12	13=11−12	14=13（100%+税率或征收率）税率或征收率
二、简易计税方法计税	其中：即征即退项目	即征即退货物及加工修理修配劳务	14	—	—	—	—	—	—	—	—			—	—	—	—
		即征即退服务、不动产和无形资产	15	—	—	—	—	—	—	—	—						
三、免抵退税		货物及加工修理修配劳务	16	—	—		—		—	—	—		—	—	—	—	—
		服务、不动产和无形资产	17	—	—		—		—	—	—		—				—
四、免税		货物及加工修理修配劳务	18				—		—	—	—		—	—	—	—	—
		服务、不动产和无形资产	19	—	—		—		—	—	—		—				—

第二步：根据“应交税费——应交增值税”明细账和相应的增值税发票等原始凭证、“增值税及附加税费申报表附列资料（一）（本期销售情况明细）”（见表2-8）、“增值税及附加税费申报表附列资料（二）（本期进项税额明细）”（见表2-9）、“增值税及附加税费申报表（一般纳税人适用）附列资料（五）（附加税费情况表）”（见表2-10）等，填写“增值税及附加税费申报表（一般纳税人适用）”（见表2-11）［网上申报时在填完附列资料等相关附表后，主表“增值税及附加税费申报表（一般纳税人适用）”的大部分数据自动生成］。

表2-9 增值税及附加税费申报表附列资料（二）

（本期进项税额明细）

税款所属时间：2023年06月01日至2023年06月30日

纳税人名称：（公章）×××贸易有限公司　　　　金额单位：元（列至角分）

一、申报抵扣的进项税额

项目	栏次	份数	金额	税额
（一）认证相符的增值税专用发票	1=2+3	5	2400000.00	194000.00
其中：本期认证相符且本期申报抵扣	2	5	2400000.00	194000.00
前期认证相符且本期申报抵扣	3			
（二）其他扣税凭证	4=5+6+7+8a+8b	1	80000.00	10400.00
其中：海关进口增值税专用缴款书	5	1	80000.00	10400.00
农产品收购发票或者销售发票	6			
代扣代缴税收缴款凭证	7		—	
加计扣除农产品进项税额	8a	—	—	
其他	8b			
（三）本期用于购建不动产的扣税凭证	9			
（四）本期用于抵扣的旅客运输服务扣税凭证	10			
（五）外贸企业进项税额抵扣证明	11	—	—	
当期申报抵扣进项税额合计	12=1+4+11	6	2480000.00	204400.00

二、进项税额转出额

项目	栏次	税额
本期进项税额转出额	13=14至23之和	26000.00
其中：免税项目用	14	
集体福利、个人消费	15	26000.00
非正常损失	16	

续表 2-9

二、进项税额转出额		
项目	栏次	税额
简易计税方法征税项目用	17	
免抵退税办法不得抵扣的进项税额	18	
纳税检查调减进项税额	19	
红字专用发票信息表注明的进项税额	20	
上期留抵税额抵减欠税	21	
上期留抵税额退税	22	
异常凭证转出进项税额	23a	
其他应作进项税额转出的情形	23b	

三、待抵扣进项税额				
项目	栏次	份数	金额	税额
（一）认证相符的增值税专用发票	24	—	—	—
期初已认证相符但未申报抵扣	25			
本期认证相符且本期未申报抵扣	26			
期末已认证相符但未申报抵扣	27			
其中：按照税法规定不允许抵扣	28			
（二）其他扣税凭证	29=30至33之和			
其中：海关进口增值税专用缴款书	30			
农产品收购发票或者销售发票	31			
代扣代缴税收缴款凭证	32		—	
其他	33			
	34			

四、其他				
项目	栏次	份数	金额	税额
本期认证相符的增值税专用发票	35	5	2400000.00	194000.00
代扣代缴税额	36	—	—	

表 2-10 增值税及附加税费申报表（一般纳税人适用）附列资料（五）

（附加税费情况表）

税款所属时间：2023 年 06 月 01 日至 2023 年 06 月 30 日

纳税人名称：（公章）×××贸易有限公司　　　　金额单位：元（列至角分）

<table>
<tr><td colspan="5" rowspan="2">本期是否适用小微企业“六税两费”减免政策</td><td colspan="2" rowspan="2">□是　☑否</td><td colspan="3">减免政策适用主体</td><td colspan="5">□个体工商户　□小型微利企业</td></tr>
<tr><td colspan="3">适用减免政策起止时间</td><td colspan="5">年　月至　年　月</td></tr>
<tr><td colspan="2" rowspan="3">税（费）种</td><td colspan="3">计税（费）依据</td><td rowspan="2">税(费)率(%)</td><td rowspan="2">本期应纳税(费)额</td><td colspan="2">本期减免税（费）额</td><td colspan="2">小微企业“六税两费”减免政策</td><td colspan="2">试点建设培育产教融合型企业</td><td rowspan="2">本期已缴税（费）额</td><td rowspan="2">本期应补（退）税（费）额</td></tr>
<tr><td>增值税税额</td><td>增值税免抵税额</td><td>留抵退税本期扣除额</td><td>减免性质代码</td><td>减免税(费)/额</td><td>减征比例(%)</td><td>减征额</td><td>减免性质代码</td><td>本期抵免金额</td></tr>
<tr><td>1</td><td>2</td><td>3</td><td>4</td><td>5=(1+2-3)×4</td><td>6</td><td>7</td><td>8</td><td>9=(5-7)×8</td><td>10</td><td>11</td><td>12</td><td>13=5-7-9-11-12</td></tr>
<tr><td>城市维护建设税</td><td>1</td><td>333600.00</td><td></td><td></td><td>7%</td><td>23352.00</td><td></td><td></td><td></td><td></td><td>—</td><td>—</td><td></td><td>23352.00</td></tr>
<tr><td>教育费附加</td><td>2</td><td>333600.00</td><td></td><td></td><td>3%</td><td>10008.00</td><td></td><td></td><td></td><td></td><td></td><td></td><td></td><td>10008.00</td></tr>
<tr><td>地方教育附加</td><td>3</td><td>333600.00</td><td></td><td></td><td>2%</td><td>6672.00</td><td></td><td></td><td></td><td></td><td></td><td></td><td></td><td>6672.00</td></tr>
<tr><td>合计</td><td>4</td><td>—</td><td>—</td><td>—</td><td>—</td><td>40032.00</td><td></td><td></td><td>—</td><td></td><td>—</td><td></td><td></td><td>40032.00</td></tr>
<tr><td colspan="5" rowspan="3">本期是否适用试点建设培育产教融合型企业抵免政策</td><td rowspan="3">□是
☑否</td><td colspan="7">当期新增投资额</td><td>5</td><td></td></tr>
<tr><td colspan="7">上期留抵可抵免金额</td><td>6</td><td></td></tr>
<tr><td colspan="7">结转下期可抵免金额</td><td>7</td><td></td></tr>
<tr><td colspan="6" rowspan="3">可用于扣除的增值税留抵退税额使用情况</td><td colspan="7">当期新增可用于扣除的留抵退税额</td><td>8</td><td></td></tr>
<tr><td colspan="7">上期结存可用于扣除的留抵退税额</td><td>9</td><td></td></tr>
<tr><td colspan="7">结转下期可用于扣除的留抵退税额</td><td>10</td><td></td></tr>
</table>

表 2-11 增值税及附加税费申报表

（一般纳税人适用）

根据国家税收法律法规及增值税相关规定制定本表。纳税人不论有无销售额，均应按税务机关核定的纳税期限填写本表，并向当地税务机关申报。

税款所属时间：自 2023 年 06 月 01 日至 2023 年 06 月 30 日

填表日期：2023 年 07 月 10 日　　金额单位：元（列至角分）

纳税人识别号（统一社会信用代码）×××××7229004568×××　　所属行业：制造业

纳税人名称：×××贸易有限公司		法定代表人姓名	王某	注册地址	杭州市上城区港龙城××号	生产经营地址	杭州市上城区港龙城××号
开户银行及账号	中国工商银行杭州滨江支行，3301022009011 5077××	登记注册类型	其他有限责任公司			电话号码	0571-878202××
项目		栏次	一般项目		即征即退项目		
			本月数	本年累计	本月数	本年累计	
销售额	（一）按适用税率计税销售额	1	5200000.00	略			
	其中：应税货物销售额	2	2000000.00	略			
	应税劳务销售额	3					
	纳税检查调整的销售额	4					
	（二）按简易办法计税销售额	5					
	其中：纳税检查调整的销售额	6					
	（三）免、抵、退办法出口销售额	7			—	—	
	（四）免税销售额	8			—	—	
	其中：免税货物销售额	9			—	—	
	免税劳务销售额	10			—	—	
税款计算	销项税额	11	512000.00	略			
	进项税额	12	204400.00	略			
	上期留抵税额	13				—	
	进项税额转出	14	26000.00	略			
	免、抵、退应退税额	15			—	—	
	按适用税率计算的纳税检查应补缴税额	16			—	—	
	应抵扣税额合计	17=12+13-14-15+16	178400.00	—		—	
	实际抵扣税额	18(如 17<11，则为 17，否则为 11)	178400.00	略			
	应纳税额	19=11-18	333600.00	略			
	期末留抵税额	20=17-18				—	
	简易计税办法计算的应纳税额	21					
	按简易计税办法计算的纳税检查应补缴税额	22			—	—	
	应纳税额减征额	23					
	应纳税额合计	24=19+21-23	333600.00	略			

续表 2-11

项目		栏次	一般项目		即征即退项目	
			本月数	本年累计	本月数	本年累计
税款缴纳	期初未缴税额（多缴为负数）	25	80000.00	略		
	实收出口开具专用缴款书退税额	26			—	—
	本期已缴税额	27=28+29+30+31	80000.00	略		
	①分次预缴税额	28		—		—
	②出口开具专用缴款书预缴税额	29		—	—	—
	③本期缴纳上期应纳税额	30	80000.00	略		
	④本期缴纳欠缴税额	30				
	期末未缴税额（多缴为负数）	32=24+25+26−27	333600.00	略		
	其中：欠缴税额（≥0）	33=25+26−27		—		—
	本期应补（退）税额	34=24−28−29	333600.00	—		—
	即征即退实际退税额	35	—	—		
	期初未缴查补税额	36			—	—
	本期入库查补税额	37			—	—
	期末未缴查补税额	38=16+22+36−37			—	—
附加税费	城市维护建设税本期应补（退）税额	39	23352.00	略	—	—
	教育费附加本期应补（退）费额	40	10008.00	略	—	—
	地方教育附加本期应补（退）费额	41	6672.00	略	—	—

声明：此表是根据国家税收法律法规及相关规定填写的，本人（单位）对填报内容（及附带资料）的真实性、可靠性、完整性负责。

纳税人（签章）：×××贸易有限公司　　2023 年 07 月 10 日

经办人：略 经办人身份证号：略 代理机构签章： 代理机构统一社会信用代码：	受理人： 受理税务机关（章）： 受理日期：　　年　月　日

【纳税申报实务2】

×××贸易有限公司为增值税小规模纳税人（位于市区），选择按月进行增值税纳税申报，其纳税人识别号为×××××3564264263×××。2023年1月，×××贸易有限公司发生的经济业务如下：

业务①：5日，购进计算机，取得增值税普通发票，发票上注明价款329600元（含增值税）。企业购进的货物已验收入库，款项以银行存款支付；

业务②：10日，销售计算机并开具增值税普通发票，发票上注明价款303000元（含增值税），款项已存入银行。该批计算机的成本为240000元；

业务③：20日，销售计算机并开具增值税专用发票，发票上注明价款200000元，增值税税额2000元，款项已存入银行。该批计算机的成本为160000元。

2023年1月，×××贸易有限公司减按1%的征收率征收增值税。×××贸易有限公司2023年2月10日对2023年1月的增值税进行纳税申报。

➢ 要求

（1）计算×××贸易有限公司2023年1月的应纳增值税。

（2）对×××贸易有限公司2023年1月发生的经济业务以及2023年2月缴纳增值税的业务进行账务处理。

（3）×××贸易有限公司2023年2月10日对2023年1月的增值税进行纳税申报，填写“增值税及附加税费申报表（小规模纳税人适用）”等申报表。

➢ 实施

（1）计算×××贸易有限公司2023年1月的应纳增值税。

业务①：小规模纳税人购进货物进项税额不能抵扣，而应计入货物成本。

业务②：销售计算机开具增值税普通发票应纳增值税 $=303000\div(1+1\%)\times1\%$

$=300000\times1\%=3000$（元）

业务③：销售计算机开具增值税专用发票应纳增值税 $=200000\times1\%=2000$（元）

2023年1月应纳增值税合计 $=3000+2000=5000$（元）

2023年1月应补（退）税额 $=5000$ 元

（2）对×××贸易有限公司2023年1月发生的经济业务以及2023年2月缴纳增值税的业务进行账务处理。

业务①。

借：库存商品 329600

　贷：银行存款 329600

业务②。

确认收入时。

借：银行存款 303000

　贷：主营业务收入 300000

　　　应交税费——应交增值税 3000

结转成本时。

借：主营业务成本 240000

贷：库存商品 240000

业务③。

确认收入时。

借：银行存款 202000

贷：主营业务收入 200000

应交税费——应交增值税 2000

结转成本时。

借：主营业务成本 160000

贷：库存商品 160000

另外，2023 年 2 月 10 日缴纳 2023 年 1 月应缴未缴增值税时。

借：应交税费——应交增值税 5000

贷：银行存款 5000

（3）×××贸易有限公司 2023 年 2 月 10 日对 2023 年 1 月的增值税进行纳税申报，填写“增值税及附加税费申报表（小规模纳税人适用）”等申报表。

根据“应交税费——应交增值税”明细账和相应的增值税发票等原始凭证，填写“增值税及附加税费申报表（小规模纳税人适用）附列资料（二）（附加税费情况表）”（见表 2-12）、“增值税减免税申报明细表”（见表 2-13）、“增值税及附加税费申报表（小规模纳税人适用）”（见表 2-14）。

表 2-12 增值税及附加税费申报表（小规模纳税人适用）附列资料（二）

（附加税费情况表）

税款所属时间：2023 年 01 月 01 日至 2023 年 01 月 31 日

纳税人名称：（公章）×××贸易有限公司　　金额单位：元（列至角分）

税（费）种	计税（费）依据	税（费）率（%）	本期应纳税（费）额	本期减免税（费）额		增值税小规模纳税人“六税两费”减征政策		本期已缴税（费）额	本期应补（退）税（费）额
	增值税税额			减免性质代码	减免税（费）额	减征比例（%）	减征额		
	1	2	3=1×2	4	5	6	7=(3−5)×6	8	9=3−5−7−8
城市维护建设税	5000.00	7	350.00			50%	175.00		175.00
教育费附加	5000.00	3	150.00			50%	75.00		75.00
地方教育附加	5000.00	2	100.00			50%	50.00		50.00
合计	—	—	600.00	—		—	300.00		300.00

表 2-13 增值税减免税申报明细表

税款所属时间：自 2023 年 01 月 01 日至 2023 年 01 月 31 日

纳税人名称（公章）：×××贸易有限公司　　　　金额单位：元（列至角分）

一、减税项目

减税性质代码及名称	栏次	期初余额	本期发生额	本期应抵减税额	本期实际抵减税额	期末余额
		1	2	3=1+2	4≤3	5=3-4
合计	1		10000.00	10000.00	10000.00	
	2					
	3					
	4					
	5					
	6					

二、免税项目

免税性质代码及名称	栏次	免征增值税项目销售额	免税销售额扣除项目本期实际扣除金额	扣除后免税销售额	免税销售额对应的进项税额	免税额
		1	2	3=1-2	4	5
合计	7					
出口免税	8		—	—	—	
其中：跨境服务	9		—	—	—	
	10				—	
	11				—	
	12				—	
	13				—	
	14				—	
	15				—	
	16				—	

表 2-14 增值税及附加税费申报表

（小规模纳税人适用）

纳税人识别号（统一社会信用代码）：×××××3564264263×××

纳税人名称：×××贸易有限公司　　金额单位：元（列至角分）

税款所属期：2023 年 01 月 01 日至 2023 年 01 月 31 日　　填表日期：2023 年 02 月 10 日

项目		栏次	本期款		本年累计	
			货物及劳务	服务、不动产和无形资产	货物及劳务	服务、不动产和无形资产
一、计税依据	（一）应征增值税不含税销售额（3%征收率）	1	5000000.00		略	
	增值税专用发票不含税销售额	2	200000.00		略	
	其他增值税发票不含税销售额	3	300000.00		略	
	（二）应征增值税不含税销售额（5%征收率）	4	—		—	
	增值税专用发票不含税销售额	5	—		—	
	其他增值税发票不含税销售额	6	—		—	
	（三）销售使用过的固定资产不含税销售额	7（7≥8）		—		—
	其中：其他增值税发票不含税销售额	8		—		—
	（四）免税销售额	9＝10+11+12				
	其中：小微企业免税销售额	10				
	未达起征点销售额	11				
	其他免税销售额	12				
	（五）出口免税销售额	13（13≥14）				
	其中：其他增值税发票不含税销售额	14				

续表 2-14

<table>
<tr><td rowspan="2" colspan="2">项　目</td><td rowspan="2">栏次</td><td colspan="2">本期款</td><td colspan="2">本年累计</td></tr>
<tr><td>货物及劳务</td><td>服务、不动产和无形资产</td><td>货物及劳务</td><td>服务、不动产和无形资产</td></tr>
<tr><td rowspan="8">二、税款计算</td><td>本期应纳税额</td><td>15</td><td>15000.00</td><td></td><td>略</td><td></td></tr>
<tr><td>本期应纳税额减征额</td><td>16</td><td>10000.00</td><td></td><td>略</td><td></td></tr>
<tr><td>本期免税额</td><td>17</td><td></td><td></td><td></td><td></td></tr>
<tr><td>其中：小微企业免税额</td><td>18</td><td></td><td></td><td></td><td></td></tr>
<tr><td>未达起征点免税额</td><td>19</td><td></td><td></td><td></td><td></td></tr>
<tr><td>应纳税额合计</td><td>20=15-16</td><td>5000.00</td><td></td><td>略</td><td></td></tr>
<tr><td>本期预缴税额</td><td>21</td><td></td><td></td><td>—</td><td>—</td></tr>
<tr><td>本期应补（退）税额</td><td>22=20-21</td><td>5000.00</td><td></td><td>—</td><td>—</td></tr>
<tr><td rowspan="3">三、附加税费</td><td>城市维护建设税本期应补（退）税额</td><td>23</td><td colspan="2">175.00</td><td colspan="2">略</td></tr>
<tr><td>教育费附加本期应补（退）费额</td><td>24</td><td colspan="2">75.00</td><td colspan="2">略</td></tr>
<tr><td>地方教育附加本期应补（退）费额</td><td>25</td><td colspan="2">50.00</td><td colspan="2">略</td></tr>
</table>

声明：此表是根据国家税收法律法规及相关规定填写的，本人（单位）对填报内容（及附带资料）的真实性、可靠性、完整性负责。

纳税人（签章）：××××贸易有限公司　　　　2023 年 02 月 10 日

经办人：略 经办人身份证号：略 代理机构签章： 代理机构统一社会信用代码：	受理人： 受理税务机关（章）： 受理日期：　　年　月　日

思政小课堂

纳税人应当充分运用国家出台的增值税税收政策，促进产业行业发展，合法合规纳税。

（1）我国出台了小微企业暂免征收增值税的优惠政策，有利于支持小微企业发展，扩大就业，改善民生，增强市场活力，促进国家经济的繁荣发展，体现了“充分发挥市场在资源配置中的决定性作用，更好发挥政府作用，支持中小微企业发展”的精神。

（2）我国出台了与农产品相关的增值税减免税政策，有利于鼓励农业生产，保护农业生产者的利益，保障国家的粮食安全，体现了“坚持农业农村优先发展”的精神。

【课后练习】

2-1 单选题

（1）在计算增值税时，允许将外购固定资产价值中所含的税款在购置当期一次全部扣除的增值税类型，属于（　　）。

A. 生产型增值税　　B. 消费型增值税

C. 收入型增值税　　D. 法定型增值税

（2）以下行为属于增值税境内销售服务行为的有（　　）。

A. 境内单位向境外单位购买的咨询服务

B. 境外单位向境内单位提供完全发生在境外的会展服务

C. 境外单位向境内单位或个人销售完全在境外使用的专利和非专利技术

D. 境外单位向境内单位或者个人出租完全在境外使用的有形动产

（3）根据现行增值税政策规定，不属于增值税应税服务项目的是（　　）。

A. 加工修理修配服务　　B. 交通运输服务

C. 邮政服务　　D. 电信服务

（4）下列关于增值税征收率的表述，不正确的是（　　）。

A. 对于一般纳税人生产销售的特定货物和应税服务，可以选择适用简易计税方法计税，增值税征收率为3%

B. 一般纳税人销售不动产，选择适用简易计税方法，征收率为5%

C. 小规模纳税人销售不动产，适用3%征收率

D. 个人出租住房，按照5%的征收率减按15%计算纳税

（5）下列有关增值税的表述符合税法有关规定的是（　　）。

A. 纳税人以折扣方式销售货物，若将折扣额另开增值税专用发票，可从销售额中减除折扣额

B. 自2013年8月1日起，增值税一般纳税人购进自用的应征消费税的汽车，其进项税额准予抵扣

C. 采取以物易物方式销售货物的，双方都不得抵扣换进货物的进项税额

D. 纳税人采取以旧换新方式销售货物的，应以新货物的同期销售价格减去旧货物作价后的余额为计税依据

（6）下列项目中，其进项税额准予从销项税额中抵扣的是（　　）。

A. 用于简易计税方法的计税项目

B. 餐饮服务

C. 非正常损失的不动产在建工程所耗用的购进货物

D. 因自然灾害导致毁损的购进货物

（7）甲企业为增值税一般纳税人，2022年5月购进一台生产设备，取得增值税专用发票注明价款600万元、税额78万元，已抵扣进项税额。2023年8月因管理不善，该设备被烧毁。该设备已计提折旧90万元。关于甲企业此项业务的下列税务处理说法中正确的是（　　）。

A. 甲企业不需要转出进项税额

B. 甲企业应转出进项税额78万元

C. 甲企业应转出进项税额66.3万元

D. 甲企业应计提销项税额66.3万元

(8) 下列关于小规模纳税人增值税的税务处理中，错误的是（ ）。

A. 小规模纳税人应纳增值税按简易办法计算确定，公式为“应纳税额=销售额×征收率”

B. 所有性质的小规模纳税人增值税适用征收率均为3%

C. 小规模纳税人不得抵扣进项税额

D. 核算小规模纳税人应缴增值税应设置“应交税费——应交增值税（销项税额）”科目

(9) 下列关于增值税应税行为申报与缴纳的表述中，错误的是（ ）。

A. 固定业户应当向其机构所在地或者居住地主管税务机关申报纳税

B. 非固定业户应当向应税行为发生地主管税务机关申报纳税

C. 其他个人提供建筑服务应向建筑服务发生地主管税务机关申报纳税

D. 其他个人转让自然资源使用权，应向居住地主管税务机关申报纳税

(10) 下列出口货物，可享受增值税“免税并退税”政策的有（ ）。

A. 属于小规模纳税人的生产性企业自营出口的自产货物

B. 对外承接修理修配业务的企业用于对外修理修配的货物

C. 加工企业来料加工复出口的货物

D. 外贸企业取得普通发票、废旧物资收购凭证、农产品收购发票、政府非税收入票据的货物

2-2 多选题

(1) 年应税销售额超过小规模纳税人标准，但可不办理一般纳税人资格登记的情形有（ ）。

A. 个体工商户

B. 个体工商户以外的其他个人

C. 选择按小规模纳税人纳税的非企业性单位

D. 选择按小规模纳税人纳税的不经常发生应税行为的企业

(2) 符合以下条件之一的增值税纳税人，可以确定为小规模纳税人（ ）。

A. 对从事货物生产或提供加工修理修配劳务的纳税人，以及以从事货物生产或提供加工修理修配劳务为主，并兼营货物批发或零售的纳税人，年应税销售额在500万元（含）以下的

B. 从事货物批发或零售的纳税人，年应税销售额在500万元（含）以下的

C. 销售服务、无形资产或者不动产的纳税人，年应税销售额在500万元（含）以下的

D. 年应税销售额超过小规模纳税人标准的其他个人按小规模纳税人纳税

(3) 根据增值税法律规定，除另有规定外，属于增值税征税对象的应税行为应同时符合下列条件（ ）。

A. 应税行为发生在中华人民共和国境内

B. 应税行为属于《销售服务、无形资产、不动产注释》范围内的业务活动

C. 应税服务是为他人提供的

D. 应税行为是有偿的

(4) 根据增值税政策规定，下列行为应视同销售征收增值税的有（ ）。

A. 将外购的服装作为春节福利发给企业员工

B. 将委托加工收回的卷烟用于赠送客户

C. 将新研发的玩具交付某商场代为销售

D. 开发商以开发项目的一部分抵偿建筑工程款

(5) 根据增值税法律制度规定，一般纳税人销售的下列货物中，适用9%的增值税税率的有（ ）。

A. 化肥　　B. 天然气　　C. 杂志　　D. 淀粉

(6) 下列项目中，支付的增值税不得从销项税额中抵扣的有（ ）。

A. 因自然灾害毁损的库存商品

B. 因管理不善被盗窃的产成品所耗用的外购原材料

C. 贷款利息支出

D. 生产免税产品接受的设计服务

(7) 下列关于增值税纳税义务发生时间的表述中，正确的有（ ）。

A. 纳税人提供建筑服务采取预收款方式的，其纳税义务发生时间为收到预收款的当天

B. 纳税人提供租赁服务采取预收款方式的，其纳税义务发生时间为收到预收款的当天

C. 纳税人转让不动产的，纳税义务发生时间为收取价款的当天

D. 增值税扣缴义务发生时间为纳税人增值税纳税义务发生的当天

(8) 甲企业 2023 年 5 月购进货物，取得海关进口缴款书一份，注明金额 100 万元、税额 13 万元。上述业务的下列账务处理正确的有（ ）。

A. 当月提交比对系统时，编制会计分录。

借：原材料	1000000
应交税费——待抵扣进项税额	130000
贷：银行存款	1130000

B. 当月提交比对系统时，编制会计分录。

借：原材料	1000000
应交税费——应交增值税（进项税额）	130000
贷：银行存款	1130000

C. 收到税务机关告知的稽核比对结果通知书及其明细清单允许抵扣的，编制会计分录。

借：应交税费——应交增值税（进项税额）	130000
贷：应交税费——待抵扣进项税额	130000

D. 收到税务机关告知的稽核比对结果通知书及其明细清单不得抵扣的，编制会计分录。

借：原材料	130000
贷：应交税费——待抵扣进项税额	130000

2-3 判断题

(1) 增值税一般纳税人的资格在登记完成之日起生效。（ ）

(2) 纳税人转让土地使用权适用增值税税率为 6%。（ ）

(3) 视同销售行为发生时，所涉及的外购货物的进项税额，凡符合规定的，允许作为当期进项税额抵扣。（ ）

(4) 凡采取以旧换新方式销售货物均应按新货物的同期销售价格确定销售额计算增值税。（ ）

(5) 一般纳税人申报表主表中服务、不动产和无形资产有扣除项目的，为扣除之前的不含税销售额。（ ）

(6) 其他个人销售或者租赁不动产，应当向其机构所在地或居住地主管税务机关申报纳税。（ ）

【实践教学任务】

增值税的会计核算与纳税申报

甲公司是一家生产企业，为增值税一般纳税人，主要生产 A、B 两种产品，本年 4 月发生下列业务。

(1) 1 日，购入原材料一批，取得增值税专用发票，注明价款 100000 元，增值税税额 13000 元。同时支付运费，并取得增值税专用发票，注明运费 30000 元，增值税 2700 元。货款及运费价税合计均以银行存款支付。

(2) 3 日，购进一批免税农产品，农产品收购凭证上注明的价款为 80000 元，款项以

银行存款支付。该批农产品于本期全部领用用于生产增值税税率为13%的产品。

(3) 9日，收到乙公司投资的原材料，双方协议不含税作价1200000元，该原材料的增值税税率为13%，取得增值税专用发票一张。

(4) 11日，收到某公司捐赠低值易耗品一批，双方确定的货物价值为不含税价20000元，取得增值税专用发票，注明的增值税为2600元。

(5) 12日，将某企业逾期未退还的包装物押金5000元转作其他业务收入。

(6) 13日，购入货车一辆，取得增值税专用发票，注明的价款为300000元，增值税为39000元，用银行存款支付。

(7) 14日，销售A产品一批，开具增值税专用发票，注明的价款为1000000元，增值税为130000元，货款已收到。

(8) 15日，甲公司将B产品一批用于本公司职工宿舍建设，按公司销售同类产品的价格计算，价款为80000元。该批产品的成本为60000元，适用的增值税税率为13%。

(9) 18日，某单位将A产品一部分退还给公司，价款为100000元，增值税为13000元，退货款已用银行存款支付，甲公司已开具红字增值税专用发票一张。

(10) 20日，甲公司向某小学捐赠A产品一批，按当月该种产品的平均售价计算，不含税价款为50000元，成本为40000元，A产品适用的增值税税率为13%，开具普通发票。

(11) 23日，甲公司将自产新产品分配给股东，未开具发票。该批新产品无同类产品市场售价，适用的增值税税率为13%，产品成本为800000元（假设成本利润率为10%）。

(12) 25日，为促销A产品，采用以旧换新方式向消费者个人销售A产品900000元（已扣除收购旧货支付的款项100000元），开具普通发票6张。

(13) 26日，甲公司将购进的原材料一批用于职工食堂建设。该批原材料成本为62400元，其进项税额为8112元。该批原材料系以前期间购入，已在购入当期抵扣进项税额。

(14) 27日，甲公司进口原材料一批，海关核定的完税价格为600000元，海关征收的进口关税为150000元，增值税税率为13%，取得海关进口增值税专用缴款书。货款以银行存款支付。

(15) 29日，甲公司在清库时发现A产品盘亏12000元，B产品盘亏8000元，经调查系因管理不善而被盗。经过计算，其所耗用的原材料的进项税额为1560元。

甲公司取得的增值税专用发票和海关进口增值税专用缴款书本年4月均符合抵扣规定。甲公司也没有上期留抵的进项税额。

要求：

(1) 计算甲公司2023年4月的应纳增值税税额；

(2) 根据上述经济业务，进行相关账务处理；

(3) 甲公司2023年5月对上月的增值税进行纳税申报，填写“增值税及附加税费申请表（一半纳税人适用）”等申报表。

项目三　消费税的会计实务

· **知识目标**

（1）掌握消费税税目、税率和征税环节的规定。

（2）掌握消费税应纳税额的计算公式。

（3）掌握消费税涉及的会计科目。

· **能力目标**

（1）能根据相关业务资料计算消费税。

（2）能设置消费税的会计科目，能根据相关业务资料对消费税进行会计核算。

（3）能根据相关业务资料填写消费税及附加税费申报表以及相关申报表，并能进行消费税的纳税申报。

· **素质目标**

（1）培养学生法治意识、责任意识，树立健康环保观念。

（2）建立理性消费观，引导合理消费行为。

项目导入

2023年3月中旬，中国汽车市场迎来了一次降价狂潮，国产燃油车品牌降价幅度高达9.8万元，价格大幅下降的主要原因是车企的销量不佳，这与新势力新能源汽车的亮眼交付数据形成了鲜明对比。为扶持电动汽车为代表的新能源汽车产业，促进汽车行业节能减排，现行消费税政策规定，电动汽车不纳入消费税征收范围，不征收消费税。国家对新能源汽车的政策扶持，使得不少家庭购车意愿转向新能源汽车市场，2022年全年燃油车零售销量同比减少230.2万辆，新能源汽车同比净增长268.7万辆。

[要求] 阅读上述资料，思考征收消费税的目的有哪些？

（资料来源：中国网，2022全年燃油车零售销量同比减少230.2万辆　新能源净增268.7万辆）

任务一　消费税概述

一、消费税的概念

消费税是对在我国境内从事生产、委托加工、进口、批发或者零售应税消费品的单位和个人征收的一种流转税，是对特定的消费品和消费行为在特定的环节征收的一种流转税。

二、消费税纳税人

消费税的纳税人包括在我国境内生产、委托加工和进口《中华人民共和国消费税暂行条例》（以下简称《消费税暂行条例》）规定的应税消费品的单位和个人，以及国务院确定的销售《消费税暂行条例》规定的消费品的其他单位和个人。

三、消费税的税目和税率

消费税的税目和税率的有关规定见表 3-1。

表 3-1　应税消费品名称、税率和计量单位对照表

应税消费品名称（税目）	比例税率	定额税率	计量单位
一、烟			
1. 卷烟			
（1）工业			
①甲类卷烟［调拨价 70 元（不含增值税）/条以上（含 70 元）］	56%	30 元/万支	万支
②乙类卷烟［调拨价 70 元（不含增值税）/条以下］	36%	30 元/万支	
（2）商业批发	11%	50 元/万支	
2. 雪茄烟	36%	—	支
3. 烟丝	30%	—	千克
4. 电子烟			
（1）工业	36%	—	盒
（2）商业批发	11%	—	盒
二、酒			
1. 白酒	20%	0.5 元/500 克（毫升）	500 克（毫升）
2. 黄酒	—	240 元/吨	吨
3. 啤酒			
（1）甲类啤酒［出厂价格 3000 元（不含增值税）/吨以上（含 3000 元）］	—	250 元/吨	吨
（2）乙类啤酒［出厂价格 3000 元（不含增值税）/吨以下］	—	220 元/吨	
4. 其他酒	10%	—	吨
三、高档化妆品	15%	—	实际使用计量单位

续表 3-1

应税消费品名称（税目）	比例税率	定额税率	计量单位
四、贵重首饰及珠宝玉石			
1. 金银首饰、铂金首饰和钻石及钻石饰品	5%	—	实际使用计量单位
2. 其他贵重首饰和珠宝玉石	10%	—	
五、鞭炮、焰火	15%	—	实际使用计量单位
六、成品油			
1. 汽油	—	1.52 元/升	升
2. 柴油	—	1.20 元/升	
3. 航空煤油	—	1.20 元/升	
4. 石脑油	—	1.52 元/升	
5. 溶剂油	—	1.52 元/升	
6. 润滑油	—	1.52 元/升	
7. 燃料油	—	1.20 元/升	
七、摩托车			
1. 气缸容量（排气量，下同）= 250 毫升	3%	—	辆
2. 气缸容量>250 毫升	10%	—	
八、小汽车			
1. 乘用车			
（1）气缸容量（排气量，下同）≤1.0 升	1%	—	辆
（2）1.0 升<气缸容量≤1.5 升	3%	—	
（3）1.5 升<气缸容量≤2.0 升	5%	—	
（4）2.0 升<气缸容量≤2.5 升	9%	—	
（5）2.5 升<气缸容量≤3.0 升	12%	—	
（6）3.0 升<气缸容量≤4.0 升	25%	—	
（7）气缸容量>4.0 升	40%	—	
2. 中轻型商用客车	5%	—	
3. 超豪华小汽车	10%	—	
九、高尔夫球及球具	10%	—	实际使用计量单位
十、高档手表	20%	—	只

续表 3-1

应税消费品名称（税目）	比例税率	定额税率	计量单位
十一、游艇	10%	—	艘
十二、木制一次性筷子	5%	—	万双
十三、实木地板	5%	—	平方米
十四、电池	4%	—	只
十五、涂料	4%	—	吨

四、消费税的纳税环节

（一）生产应税消费品

生产应税消费品在生产销售环节征税。纳税人将生产的应税消费品换取生产资料、消费资料、投资入股、偿还债务，以及用于连续生产应税消费品以外的其他方面都应缴纳消费税。生产销售环节是消费税征收的主要环节。

（二）委托加工应税消费品

委托加工应税消费品是指委托方提供原料和主要材料，受托方只收取加工费和代垫部分辅助材料加工的应税消费品。由受托方提供原材料或其他情形的一律不能视同委托加工应税消费品。

委托加工的应税消费品，除受托方为个人外，由受托方向委托方交货时代收代缴税款；委托个人加工的应税消费品，由委托方收回后缴纳消费税。

（三）进口应税消费品

单位和个人进口应税消费品，于报关进口时缴纳消费税。

（四）销售应税消费品

1. 仅在零售环节征收消费税

仅在零售环节征收消费税的应税消费品只包括金银首饰、铂金首饰、钻石及钻石饰品。具体征收要求如下。

（1）金银首饰仅限于金、银以及金基、银基合金首饰和金基、银基合金的镶嵌首饰，不包括镀金首饰和包金首饰。

（2）金银首饰在零售环节缴纳消费税，生产环节不再缴纳。

（3）对既销售金银首饰，又销售非金银首饰的生产、经营单位，应将两类商品划分清楚，分别核算销售额。凡划分不清楚或不能分别核算的，在生产环节销售的，一律从高适用税率征收消费税；在零售环节销售的，一律按金银首饰征收消费税。

（4）金银首饰连同包装物一起销售的，无论包装物是否单独计价，也无论会计上如何核算，均应并入金银首饰的销售额，计征消费税。

（5）带料加工的金银首饰，应按受托方销售同类金银首饰的销售价格确定计税依据征收消费税，没有同类金银首饰销售价格的，按照组成计税价格计算纳税。

2. 零售环节加征消费税

零售环节加征消费税的应税消费品只有超豪华小汽车。具体征收要求如下：

（1）超豪华小汽车是指单价在130万元（不含增值税）以上的小汽车；

（2）纳税人是将超豪华小汽车销售给消费者的单位和个人；

（3）对超豪华小汽车，在生产（进口）环节按现行税率征收消费税的基础上，在零售环节加征消费税，税率为10%。

3. 批发环节加征消费税

批发环节加征消费税的应税消费品只有卷烟。具体征收要求如下：

（1）烟草批发企业将卷烟销售给零售单位的，要再征一道消费税；

（2）卷烟在批发环节加征消费税，采用复合计征的方法。税率适用比例税率11%和定额税率0.005元/支。

【延伸】

自2022年11月1日起，将电子烟纳入消费税征收范围，在烟税目下增设电子烟子目。在中华人民共和国境内生产（进口）、批发电子烟的单位和个人为消费税纳税人。

电子烟生产环节纳税人，是指取得烟草专卖生产企业许可证，并取得或经许可使用他人电子烟产品注册商标（以下称持有商标）的企业。通过代加工方式生产电子烟的，由持有商标的企业缴纳消费税。电子烟批发环节纳税人，是指取得烟草专卖批发企业许可证并经营电子烟批发业务的企业。电子烟进口环节纳税人，是指进口电子烟的单位和个人。

纳税人生产、批发电子烟的，按照生产、批发电子烟的销售额计算纳税。电子烟生产环节纳税人采用代销方式销售电子烟的，按照经销商（代理商）销售给电子烟批发企业的销售额计算纳税。纳税人进口电子烟的，按照组成计税价格计算纳税。

电子烟生产环节纳税人从事电子烟代加工业务的，应当分开核算持有商标电子烟的销售额和代加工电子烟的销售额；未分开核算的，一并缴纳消费税。

任务二　消费税应纳税额计算

一、自产销售应税消费品应纳税额的计算

自产销售应税消费品是指企业生产并直接对外销售的应税消费品。其消费税税额计算方法有从价定率、从量定额和复合计税三种。

（一）从价定率征收应纳税额的计算

从价定率征收，即根据不同的应税消费品确定不同的比例税率。

$$应纳税额=销售额\times比例税率$$

销售额是纳税人销售应税消费品向购买方收取的全部价款和价外费用。

【注意】

销售额不包括向购买方收取的增值税税款。

【任务实例 3-1】 甲实木地板厂为增值税一般纳税人。2023 年 6 月 1 日，向当地一家大型装修批发商场销售一批实木地板，开具增值税专用发票一张，发票上注明不含增值税销售额 20 万元，增值税税额 2.6 万元。实木地板的消费税税率为 5%。

【任务要求】 计算甲实木地板厂上述业务的应纳消费税。

【任务实施】 应纳消费税 = 20×5% = 1（万元）

（二）从量定额征收应纳税额的计算

从量定额征收，即根据不同的应税消费品确定不同的单位税额。

应纳税额 = 销售数量×单位税额

公式中的“销售数量”具体规定为：

（1）销售应税消费品的，为应税消费品的销售数量；

（2）自产自用应税消费品的，为应税消费品的移送使用数量；

（3）委托加工应税消费品的，为纳税人收回的应税消费品数量；

（4）进口应税消费品的，为海关核定的应税消费品进口征税数量。

【任务实例 3-2】 甲酒厂为增值税一般纳税人，2024 年 3 月销售自产 A 牌号啤酒 20 吨。啤酒出厂不含税价每吨 2800 元。

【任务要求】 计算甲酒厂 3 月份上述业务应纳消费税税额。

【任务实施】 啤酒出厂不含税价格 2800 元小于 3000 元，属乙类啤酒，适用消费税税率为 220 元/吨。

应纳消费税税额 = 20×220 = 4400（元）

（三）复合计税征收应纳税额的计算

从价定率和从量定额复合征收，即以两种方法计算的应纳税额之和为该应税消费品的应纳税额。我国目前只对卷烟和白酒采用复合征收方法。

应纳税额 = 销售额×比例税率 + 销售数量×单位定额税率

销售额为纳税人生产销售卷烟、白酒向购买方收取的全部价款和价外费用。销售数量为纳税人生产销售、进口、委托加工、自产自用卷烟或白酒的实际销售数量，海关核定的进口征税数量，委托方收回数量和移送使用数量。

【任务实例 3-3】 甲公司是一家白酒生产企业，为增值税一般纳税人，2023 年 5 月销售粮食白酒 10 吨，取得不含增值税的销售额为 60 万元；销售薯类白酒 20 吨，取得不含增值税的销售额为 80 万元。白酒消费税的比例税率为 20%，定额税率为 0.5 元/500 克。

【任务要求】 计算甲公司本月的应纳消费税。

【任务实施】（1）从价定率应纳消费税 = (60+80)×20% = 28（万元）。

（2）从量定额应纳消费税 = (10+20)×1000×2×0.5÷10000 = 3（万元）。

（3）应纳消费税合计 = 28+3 = 31（万元）。

二、自产自用应税消费品应纳税额的计算

自产自用是指纳税人生产应税消费品后，不是用于直接对外销售，而是用于连续生产应税消费品或用于其他方面的行为。

（一）自产自用应税消费品的确定

1. 用于连续生产应税消费品

纳税人自产自用应税消费品用于连续生产应税消费品不缴纳消费税。

例如：卷烟厂生产的烟丝，用于本厂连续生产卷烟，只对生产销售的卷烟征收消费税，用于连续生产卷烟的烟丝不缴纳消费税。

2. 用于其他方面

纳税人自产自用应税消费品用于其他方面，于移送使用时缴纳消费税。用于其他方面是指用于：（1）连续生产非应税消费品。（2）在建工程、管理部门、非生产机构、提供劳务。（3）馈赠、赞助、集资、广告，样品、职工福利、奖励等。

（二）自产自用应税消费品的计税依据和应纳税额计算

纳税人有同类消费品销售价格的，按照纳税人生产的同类消费品销售价格计算纳税。纳税人没有同类消费品销售价格，按照组成计税价格计算纳税。

【注意】

一般情况下按平均销售价格；纳税人用于换取生产资料和消费资料，投资入股和抵偿债务等方面的应税消费品按最高销售价格。

（1）实行从价定率办法计算纳税的自产自用应税消费品应纳税额的计算公式：

应纳税额＝同类应税消费品销售价格或者组成计税价格×比例税率

其中：组成计税价格＝(成本＋利润)÷(1－比例税率)

＝[成本×(1＋成本利润率)]÷(1－比例税率)

（2）实行从量定额办法计算纳税的自产自用应税消费品应纳税额的计算公式：

应纳税额＝自产自用数量×定额税率

（3）实行复合计税办法计算纳税的自产自用应税消费品应纳税额的计算公式：

应纳税额＝同类应税消费品销售价格或者组成计税价格×比例税率＋自产自用数量×定额税率

其中：组成计税价格＝(成本＋利润＋自产自用数量×定额税率)÷(1－比例税率)

＝[成本×(1＋成本利润率)＋自产自用数量×定额税率]÷(1－比例税率)

【任务实例 3-4】甲酒厂本年 1 月将一批自产的葡萄酒用作职工福利，葡萄酒的成本为 12000 元。该葡萄酒无同类产品市场销售价格，其成本利润率为 5%，消费税税率为 10%。

【任务要求】计算甲酒厂上述业务的应纳消费税。

【任务实施】

（1）组成计税价格＝成本×(1＋成本利润率)÷(1－消费税税率)

＝12000×(1＋5%)÷(1－10%)＝12600÷0.9＝14000（元）

（2）应纳消费税＝14000×10%＝1400（元）

三、委托加工应税消费品应纳税额的计算

委托加工应税消费品是指由委托方提供原料或主要材料，受托方只收取加工费和代垫部分辅助材料加工的应税消费品。对于由受托方提供原材料生产的应税消费品，或受托方先将原材料卖给委托方，然后再接受加工的应税消费品，以及由受托方以委托方名义购进原材料生产的应税消费品，不论纳税人在财务上是否作销售处理，都不得作为委托加工应税消费品，而应按受托方销售自产应税消费品缴纳消费税。

委托加工的应税消费品，按照受托方的同类消费品的销售价格计算纳税；没有同类消费品销售价格的，按照组成计税价格计算纳税。

（1）实行从价定率办法计算纳税的委托加工应税消费品应纳税额的计算公式：

应纳税额=同类应税消费品销售价格或者组成计税价格×比例税率

其中：组成计税价格=(材料成本+加工费)÷(1-比例税率)

（2）实行从量定额办法计算纳税的委托加工应税消费品应纳税额的计算公式：

应纳税额=委托加工数量×定额税率

（3）实行复合计税办法计算纳税的委托加工应税消费品应纳税额的计算公式：

应纳税额=同类应税消费品销售价格或者组成计税价格×比例税率+委托加工数量×定额税率

其中：组成计税价格=(材料成本+加工费+委托加工数量×定额税率)÷(1-比例税率)

【注意】

委托加工应税消费品，委托方不涉及缴纳增值税的问题。

【任务实例 3-5】甲酒厂为增值税一般纳税人，本年 5 月将成本为 61600 元的粮食直接运往异地的乙酒厂（增值税一般纳税人）全部用于生产加工白酒。本年 5 月白酒加工完毕，甲酒厂收回白酒 8 吨，取得乙酒厂开具的防伪税控增值税专用发票，注明加工费为 10000 元，代垫辅料价值为 5000 元，加工的白酒当地无同类产品市场价格。白酒消费税比例税率为 20%，定额税率为 0.5 元/500 克。

【任务要求】

（1）计算乙酒厂应代收代缴的消费税。

（2）计算乙酒厂的增值税销项税额。

【任务实施】

（1）乙酒厂应代收代缴的消费税=[61600+(10000+5000)+8×1000×2×0.5]÷(1-20%)×20%+8×1000×2×0.5=29150（元）。

（2）乙酒厂的增值税销项税额=(10000+5000)×13%=1950（元）。

四、进口应税消费品应纳税额的计算

进口的应税消费品按照组成计税价格或进口数量和规定的税率计算纳税。

（1）实行从价定率办法计算纳税的进口应税消费品应纳税额的计算公式：

应纳税额=组成计税价格×比例税率

其中：组成计税价格=(关税完税价格+关税)÷(1−比例税率)

(2) 实行从量定额办法计算纳税的进口应税消费品应纳税额的计算公式：

应纳税额=海关核定的应税消费品的进口数量×定额税率

(3) 实行复合计税办法计算纳税的进口应税消费品应纳税额的计算公式：

应纳税额=组成计税价格×比例税率+海关核定的应税消费品的进口数量×定额税率

其中：组成计税价格=(关税完税价格+关税+进口数量×定额税率)÷(1−比例税率)

【注意】

进口应税消费品同时涉及缴纳进口环节增值税，计税增值税的组成计税价格与计税消费税的组成计税价格相同。

五、应税消费品已纳税款的计算

纳税人用外购和委托加工收回的应税消费品，连续生产应税消费品，在计征消费税时，可以按当期生产领用数量计算准予扣除外购和委托加工的应税消费品已纳消费税税款。

(一) 扣除范围

(1) 以外购或委托加工收回的已税烟丝为原料生产的卷烟。

(2) 以外购或委托加工收回的已税高档化妆品原料生产的高档化妆品。

(3) 以外购或委托加工收回的已税珠宝、玉石原料生产的贵重首饰及珠宝、玉石。

(4) 以外购或委托加工收回的已税鞭炮、焰火原料生产的鞭炮、焰火。

(5) 以外购或委托加工收回的已税杆头、杆身和握把为原料生产的高尔夫球杆。

(6) 以外购或委托加工收回的已税木制一次性筷子为原料生产的木制一次性筷子。

(7) 以外购或委托加工收回的已税实木地板为原料生产的实木地板。

(8) 以外购或委托加工收回的已税石脑油、润滑油、燃料油为原料生产的成品油。

(9) 以外购或委托加工收回的已税汽油、柴油为原料生产的汽油、柴油。

不得扣除消费税的情形见表3-2。

表3-2 不得扣除消费税的情形

不得扣除的原因	具体内容
特殊应税消费品	酒类产品（不包括葡萄酒）、高档手表、燃油类（小汽车、摩托车、游艇）电池、涂料
纳税环节不同	如用已税“珠宝玉石”加工“金银镶嵌首饰”
用于生产非应税消费品	如用已税“高档化妆品”连续生产“普通化妆品”

(二) 计算公式

当期准予扣除的应税消费品已纳税款的计算公式如下。

(1) 实行从价定率计算应纳税额：

准予扣除的应税消费品已纳税款=当期生产领用数量×单价×应税消费品的适用税率

(2) 实行从量定额计算应纳税额：

准予扣除的应税消费品已纳税款=当期生产领用数量×应税消费品的单位税额

任务三　消费税会计核算

一、消费税会计科目设置

为了正确反映和核算消费税有关纳税事项，企业应在“应交税费”科目下设置“应交消费税”明细科目。该科目借方登记实际缴纳或待扣的消费税；贷方登记应缴纳的消费税；期末贷方余额为尚未缴纳的消费税，期末借方余额为多交或待抵扣的消费税。

由于消费税为价内税，消费税支出应作为成本费用核算。因此，与“应交税费——应交消费税”科目对应还应设置“税金及附加”“在建工程”“营业外支出”“应付职工薪酬”等科目。

二、消费税的会计核算

（一）一般销售业务的应税消费品的会计核算

企业将生产的应税消费品直接销售，按规定需要同时计算应缴纳的增值税和消费税。在销售实现时，按销售收入和增值税，借记“银行存款”“应收账款”等科目，贷记“主营业务收入”科目和“应交税费——应交增值税”科目；结转销货成本时，借记“主营业务成本”科目，贷记“库存商品”科目，按规定计算应缴纳的消费税，借记“税金及附加”科目，贷记“应交税费——应交消费税”科目；实际缴纳消费税时，借记“应交税费——应交消费税”科目，贷记“银行存款”科目，发生销售退回及退税时作相反的会计分录。

【任务实例 3-6】甲化妆品厂于 2023 年 11 月采取直接收款方式销售高档化妆品 3000 套，不含税出厂价为 220 元/套，增值税专用发票上注明的增值税税额为 85800 元，实际生产成本为 140 元/套，款项均已通过银行收讫，适用的消费税税率为 15%。

【任务要求】对甲化妆品厂上述业务进行账务处理。

【任务实施】

（1）销售实现，确认收入时。

借：银行存款　745800

　贷：主营业务收入　660000

　　　应交税费——应交增值税（销项税额）　85800

（2）结转已销产品成本时。

借：主营业务成本　420000

　贷：库存商品　420000

（3）计算应缴纳的消费税时：

应纳消费税税额 = 660000×15% = 99000（元）

借：税金及附加　99000

　贷：应交税费——应交消费税　99000

（二）自产自用应税消费品的会计核算

1. 自产自用应税消费品用于在建工程、赠送、职工福利等

纳税人将自产的应税消费品用于本单位连续生产非应税消费品、在建工程、管理部门、非生产机构、提供劳务、馈赠、赞助、集资、广告、样品、职工福利、奖励等方面，一律视同销售处理，在移送使用时按同类消费品价格或组成计税价格计算增值税（若不属于增值税视同销售行为，则不需计算缴纳增值税）和消费税。纳税人在按规定计提应缴纳的消费税时，借记“生产成本”“制造费用”“在建工程”“固定资产”“管理费用”“销售费用”“资产处置损益”“营业外支出”“应付职工薪酬”“税金及附加”等科目，贷记“应交税费——应交消费税”等科目。

【任务实例 3-7】 甲地板公司为实木地板生产企业，本年 3 月，办公楼装修领用 20 箱，每箱木地板的出厂价（销售价）为 5000 元，成本价为 4000 元，消费税税率为 5%。

【任务要求】 对甲地板公司上述业务进行账务处理。

【任务实施】 甲地板公司将自产的实木地板用于办公楼装修，应缴纳消费税。

（1）计算应缴纳的消费税：

应纳消费税税额 = 20×5000×5% = 5000（元）

（2）甲地板公司应编制如下会计分录。

借：在建工程 85000

　贷：库存商品 80000

　　　应交税费——应交消费税 5000

【任务实例 3-8】 甲化妆品公司为增值税一般纳税人，本年 5 月将自产的一批高档化妆品发放给职工。同类高档化妆品不含增值税平均销售价格为 200000 元，该批高档化妆品的成本为 120000 元，适用的消费税税率为 15%。

【任务要求】

（1）计算甲化妆品公司的应纳增值税和消费税。

（2）对甲化妆品公司的上述业务进行账务处理。

【任务实施】 将应税消费品用于个人消费，增值税和消费税均视同销售。

应纳增值税 = 200000×13% = 26000（元）

应纳消费税 = 200000×15% = 30000（元）

借：应付职工薪酬——非货币性福利 226000

　贷：主营业务收入 200000

　　　应交税费——应交增值税（销项税额） 26000

借：主营业务成本 120000

　贷：库存商品 120000

借：税金及附加 30000

　贷：应交税费——应交消费税 30000

2. 自产自用应税消费品用于换取生产资料、对外投资、抵偿债务等

纳税人用于换取生产资料和消费资料、投资入股和抵偿债务等方面的应税消费品，应

当以纳税人同类应税消费品的最高销售价格作为计税依据计算消费税，按同类应税消费品的平均销售价格作为计税依据计算增值税。纳税人在计提应缴纳的消费税时，借记“原材料”“管理费用”“长期股权投资”“应付账款”“税金及附加”等科目，贷记“应交税费——应交消费税”等科目。

【任务实例 3-9】甲汽车制造厂于 2023 年 2 月以自产 10 辆小汽车向出租车公司投资。同类小汽车每辆不含增值税的平均售价为 160000 元，当月同类小汽车每辆最高售价为 170000 元，实际成本为每辆 90000 元，该厂已将小汽车交付出租车公司使用，该小汽车适用的消费税税率为 5%。

【任务要求】对甲汽车制造厂的上述业务进行账务处理。

【任务实施】

（1）计算应缴纳的增值税和消费税：

增值税销项税额 = 160000×10×13% = 208000（元）

应纳消费税税额 = 170000×10×5% = 85000（元）

（2）该厂应编制的会计分录。

借：长期股权投资	1808000
贷：主营业务收入	1600000
应交税费——应交增值税（销项税额）	208000
借：税金及附加	85000
贷：应交税费——应交消费税	85000
借：主营业务成本	900000
贷：库存商品	900000

（三）应税消费品包装物的会计核算

1. 随同产品出售不单独计价的包装物

随同产品出售不单独计价的包装物，因其收入已包含在产品销售收入中，因此销售包装物应缴纳的消费税与销售产品应缴纳的消费税一并记入“税金及附加”账户，无须单独核算。

2. 随同产品出售单独计价的包装物

随同产品出售单独计价的包装物，应于产品销售时，按计提的包装物应纳消费税税额，借记“税金及附加”账户，贷记“应交税费——应交消费税”账户。

【任务实例 3-10】甲集团销售散装粮食白酒 10 吨，不含税售价 2400 元/吨，生产成本 1600 元/吨。随同白酒出售单独计价的包装桶 400 只，每只不含税售价 20 元，成本价 12 元，货款已通过银行收讫。

【任务要求】对甲集团的上述业务进行账务处理。

【任务实施】

（1）销售产品时，计算销售货物及包装物应纳增值税：

增值税应纳税额 = 2400×10×13%+20×400×13% = 4160（元）

根据销货发票及进账单等凭证，编制会计分录。

借：银行存款　　36160

　贷：主营业务收入　　24000

　　其他业务收入　　8000

　　应交税费——应交增值税（销项税额）　　4160

（2）计提消费税时：

消费税应纳税额＝10×2000×0.5＋2400×10×20%＋20×400×20%＝16400（元）

借：税金及附加　　16400

　贷：应交税费——应交消费税　　16400

3. 出租、出借包装物收取的押金

出租、出借包装物而收取的押金，纳税人应按照收取的押金金额，借记“银行存款”科目，贷记“其他应付款”科目，若在规定期限内收回包装物押金时，再做相反的会计分录；而若在规定期限内未收回包装物时，则不再退还押金，借记“其他应付款”科目，按包装物押金换算成的不含增值税收入，贷记“其他业务收入”科目，按计算出的销项税额或应纳增值税额，贷记“应交税费——应交增值税（销项税额）”或“应交税费——简易计税”（小规模纳税人贷记“应交税费——应交增值税”）科目，并按应缴纳的消费税税额，借记“税金及附加”科目，贷记“应交税费——应交消费税”科目，同时结转包装物成本，借记“其他业务成本”科目，贷记“周转材料——包装物”科目。

【任务实例 3-11】 2023年4月，甲化妆品厂销售化妆品取得不含税收入60000元，随同产品销售出借包装物30只，每只成本价为30元，每只收取押金46.8元。款项均已通过银行收讫。约定包装物2个月内归还。10月，因包装物损坏无法收回，没收押金。

【任务要求】 对甲化妆品厂的上述业务进行账务处理。

【任务实施】

（1）7月，甲化妆品厂计算应缴纳的增值税和消费税：

增值税销项税额＝60000×13%＝7800（元）

应纳消费税税额＝60000×15%＝9000（元）

甲化妆品厂应编制如下会计分录。

借：银行存款　　69204

　贷：主营业务收入　　60000

　　其他应付款　　1404

　　应交税费——应交增值税（销项税额）　　7800

借：税金及附加　　9000

　贷：应交税费——应交消费税　　9000

（2）10月，逾期未收回包装物，没收押金时：

应纳增值税税额＝1404÷(1＋13%)×13%＝162（元）

应纳消费税税额＝1404÷(1＋13%)×15%＝186（元）

借：其他应付款　　1404

贷：其他业务收入　　1056

　　应交税费——应交增值税（销项税额）　　162

　　　　　　——应交消费税　　186

（四）委托加工应税消费品的会计核算

1. 委托方的会计核算

（1）委托加工应税消费品收回后直接销售。委托方发出委托加工材料、向受托方支付加工费和代收代缴的消费税时，借记“委托加工物资”等科目，贷记“应付账款”“银行存款”等科目。在收回的委托加工应税消费品直接销售时，如果委托方在受托方计税基础上加价出售，则需要计算缴纳消费税；如果不加价直接销售，则不缴纳消费税。

（2）委托加工应税消费品收回后连续生产应税消费品。委托方收回应税消费品后，如果用于连续生产应税消费品的，其已纳消费税税款准予按照规定从连续生产的应税消费品应纳消费税税额中抵扣，委托方应按受托方代收代缴的消费税税额，借记“应交税费——待抵扣消费税额”科目，贷记“银行存款”等科目（如果纳税人不设置“应交税费——待抵扣消费税额”科目，而通过“应交税费——应交消费税”科目核算“待抵扣消费税额”，则借记“应交税费——应交消费税”等科目，贷记“银行存款”等科目）。

2. 受托方的会计核算

委托加工应税消费品需要缴纳消费税的，应于委托方提货时由受托方代收代缴消费税。受托方按应收取的加工费和应代收代缴的消费税，借记“应收账款”“银行存款”等账户；按应收取的加工费和增值税，贷记“主营业务收入”或“其他业务收入”“应交税费——应交增值税（销项税额）”等账户；按应代收代缴的消费税，贷记“应交税费——代收代缴消费税”账户。

【任务实例 3-12】甲酒厂为增值税一般纳税人，2023 年 5 月将以前月份生产的库存半成品酒发出，委托外协单位乙酒厂加工调和成葡萄酒收回后直接对外出售。发出半成品的账面成本为 770000 元，支付加工费 242000 元（不含增值税），取得乙酒厂开具的增值税专用发票，款项以银行存款支付。甲酒厂取得的增值税专用发票本年 5 月符合抵扣规定。外协单位乙酒厂（受托方）同类消费品计税销售额为 1430000 元（不含增值税）。加工完毕，甲酒厂将葡萄酒验收入库待售。次月，甲酒厂将全部葡萄酒以 1500000 元的价格（不含增值税）对外销售，款项已存入银行。葡萄酒的消费税税率为 10%。

【任务要求】

（1）计算甲酒厂的增值税进项税额。

（2）计算由乙酒厂代收代缴的消费税。

（3）对委托方甲酒厂上述业务进行账务处理。

（4）对受托方乙酒厂上述业务进行账务处理。

【任务实施】

（1）甲酒厂增值税进项税额 = 242000×13% = 31460（元）。

（2）由乙酒厂（受托方）代收代缴的消费税 = 1430000×10% = 143000（元）。

（3）委托方甲酒厂的账务处理如下：

1）发出半成品时。

借：委托加工物资 770000

贷：原材料 770000

2）支付加工费及相关税金（包括委托加工费、委托加工环节由受托方代收代缴的消费税、委托加工环节的增值税）时。

借：委托加工物资（242000+143000） 385000

应交税费——应交增值税（进项税额） 31460

贷：银行存款 416460

3）加工完毕，收回入库时。

借：库存商品（770000+385000） 1155000

贷：委托加工物资 1155000

4）将全部葡萄酒以1500000元的价格（不含增值税）对外销售，高于受托方葡萄酒的计税价格1430000元，既要计算增值税，又要按照差额计算缴纳消费税。

应纳增值税=1500000×13%=195000（元）

应纳消费税=1500000×10%-143000=7000（元）

确认收入时。

借：银行存款 1695000

贷：主营业务收入 1500000

应交税费——应交增值税（销项税额） 195000

结转成本时。

借：主营业务成本 1155000

贷：库存商品 1155000

计提消费税时。

借：税金及附加 7000

贷：应交税费——应交消费税 7000

次月申报期内实际缴纳消费税时。

借：应交税费——应交消费税 7000

贷：银行存款 7000

（4）受托方乙酒厂的账务处理如下。

1）收取加工费时。

借：银行存款 273460

贷：其他业务收入 242000

应交税费——应交增值税（销项税额） 31460

2）收取代收的消费税时。

借：银行存款 143000

贷：应交税费——应交消费税（或“应交税费——代收代交消费税”） 143000

3）缴纳代收的消费税时。

借：应交税费——应交消费税（或“应交税费——代收代交消费税”）　　143000

　贷：银行存款　　143000

（五）进口应税消费品的会计核算

进口应税消费品时，进口单位缴纳的消费税应计入应税消费品的成本中。按进口成本连同应纳关税、消费税，借记“固定资产”“原材料”“在途物资”“库存商品”等科目，由于进口货物向海关缴税与提货联系在一起，即缴税后方能提货，为简化核算，关税、消费税可以不通过“应交税费”科目核算，直接贷记“银行存款”“应付账款”等科目。若情况特殊，先提货，后缴税时，也可以通过“应交税费”科目核算。

【任务实例 3-13】 2023 年 8 月，甲公司从英国购进 100 只高档手表，经海关核定的计税价格为 120000 元/只。进口商品已验收入库，全部税款和价款已用银行存款支付。该高档手表适用的消费税税率为 20%，关税税率为 50%。

【任务要求】 对甲公司上述业务进行账务处理。

【任务实施】

（1）计算甲公司进口环节应缴纳的关税、增值税和消费税：

应纳关税税额 $=100\times120000\times50\%=6000000$（元）

组成计税价格 $=100\times120000\times(1+50\%)\div(1-20\%)=22500000$（元）

应纳增值税税额 $=22500000\times13\%=2925000$（元）

应纳消费税税额 $=22500000\times20\%=4500000$（元）

（2）甲公司应编制的会计分录。

借：库存商品　　22500000

　　应交税费——应交增值税（进项税额）　　2925000

　贷：银行存款　　25425000

任务四　消费税征收管理

一、消费税的纳税义务发生时间

消费税的纳税义务发生时间根据应纳税行为和结算方式的不同而有所不同。

（1）纳税人销售应税消费品的，按不同的销售结算方式，其纳税义务发生时间分别为：

1）采取赊销和分期收款结算方式的，为书面合同约定的收款日期的当天，书面合同没有约定收款日期或者无书面合同的，为发出应税消费品的当天；

2）采取预收货款结算方式的，为发出应税消费品的当天；

3）采取托收承付和委托银行收款方式的，为发出应税消费品并办委托收手续的当天；

4）采取其他结算方式的，为收讫销售款项或者取得索取销售款项凭据的当天。

（2）纳税人自产自用应税消费品的，其纳税义务发生时间为移送使用的当天。

（3）纳税人委托加工应税消费品的，其纳税义务发生时间为纳税人提货的当天。

（4）纳税人进口应税消费品的，其纳税义务发生时间为报关进口的当天。

二、消费税的纳税期限

消费税纳税期限分别为1日、3日、5日、10日、15日、1个月或者1个季度。纳税人的具体纳税期限，由主管税务机关根据纳税人应纳税额的大小分别核定，不能按照固定期限纳税的，可以按次纳税。

纳税人以1个月或者1个季度为一个纳税期的，自期满之日起15日内申报纳税；纳税人以1日、3日、5日、10日、15日为一个纳税期的，自期满之日起5日内预缴税款，于次月1日起15日内申报纳税并结清上月应纳税款。

三、消费税的纳税地点

（1）纳税人销售的应税消费品，以及自产自用的应税消费品，除国务院财政、税务主管部门另有规定外，应当向纳税人机构所在地或者居住地的主管税务机关申报纳税。

（2）委托加工的应税消费品，除受托方为个人外，由受托方向所在地主管税务机关代收代缴消费税税款；委托个人加工的应税消费品，由委托方向其机构所在地或者居住地主管税务机关申报纳税。

【注意】

受托方是个人以外的单位，由受托方代收代缴；需要特别注意的是，受托方是“个人”时，由委托方自己申报纳税。另外，“个人”包括个体工商户和其他个人，其中，其他个人是指个体工商户以外的自然人。

（3）进口的应税消费品，由进口人或者其代理人向报关地海关申报纳税。

（4）纳税人到外县（市）销售或者委托外县（市）代销自产应税消费品的，于应税消费品销售后，向其机构所在地或者居住地主管税务机关申报纳税。

（5）纳税人销售的应税消费品，如果因质量等原因，由购买者退回时，经由机构所在地主管税务机关审核批准后，可退还已征收的消费税税款，但不能自行直接抵减应纳税税款。

任务五　消费税纳税申报

纳税人对消费税进行纳税申报时，应填报“本期准予扣除税额计算表”“本期准予扣除税额计算表（成品油消费税纳税人适用）”“本期减（免）税额明细表”“本期委托加工收回情况报告表”“卷烟批发企业月份销售明细清单（卷烟批发环节消费税纳税人适用）”“卷烟生产企业合作生产卷烟消费税情况报告表（卷烟生产环节消费税纳税人适用）”“消费税附加税费计算表”“消费税及附加税费申报表”。

【纳税申报实务 3】

×××卷烟有限公司为增值税一般纳税人（位于市区），纳税人识别号为×××××3001450948×××，主要生产销售××牌卷烟。××牌卷烟平均售价为 80 元/条（不含增值税）。2023 年 6 月，×××卷烟有限公司发生下列经济业务。

业务①：移送烟叶一批委托某县城加工厂加工烟丝 1.2 吨，烟叶成本 20 万元。该加工厂提供辅料，加工后直接发给×××卷烟有限公司，共收取辅料及加工费 8 万元（×××卷烟有限公司将该款项以银行存款支付给作为受托方的加工厂），开具增值税专用发票给×××卷烟有限公司（受托方没有同类产品售价）。×××卷烟有限公司收到加工厂的消费税代收代缴税款凭证，凭证上注明的消费税为 12 万元［(20+8)÷(1−30%)×30%］。×××卷烟有限公司生产车间本月领用该批委托加工收回烟丝的 60%用于继续生产××牌卷烟。×××卷烟有限公司期初库存无委托加工收回的烟丝。

业务②：外购已税烟丝，取得增值税专用发票，注明价款 40 万元，增值税 5.2 万元，款项以银行存款支付。本月领用其中的 80%用于生产××牌卷烟。×××卷烟有限公司期初库存无外购已税的烟丝。

业务③：向当地某烟草商贸公司销售××牌卷烟 120 标准箱（1 标准箱=250 标准条，1 标准条=200 支），取得不含税销售额 240 万元，并收取包装物租金共计 33.9 万元，款项均已存入银行。

业务④：本月没收××牌卷烟逾期包装物押金 6.78 万元。

×××卷烟有限公司不适用小微企业“六税两费”减免政策。另外，×××卷烟有限公司上月应缴未缴消费税为 98 万元，2023 年 6 月 12 日缴纳 2023 年 5 月应缴未缴消费税 98 万元［卷烟定额税率为每支 0.003 元；比例税率为每标准条对外调拨价格在 70 元以上（含 70 元）的，税率 56%，70 元以下的，税率 36%；烟丝消费税税率为 30%］。×××卷烟有限公司取得的增值税专用发票 2023 年 6 月均符合抵扣规定。×××卷烟有限公司 2023 年 7 月 9 日对 2023 年 6 月的消费税进行纳税申报

➢ **要求**

（1）计算×××卷烟有限公司 2023 年 6 月的应纳消费税。

（2）对×××卷烟有限公司 2023 年 6 月发生的经济业务以及 2023 年 7 月缴纳消费税的业务进行账务处理。

（3）×××卷烟有限公司 2023 年 7 月 9 日对 2023 年 6 月的消费税进行纳税申报，填写“消费税及附加税费申报表”等申报表。

➢ **实施**

（1）计算×××卷烟有限公司 2023 年 6 月的应纳消费税。

1）逐笔分析经济业务，确定本期每笔经济业务应纳消费税或者可抵扣（扣除）消费税。

业务①：

委托加工环节受托方代收代缴的消费税 $= (200000 + 80000) \div (1 - 30\%) \times 30\% = 120000$(元)

生产车间本月领用委托加工收回烟丝的60%用于连续生产××牌卷烟可以扣除的烟丝消费税 $= 120000 \times 60\% = 72000$(元)

业务②：

生产车间本月领用外购烟丝的80%用于连续生产××牌卷烟可以扣除的烟丝消费税 $= 400000 \times 30\% \times 80\% = 120000 \times 80\%$

$= 96000$(元)

业务③：

120标准箱 $= 120 \times 250 = 30000$(标准条) $= 30000 \times 200 = 6000000$(支)

销售卷烟应纳消费税 $= 240 \times 10000 \times 56\% + 33.9 \times 10000 \div (1 + 13\%) \times 56\% + 6000000 \times 0.003$

$= 1530000$(元)

业务④：

没收包装物押金应纳消费税 $=6.78\times10000\div(1+13\%)\times56\%=33600$（元）

2）计算本期应纳消费税税额以及本期应补（退）消费税税额。

本期应纳消费税税额 $=1530000+33600=1563600$（元）

本期应补（退）消费税税额 $=1563600-72000-96000=1395600$（元）

（2）对×××卷烟有限公司2023年6月发生的经济业务以及2023年7月缴纳消费税的业务进行账务处理。

业务①。

发出委托加工材料时。

借：委托加工物资　200000

　贷：原材料　200000

支付委托加工费时。

借：委托加工物资　80000

　　应交税费——应交增值税（进项税额）　10400

　贷：银行存款　90400

支付受托方代收代缴的消费税时。

借：应交税费——待抵扣消费税额　120000

　贷：银行存款　120000

加工的烟丝收回入库时。

借：原材料（200000+80000）　280000

　贷：委托加工物资　280000

抵扣消费税时。

借：应交税费——应交消费税　72000

　贷：应交税费——待抵扣消费税额　72000

业务②。

外购已税烟丝时。

借：原材料 280000

应交税费——待抵扣消费税额 120000

——应交增值税（进项税额） 52000

贷：银行存款 452000

抵扣消费税时。

借：应交税费——应交消费税 96000

贷：应交税费——待抵扣消费税额 96000

业务③。

销售卷烟取得收入并结转成本时。

借：银行存款 3051000

贷：主营业务收入 2400000

其他业务收入［33.9×10000÷(1+13%)］ 300000

应交税费——应交增值税（销项税额）［2400000×13%+33.9×10000÷(1+13%)×13%］

351000

结转成本的会计分录略。

计提消费税时。

借：税金及附加 1530000

贷：应交税费——应交消费税 1530000

业务④。

没收××牌卷烟逾期包装物押金6.78万元时。

借：其他应付款——存入保证金 67800

贷：其他业务收入［6.78×10000÷(1+13%)］ 60000

应交税费——应交增值税（销项税额）［6.78×10000÷(1+13%)×13%］ 7800

借：税金及附加 33600

贷：应交税费——应交消费税 33600

另外，2023年6月12日缴纳2023年5月应缴未缴消费税时。

借：应交税费——应交消费税 980000

贷：银行存款 980000

2023年7月9日缴纳2023年6月应缴未缴消费税时。

借：应交税费——应交消费税（1530000+33600−72000−96000） 1395600

贷：银行存款 1395600

（3）×××卷烟有限公司2023年7月9日对2023年6月的消费税进行纳税申报，填写“消费税及附加税费申报表”等申报表。

第一步：根据“应交税费——应交消费税”明细账，填写“本期准予扣除税额计算表”（见表3-3）、“本期委托加工收回情况报告表”（略）、“消费税附加税费计算表”（见表3-4）。

第二步：根据“应交税费——应交消费税”明细账，“本期准予扣除税额计算表”（见表3-3）、“本期委托加工收回情况报告表”（略）、“消费税附加税费计算表”（见表3-4）等，填写“消费税及附加税费申报表”，见表3-5。

表 3-3 本期准予扣除税额计算表

金额单位：元（列至角分）

<table>
<tr><th colspan="2">应税消费品名称</th><th colspan="2">准予扣除项目</th><th>卷烟</th><th>合计</th></tr>
<tr><td colspan="2" rowspan="5">一、本期准予扣除的委托加工应税消费品已纳税款计算</td><td>期初库存委托加工应税消费品已纳税款</td><td>1</td><td>0.00</td><td>0.00</td></tr>
<tr><td>本期收回委托加工应税消费品已纳税款</td><td>2</td><td>120000.00</td><td>120000.00</td></tr>
<tr><td>期末库存委托加工应税消费品已纳税款</td><td>3</td><td>48000.00</td><td>48000.00</td></tr>
<tr><td>本期领用不准予扣除委托加工应税消费品已纳税款</td><td>4</td><td>0.00</td><td>0.00</td></tr>
<tr><td>本期准予扣除委托加工应税消费品已纳税款</td><td>5=1+2-3-4</td><td>72000.00</td><td>72000.00</td></tr>
<tr><td rowspan="13">二、本期准予扣除的外购应税消费品已纳税款计算</td><td rowspan="6">（一）从价计税</td><td>期初库存外购应税消费品买价</td><td>6</td><td>0.00</td><td>0.00</td></tr>
<tr><td>本期购进应税消费品买价</td><td>7</td><td>400000.00</td><td>400000.00</td></tr>
<tr><td>期末库存外购应税消费品买价</td><td>8</td><td>80000.00</td><td>80000.00</td></tr>
<tr><td>本期领用不准予扣除外购应税消费品买价</td><td>9</td><td>0.00</td><td>0.00</td></tr>
<tr><td>适用税率</td><td>10</td><td>30%</td><td></td></tr>
<tr><td>本期准予扣除外购应税消费品已纳税款</td><td>11=(6+7-8-9)×10</td><td>96000.00</td><td>96000.00</td></tr>
<tr><td rowspan="7">（二）从量计税</td><td>期初库存外购应税消费品数量</td><td>12</td><td></td><td></td></tr>
<tr><td>本期外购应税消费品数量</td><td>13</td><td></td><td></td></tr>
<tr><td>期末库存外购应税消费品数量</td><td>14</td><td></td><td></td></tr>
<tr><td>本期领用不准予扣除外购应税消费品数量</td><td>15</td><td></td><td></td></tr>
<tr><td>适用税率</td><td>16</td><td></td><td></td></tr>
<tr><td>计量单位</td><td>17</td><td></td><td></td></tr>
<tr><td>本期准予扣除的外购应税消费品已纳税款</td><td>18=(12+13-14-15)×16</td><td></td><td></td></tr>
<tr><td colspan="3">三、本期准予扣除税款合计</td><td>19=5+11+18</td><td>168000.00</td><td>168000.00</td></tr>
</table>

表 3-4 消费税附加税费计算表

金额单位：元（列至角分）

本期是否适用小微企业"六税两费"减免政策			☐是 ☑否	减免政策适用主体		增值税小规模纳税人：☐是 ☐否			
						增值税一般纳税人：☐个体工商户 ☐小型微利企业			
				适用减免政策起止时间		年 月 至 年 月			
税（费）种	计税（费）依据	税（费）率（%）	本期应纳税（费）额	本期减免税（费）额		小微企业"六税两费"减免政策		本期已缴税（费）额	本期应补（退）税（费）额
	消费税税额			减免性质代码	减免税（费）额	减征比例（%）	减征额		
	1	2	3=1×2	4	5	6	7=(3−5)×6	8	9=3−5−7−8
城市维护建设税	1395600.00	7%	97692.00						97692.00
教育费附加	1395600.00	3%	41868.00						41868.00
地方教育附加	1395600.00	2%	27912.00						27912.00
合计	—	—	167472.00	—		—			167472.00

表 3-5 消费税及附加税费申报表

税款所属期：自 2023 年 06 月 01 日至 2023 年 06 月 30 日

纳税人识别号（统一社会信用代码）：×××××3001450948×××

纳税人名称：×××卷烟有限公司（公章） 金额单位：人民币元（列至角分）

项目	适用税率		计量单位	本期销售数量	本期销售额	本期应纳税额
	定额税率	比例税率				
	1	2	3	4	5	6=1×4+2×5
卷烟	30 元	56%	万支	600.00	2760000.00	1563600.00
合计	—	—	—	—	—	1563600.00
税费				栏次	本期税费额	
本期减（免）税额				7	0.00	
期初留抵税额				8	0.00	
本期准予扣除税额				9	168000.00	
本期应扣除税额				10=8+9	168000.00	
本期实际扣除税额				11[10<(6−7)，则为 10，否则为 6−7]	168000.00	

续表 3-5

税费	栏次	本期税费额
期末留抵税额	12=10-11	0.00
本期预缴税额	13	0.00
本期应补（退）税额	14=6-7-11-13	1395600.00
城市维护建设税本期应补（退）税额	15	97692.00
教育费附加本期应补（退）费额	16	41868.00
地方教育附加本期应补（退）费额	17	27912.00

声明：此表是根据国家税收法律法规及相关规定填写的，本人（单位）对填报内容（及附带资料）的真实性、可靠性、完整性负责。

纳税人（签章）：×××卷烟有限公司　　2023 年 07 月 09 日

经办人：略 经办人身份证号：略 代理机构签章： 代理机构统一社会信用代码：	受理人： 受理税务机关（章）： 受理日期：　年　月　日

思政小课堂

纳税人应当充分运用国家出台的消费税税收政策，促进产业行业发展，合法合规纳税：

（1）我国对某些高档消费品、奢侈品（如高档化妆品、贵重首饰及珠宝玉石、高尔夫球及球具）征收消费税，有利于引导群众理性消费，限制铺张浪费，体现了“弘扬勤俭节约精神，培育时代新风新貌”的精神；

（2）我国对某些不可再生和替代的稀缺消费品（如成品油、木制一次性筷子、实木地板）征收消费税，有利于引导群众节约资源，促进环境保护，体现了“实施全面节约战略，推进各类资源节约集约利用”的精神。

【课后练习】

3-1 单选题

（1）根据消费税法律制度规定，下列各项中，不属于消费税纳税义务人的是（　　）。

A. 高档化妆品进口商　　B. 鞭炮批发商

C. 钻石零售商　　D. 卷烟批发商

（2）纳税人将应税消费品与非应税消费品以及适用不同税率消费品组成套装销售的，应按（　　）计征消费税。

A. 应税消费品的平均税率　　B. 应税消费品的最高税率

C. 应税消费品的不同税率　　D. 应税消费品的最低税率

（3）某化妆品厂 6 月份销售高档化妆品取得含税收入 46.8 万元，收取手续费 1.5 万元；另取得逾期包装物押金 1 万元。已知增值税税率为 13%，消费税税率为 15%，该化妆品厂当月应缴纳消费税税额为（　　）万元。

A. 14.04　　B. 12　　C. 12.38　　D. 6.54

（4）根据消费税法律制度规定，下列各项中，纳税人不需缴纳消费税的是（　　）。
A. 尚未逾期，但是收取的时间超过 12 个月的高档化妆品包装物押金
B. 因逾期未收回包装物而被没收的押金
C. 单独计价随同销售而实现的包装物作价收入
D. 销售黄酒、啤酒而收取的包装物押金
（5）根据消费税法律制度规定，下列各项中，应当以纳税人同类小汽车的最高销售价格作为消费税计税依据计征消费税的是（　　）。
A. 将自产小汽车用于广告宣传
B. 将自产小汽车用于抵偿债务
C. 将自产小汽车用于管理部门
D. 将自产小汽车用于职工奖励
（6）从价计征进口应税消费品消费税的计税依据为组成计税价格，可表示为（　　）。
A. （成本+利润）/（1-消费税税率）
B. （关税完税价格+关税）/（1-消费税税率）
C. （材料成本+加工费）/（1-消费税税率）
D. （关税完税价格+关税）/（1-增值税税率）
（7）根据增值税和消费税法律制度的规定，下列关于增值税和消费税的计税依据表述，正确的是（　　）。
A. 适用从价定率征收消费税的应税消费品，计算增值税和消费税所依据的销售额中含应纳消费税本身，但不含增值税
B. 适用从价定率征收消费税的应税消费品，在计算增值税和消费税时各自依据的销售额不同
C. 适用从价定率征收消费税的应税消费品，其销售额中含增值税和应纳消费税本身
D. 适用从价定率征收消费税的应税消费品，其销售额中含增值税，但不含应纳消费税本身
（8）委托方收回委托加工应税消费品直接对外销售时，下列处理正确的是（　　）。
A. 支付由受托方代收代缴的消费税款时，应借记“委托加工物资”
B. 支付由受托方代收代缴的消费税款时，应借记“应交税费——应交消费税”
C. 支付由受托方代收代缴的消费税款时，应借记“销售费用”
D. 收回的应税消费品对外销售时，应按销售额计算征收消费税
（9）纳税人选择 15 天为纳税计算期的，应（　　）。
A. 自期满之日起 15 日内申报纳税
B. 自期满之日起 5 日内预缴税款，于次月 15 日内申报纳税并结清上月应纳税款
C. 自期满之日起 10 日内预缴税款，于次月 15 日内申报纳税并结清上月应纳税款
D. 自期满之日起 15 日内预缴税款，于次月 15 日内申报纳税并结清上月应纳税款

3-2　多选题

（1）根据消费税法律制度规定，下列各项中，实行从量定额计征消费税的有（　　）。
A. 成品油　　B. 白酒　　C. 黄酒　　D. 啤酒
（2）根据消费税法律制度规定，下列各项中，不征消费税的有（　　）。
A. 汽车专卖店销售小汽车　　B. 珠宝店进口钻石饰品
C. 烟草专卖店零售卷烟　　D. 外贸企业进口红酒
（3）根据增值税和消费税法律制度规定，下列各项中，应同时征收增值税和消费税的有（　　）。
A. 批发环节销售的卷烟　　B. 生产销售小汽车
C. 零售环节销售的金银首饰　　D. 进口的高档化妆品
（4）某卷烟生产企业将 10 标准箱自产甲类卷烟无偿赠予消费者，已知该批卷烟的成本为 100000 元，

成本利润率为10%。该批卷烟适用消费税比例税率为56%，定额税率为150元/标准箱，假定无同类产品销售价格。下列做法正确的有（ ）。

A. 应纳消费税=[100000×(1+10%)+150×10]÷(1−56%)×56%+150×10

B. 应纳消费税=[100000×(1+10%)+150×10]÷(1−56%)×56%

C. 应纳增值税=[100000×(1+10%)+150×10]÷(1−56%)×13%

D. 应纳增值税=100000×(1+10%)÷(1−56%)×13%

（5）如出现下列（ ）情形，无论纳税人在财务上如何处理，都不得作为委托加工应税消费品，而应按销售自制应税消费品缴纳消费税。

A. 受托方提供原材料生产的应税消费品

B. 受托方先将原材料卖给委托方，再接受加工的应税消费品

C. 受托方以委托名义购进原材料生产的应税消费品

D. 受托方代垫辅料另行收费卖给委托方生产的应税消费品

（6）消费税复合计税法下，计算应纳税额的组成计税价格公式表述正确的有（ ）。

A. 委托加工的，组成计税价格=(材料成本+加工费+委加工数量×定额税率)÷(1−比例税率)

B. 自产自用的，组成计税价格=(成本+利润+移送使用数量×定额税率)÷(1−比例税率)

C. 进口的，组成计税价格=(关税完税价格+关税+进口数量×定额税率)÷(1−比例税率)

D. 委托加工的，组成计税价格=(材料成本+委托加工数量×定额税率)÷(1−比例税率)

（7）下列应税消费品销售时可以扣除外购已税消费品已纳税额的有（ ）。

A. 用外购已税烟丝为原料生产的卷烟

B. 用外购已税高档化妆品为原料生产的高档化妆品

C. 用外购已税珠宝玉石为原料生产的贵重首饰及珠宝玉石

D. 用外购已税的白酒生产的酒类产品

（8）某汽车制造厂委托某企业加工一批产品，收回后用于连续生产应税消费品，并支付加工费10000元，增值税1300元，受托方代扣代缴消费税1579元。则该汽车制造厂在提货和入库时正确的会计处理为（ ）。

A. 借：库存商品 10000

贷：委托加工物资 10000

B. 借：委托加工物资 11579

应交税费——应交增值税（进项税额） 1300

贷：银行存款 12879

C. 借：委托加工物资 10000

应交税费——应交消费税 1579

——应交增值税（进项税额） 1300

贷：银行存款 12879

D. 借：生产成本 12879

贷：银行存款 12879

（9）下列各项中，不符合现行消费税法规规定的是（ ）。

A. 纳税人总分支机构不在同一县（市）的，一律在总机构所在地缴纳消费税

B. 纳税人销售的应税消费品，除另有规定外，应向纳税人机构所在地或居住地税务机关申报纳税

C. 纳税人委托加工应税消费品，其纳税务发生时间为纳税人支付加工费的当天

D. 因质量原因由购买方退回的消费品，可退还已征的消费税，也可直接抵减应纳税额

3-3 判断题

（1）金银首饰、钻石及钻石饰品、铂金首饰的消费税在零售环节缴纳。 （ ）

（2）每标准条不含增值税调拨价70元以下的卷烟属于乙类卷烟。（ ）

（3）纳税人通过自设非独立核算门市部销售的自产应税消费品，应按门市部对外销售额或者销售量征收消费税。（ ）

（4）受托方以委托方名义购买原材料生产应税消费品的，可作为委托加工应税消费品，由受托方向委托方交货时代收代缴。（ ）

（5）尚未逾期但收取时间超过12个月的高档化妆品包装物押金应并入高档化妆品的销售额，按化妆品的适用税率缴纳消费税。（ ）

（6）随同商品出售单独计价的包装物，由于其收入记入“其他业务收入”账户，故按规定缴纳的消费税应记入“其他业务成本”账户。（ ）

（7）委托加工应税消费品收回后用于连续生产应税消费品，按规定准予抵扣的消费税不计入委托加工物资成本，在委托支付时借记“应交税费——应交消费税”账户。（ ）

（8）纳税人到外县销售自产应税消费品的，应回纳税人机构所在地或居住地申报纳税。（ ）

（9）纳税人采取预收货款结算方式销售应税消费品的，其消费税纳税义务发生时间为销售合同规定的收款日期当天。（ ）

【实践教学任务】

消费税的会计核算与纳税申报

甲高尔夫球制造厂为增值税一般纳税人，主要从事高尔夫球具的生产与销售，本年3月发生的有关经营活动如下。

（1）2日，采取直接收款方式销售A款高尔夫球杆300支，不含税出厂价为1380元/支，增值税专用发票上注明的税额为414000元，实际生产成本为880元/支，款项均已通过银行收讫。

（2）5日，将自产的B款100支高尔夫球杆和300个高尔夫球向某高尔夫俱乐部投资，其中同类高尔夫球杆不含税出厂价为2600元/支，成本为1580元/支，同类高尔夫球不含税出厂价为40元/个，成本为26元/个。高尔夫球现已交付俱乐部使用，双方协议投资作价为320000元。

（3）8日，以自产的C款50支高尔夫球杆向乙公司换取60个高尔夫球包。该高尔夫球杆同类产品最高售价为1000元/支，最低售价为800元/支，加权平均售价为880元/支，成本为490元/支。

（4）11日，将自产的D款10支高尔夫球杆无偿赠送客户，所提供的高尔夫球杆不含税出厂价1000元/支，成本为530元/支。

（5）14日，将自产的150个高尔夫球包发给本厂职工作为福利，同类高尔夫球包不含税出厂价为800元/个，成本为410元/个。

（6）17日，销售D款高尔夫球杆200支，不含税出厂价为1000元/支，成本为530元/支，随同白酒出售单独计价的包装盒200个，每个不含税售价为30元，成本价为15元/个。

（7）21日，销售D款高尔夫球杆100支，不含税出厂价为1000元/支，成本为530元/支，随同产品销售出借包装物100个，每个成本价为15元，每个收取押金30元。款项均已通过银行收讫，在约定的退还期限因包装物损坏而无法收回。

（8）25日，委托丙公司加工高尔夫球杆，原材料总计为52000元，并均来源于甲高尔夫球制造厂，收回高尔夫球杆后，以140000元的价格直接对外销售，款项已全部用银行存款收讫，加工过程中甲高尔夫球制造厂支付加工费21000元，丙公司代收代缴消费税，并且没有同类消费品出售。

(9) 28日，委托丁公司加工高尔夫球杆，原材料总计为29000元，并均来源于甲高尔夫球制造厂，加工过程中甲高尔夫球制造厂支付加工费8000元，收回高尔夫球杆后，继续生产加工高尔夫球杆。

(10) 30日，从德国进口100支高尔夫球杆，经海关核定的计税价格为3200元/支。进口商品已验收入库，全部税款和价款已用银行存款支付。高尔夫球及球具的消费税税率为10%，增值税税率为13%，关税税率为6%。

要求：

(1) 根据上述经纪业务，进行相关账务处理；

(2) 甲高尔夫球制造厂对当月的消费税进行纳税申报，填写“消费税及附加税费申报表”等。

项目四　企业所得税的会计实务

·知识目标

（1）理解企业所得税的纳税人、征税对象、征税范围和税率。
（2）掌握企业所得税应纳税额的计算方法。
（3）掌握企业所得税的会计核算方法。
（4）掌握企业所得税的征收管理规定。

·能力目标

（1）能根据相关业务资料计算企业所得税。
（2）能设置企业所得税的会计科目，能根据相关业务资料对企业所得税进行会计核算。
（3）能根据相关业务资料填写企业所得税预缴纳税申报表和年度纳税申报表，并能进行企业所得税的预缴纳税申报和年度汇算清缴纳税申报。

·素质目标

（1）熟悉企业所得税税制并做到依法办理所得税业务。
（2）了解税收优惠政策，增强民族自豪感。
（3）精准纳税，以法律维护企业的合法权益。

项目导入

央广网北京2021年11月9日消息，据中央广播电视总台经济之声《天下财经》报道，企业研发费用加计扣除优惠政策是今年减税降费的“重头戏”。国家税务总局9日披露最新数据，截至2021年10月底，全国各类企业提前享受加计扣除金额共计1.3万亿元，减免税额共计3333亿元，享受加计扣除金额占去年全年汇算清缴的将近8成。政策红利享受时间更早、优惠力度更大，成为突出特点。

企业研发费用加计扣除优惠政策直接指向的是鼓励企业加大研发投入与技术创新力度。中国注册税务师协会业务准则和发展委员会委员李锐解释：“所谓的研发费用加计扣除，就是国家为了鼓励企业在新技术、新产品、新工艺方面的研究开发，在实际发生支出的基础上，再额外增加一定比例进行所得税税前扣除。举例来说，一家企业发生的研发费用支出是10000元，在计算企业所得税时，国家按照17500元进行税前扣除；对于先进制造业企业，国家按照20000元进行所得税税前扣除。这样一来，税前扣除的金额大了，企业要缴的所得税就减少了。”

企业研发费用加计扣除优惠政策被视为2021年减税降费的“重头戏”。尤其是制造业企业研发费用加计扣除比例由75%提高到100%，是减税降费中力度最大的一项。

[要求] 请同学们登录国家税务总局网站或中国注册税务师协会网站搜索研发费用加计扣除政策并学习，分析案例中企业是如何享受这项税收红利的。

(资源来源：央广网，减税降费“重头戏”披露阶段性成绩单：各类企业提前享受研发费用加计扣除金额1.3万亿元 减免税额333亿元)

任务一 企业所得税概述

一、企业所得税的概念

企业所得税是对我国境内的企业和其他取得收入的组织的生产经营所得和其他所得征收的一种税。

二、企业所得税的纳税人

企业分为居民企业和非居民企业。居民企业是指依法在中国境内成立，或者依照外国（地区）法律成立但实际管理机构在中国境内的企业。非居民企业是指依照外国（地区）法律成立且实际管理机构不在中国境内，但在中国境内设立机构、场所的，或者在中国境内未设立机构、场所，但有来源于中国境内所得的企业。

提 示

个人独资企业投资者和合伙企业自然人合伙人不适用《中华人民共和国企业所得税法》，不作为企业所得税的纳税人。对个人独资企业投资者和合伙企业自然人合伙人只征收个人所得税。

三、企业所得税的征税对象

居民企业应就其来源于中国境内、境外的所得缴纳企业所得税。

非居民企业在中国境内设立机构、场所的，应当就其所设机构、场所取得的来源于中国境内的所得，以及发生在中国境外但与其所设机构、场所有实际联系的所得，缴纳企业所得税。

非居民企业在中国境内未设立机构、场所的，或者虽设立机构、场所但取得的所得与其所设机构、场所没有实际联系的，应当就其来源于中国境内的所得缴纳企业所得税。

四、企业所得税的税率

企业所得税税率见表4-1。

表4-1 企业所得税税率

税 率	适用对象
25%	居民企业
	在中国境内设立机构场所且取得所得与所设机构场所有实际联系的非居民企业

续表 4-1

税　率		适用对象
20%		在中国境内未设立机构、场所的非居民企业
		虽设立机构、场所，但取得的所得与其所设机构、场所没有实际联系的非居民企业
优惠税率	10%	执行 20%税率的非居民企业
	15%	高新技术企业、技术先进型服务企业
		设在西部地区，以《西部地区鼓励类产业目录（2020 年本）》项目为主营业务，主营业务收入占总收入达到规定比例的企业
	20%	小型微利企业：年应纳税所得额不超过 100 万元的部分，减按 12.5%计入应纳税所得额；超过 100 万元但不超过 300 万元的部分，减按 50%计入应纳税所得额

注：小型微利企业是指从事国家非限制和禁止行业，且同时符合年度应纳税所得额不超过 300 万元、从业人数不超过 300 人、资产总额不超过 5000 万元三个条件的企业。

任务二　企业所得税税额计算

企业所得税应纳税所得额是企业所得税的计税依据。按照《中华人民共和国企业所得税法》（简称《企业所得税法》）的规定，应纳税所得额为企业每一个纳税年度的收入总额减去不征税收入额、免税收入额、各项扣除额，以及准予弥补的以前年度亏损额之后的余额。企业的应纳税额取决于应纳税所得额和适用税率两个因素。

企业应纳税所得额有如下两种计算方法。

直接法是用收入逐项减去允许扣除的部分得到应税所得，其计算公式为：

应纳税所得额=收入总额-不征税收入-免税收入-各项扣除-准予弥补的以前年度亏损

间接法是用会计利润加调增金额减调减金额得到应税所得，其计算公式为：

应纳税所得额=利润总额±纳税调整金额

提　示

企业按照《企业会计准则》的要求进行账务处理，企业所得按照《企业所得税法》的规定交税，当两者的规定不一致时，会产生税会差异。在计算应纳税所得额时，间接法以利润总额为起点，将税会差异按照税收法律的要求进行调整。实务中通常运用间接法计算企业所得税应纳税所得额。

企业所得税应纳税额的计算公式为：

应纳税额=应纳税所得额×适用税率-减免税额-抵免税额

减免税额和抵免税额，是指依照《企业所得税法》和国务院的税收优惠规定减征、免征和准予抵免的应纳税额。

一、收入项目

（一）征税收入

征税收入是指企业以货币形式和非货币形式从各种来源取得的所得，包括：销售货物收入、提供劳务收入，转让财产收入，股息、红利等权益性投资收入，利息收入，租金收入，特许权使用费收入，接受捐赠收入，其他收入等。企业发生的非货币性资产交换，以及将货物、财产、劳务用于捐赠、偿债、赞助、集资、广告、样品、职工福利或者利润分配等用途的，应当视同销售货物、转让财产或者提供劳务。

（二）不征税收入

不征税收入包括财政拨款、依法收取并纳入财政管理的行政事业性收费、政府性基金。

（三）免税收入

免税收入是指属于企业的应税所得但按照税法规定免予征收企业所得税的收入。企业的下列收入为免税收入：

（1）国债利息收入；

（2）符合条件的居民企业之间的股息、红利等权益性投资收益（该收益是指居民企业直接投资于其他居民企业取得的投资收益，且该收益不包括连续持有居民企业公开发行并上市流通的股票不足12个月取得的投资收益）；

（3）在中国境内设立机构、场所的非居民企业从居民企业取得与该机构、场所有实际联系的股息、红利等权益性投资收益（该收益不包括连续持有居民企业公开发行并上市流通的股票不足12个月取得的投资收益）；

（4）符合条件的非营利组织的收入；

（5）非营利组织的其他免税收入。

（四）收入类调整项目汇总

收入类调整项目汇总见表4-2。

表4-2 收入类调整项目汇总表

项目	会计准则规定	税法规定	调整情况
捐赠自产产品	不确认收入	视同销售	调增
财政拨款	事业收入	不征税收入	调减
依法收取并纳入财政管理的行政事业性收费、政府性基金	营业外收入		调减
政府债券收入	营业外收入	免税收入	调减
国债利息收入、符合条件的权益性投资收益	投资收益		调减
非营利组织的非营利收入	主营业务收入		调减

二、准予扣除项目

企业实际发生的与取得收入有关的、合理的支出，包括成本、税金、费用、损失等，准予在计算应纳税所得额时扣除。

（1）成本，是指企业实际发生的与取得收入有关的、合理的成本，包括企业销售商品、提供劳务、转让固定资产、无形资产等的成本，均可扣除。

（2）税金，是指企业发生的企业所得税和允许抵扣的增值税以外的企业缴纳的各项税金及附加。

【注意】

可以扣除的“税金”是指各项税金及附加，包括消费税、资源税、土地增值税、关税、城镇土地使用税、房产税、车船税、印花税、城市维护建设税和教育费附加和地方教育附加等，但缴纳的企业所得税和增值税不得扣除。

（3）费用，是指企业每一个纳税年度为生产、经营商品和提供劳务等所发生的销售费用、管理费用和财务费用。已经计入成本的有关费用除外。

（4）损失，是指企业在生产经营活动中发生的固定资产和存货的盘亏、毁损、报废损失，转让财产损失，呆账损失，坏账损失，自然灾害等不可抗力因素造成的损失以及其他损失。企业发生的损失，减除责任人赔偿和保险赔款后的余额，依照国务院财政、税务主管部门的规定扣除。企业已经作为损失处理的资产，在以后纳税年度又全部收回或者部分收回时，应当计入当期收入。

（5）其他支出，是指除成本、费用、税金、损失外，企业在生产经营活动中发生的与生产经营活动有关的、合理的支出，以及国务院财政、税务主管部门规定的其他支出。

三、不得扣除的项目

（1）向投资者支付的股息、红利等权益性投资收益款项。

（2）企业所得税税款。

（3）税收滞纳金。

（4）罚金、罚款和被没收财物的损失。

（5）企业发生的公益性捐赠支出以外的捐赠支出。

（6）赞助支出，是指企业发生的与生产经营活动无关的各种非广告性支出。

（7）未经核准的准备金支出，是指企业未经国务院财政、税务主管部门核定而提取的各项资产减值准备、风险准备等准备金。

（8）企业之间支付的管理费、企业内营业机构之间支付的租金和特许权使用费，以及非银行企业内营业机构之间支付的利息。

（9）与取得收入无关的其他支出。

四、准予限额扣除项目

准予限额扣除项目包括但不限于以下内容。

(1) 工资、薪金。企业发生的合理的工资、薪金支出，准予扣除。

(2) 保险费。企业的保险费主要包括企业按照国家社保政策给员工缴纳的“五险一金”，企业给员工购买的补充养老保险、补充医疗保险，为特殊工种购买的人身安全保险，雇主责任险，员工出差意外保险，企业财产保险等。保险费扣除标准见表4-3。

表4-3 保险费扣除标准

保险名称	扣除规定	保险名称	扣除规定
“五险一金”	准予扣除	特殊工种人身安全保险	准予扣除
补充养老保险、补充医疗保险	分别不超过工资薪金总额5%的部分准予扣除	职工因公出差乘坐交通工具发生的人身意外保险	准予扣除
企业财产保险	准予扣除	其他商业保险	不得扣除
雇主责任险、公众责任险	准予扣除		

(3) 职工福利费、工会经费、职工教育经费。职工福利费、工会经费以及职工教育经费的具体扣除标准见表4-4。

表4-4 职工福利费、工会经费、职工教育经费扣除标准

经费名称	计算基数	扣除比例	特殊规定
职工福利费	实发工资薪金总额	14%	—
工会经费	实发工资薪金总额	2%	—
职工教育经费	实发工资薪金总额	8%	(1) 超过部分，准予在以后纳税年度结转扣除。 (2) 集成电路设计企业和符合条件软件企业的职工培训费用，应单独进行核算并按实际发生额在计算应纳税所得额时扣除

(4) 业务招待费。企业发生的与生产经营活动有关的业务招待费支出，按照发生额的60%扣除，但最高不得超过当年销售（营业）收入的5‰。

(5) 广告费和业务宣传费。企业发生的符合条件的广告费和业务宣传费支出，除国务院财政、税务主管部门另有规定外，不超过当年销售（营业）收入15%的部分，准予扣除；超过部分，准予结转以后纳税年度扣除。

(6) 利息费用。企业在生产经营活动中发生的下列利息支出，准予扣除：非金融企业向金融企业借款的利息支出、金融企业的各项存款利息支出和同业拆借利息支出、企业经批准发行债券的利息支出；非金融企业向非金融企业借款的利息支出，不超过按照金融企业同期同类贷款利率计算的数额的部分。

（7）公益性捐赠。是指企业通过公益性社会团体或者县级以上人民政府及其部门，用于符合法律规定的慈善活动、公益事业的捐赠。企业发生的公益性捐赠支出，不超过年度利润总额12%的部分，准予在计算应纳税所得额时扣除；超过年度利润总额12%的部分，准予结转以后3年内在计算应纳税所得额时扣除。

五、资产的税务处理

（一）固定资产

固定资产是指企业为生产产品、提供劳务、出租或者经营管理而持有的、使用时间超过12个月的非货币性资产，包括房屋、建筑物、机器、机械、运输工具以及其他与生产经营活动有关的设备、器具、工具等。

1. 计税基础

固定资产计税基础与账面原值及税会差异见表4-5。

表4-5 固定资产计税基础与账面原值及税会差异

<table>
<tr><th colspan="2">取得方式</th><th>计税基础</th><th>账面原值</th><th>税会差异</th></tr>
<tr><td colspan="2">外购</td><td>购买价款+支付的相关税费+直接归属于使用该资产达到预定用途发生的其他支出</td><td>同计税基础</td><td>无</td></tr>
<tr><td colspan="2">自行建造</td><td>竣工结算前发生的支出</td><td>同计税基础</td><td>无</td></tr>
<tr><td rowspan="2">融资租入</td><td>租赁合同约定付款总额</td><td>合同约定的付款总额+签订合同中发生的相关费用</td><td>租赁资产的现值+相关费用</td><td>有</td></tr>
<tr><td>租赁合同未约定付款总额</td><td>该资产的公允价值+签订合同中发生的相关费用</td><td>同计税基础</td><td>无</td></tr>
<tr><td colspan="2">盘盈</td><td>同类固定资产的“重置完全价值”</td><td>同计税基础</td><td>无</td></tr>
<tr><td colspan="2">捐赠、投资、非货币性资产交换、债务重组</td><td>公允价值+支付的相关税费</td><td>同计税基础</td><td>无</td></tr>
<tr><td colspan="2">改建</td><td>以改建支出增加计税基础</td><td>同计税基础</td><td>无</td></tr>
</table>

固定资产计税基础的初始确认中，以各种方式取得的固定资产，初始确认时按照会计准则规定确定的入账价值基本是被税法认可的（融资租赁除外），即取得时其账面价值一般等于计税基础，因此不产生税会差异，不涉及纳税调整问题。

但是在固定资产持有期间的后续计量中，减值准备的存在会产生税会差异，涉及纳税调整问题。固定资产持有期间税会差异见表4-6。

表 4-6 固定资产持有期间税会差异

会计准则	税法	税会差异
会计账面价值=实际成本-累计折旧-资产减值准备	计税基础=实际成本-累计折旧	账面价值≠计税基础 资产减值准备引起的税会差异

【任务实例 4-1】 甲公司于 2021 年 12 月购入了一台机器设备，入账价值为 100 万元，于 2022 年 1 月投入使用。该设备可使用年限为 10 年，无残值，按直线法计提折旧。2022 年 12 月，该设备发生减值，可收回金额仅为 60 万元。

【任务要求】 计算 2023 年因该项业务需要纳税调整的金额。

【任务实施】

（1）计算计税基础和账面价值。由于 2022 年年底产生了减值，账面价值在 2022 年仅为 60 万元，而计税基础仍为 90 万元，产生了税会差异。具体计算过程见表 4-7。

表 4-7 计税基础和账面价值计算 （单位：万元）

时间	会计账面价值	税法计税基础
2021 年年末	100	100
2022 年年末	60（100-10=90，60<90）	90
2023 年年末	53.33（60-6.67）	80

（2）计算累计折旧。具体计算过程见表 4-8。

表 4-8 累计折旧调整金额计算 （单位：万元）

年度	会计折旧	税法折旧	税会差异
2021	0	0	0
2022	10（100÷10）	10（100÷10）	0
2023	6.67（60÷9）	10（90÷9）	-3.33（调减）

账面价值与计税基础产生了差异，导致会计计提的折旧与税法规定计提的折旧产生了差异，而累计折旧是影响损益的，因此会影响应纳税所得额。我们可以用会计折旧减去税法折旧，计算结果为正，则调增；计算结果为负，则调减。本例中计算的税会差异为-3.33 万元，则在计算应纳税所得额时需要调减-3.33 万元。

2. 折旧方法

固定资产折旧方法见表 4-9。

表 4-9 固定资产折旧方法

规定类型	折旧方法	
税法	一般只允许按照直线法计提。企业的固定资产由于技术进步等原因，确需加速折旧的，可以缩短折旧年限或者采取加速折旧的方法	
企业会计准则	年限平均法（直线法）	年折旧额＝(原值−净残值)÷年限
	工作量法	单位工作量折旧额＝固定资产原价×(1−预计净残值率)÷预计总工作量 某项固定资产折旧额＝该项固定资产工作量×单位工作量折旧额
	双倍余额递减法	年折旧率＝2÷预计使用寿命(年)×100% 年折旧额＝固定资产净值×年折旧率
	年数总和法	年折旧率＝尚可使用寿命÷预计使用寿命的年数总和×100% 年折旧额＝（固定资产原价−预计净残值）×年折旧率

【任务实例 4-2】甲公司于 2022 年 12 月购入了一台机器设备，入账价值为 1000 万元，并于 2023 年 1 月投入使用。该设备预计可使用年限为 10 年，无残值，采用双倍余额递减法计提折旧。税法规定该类生产机器设备的最低折旧年限为 10 年，使用直线法计提折旧。

【任务要求】计算 2023 年因该项业务需要纳税调整的金额。

【任务实施】

累计折旧调整计算见表 4-10。

表 4-10 累计折旧调整计算 （单位：万元）

年度	会计折扣	税法折扣	税会差异
2022	0	0	0
2023	年折旧率＝2÷10＝20% 年折旧额＝100×20%＝20	100÷10＝10	20−10＝10（调增）

3. 折旧年限

固定资产折旧年限见表 4-11。

表 4-11 固定资产折旧年限

固定资产类型	税法规定的折旧年限	《企业会计准则》规定的折旧年限
房屋、建筑物	20	由企业根据固定资产的性质和使用寿命合理确定
飞机、火车、轮船、机器、机械和其他生产设备、林木类生产性生物资产	10	
器具、工具、家具	5	
飞机、火车、轮船以外的运输工具	4	
电子设备、畜类生产性生物资产	3	

（二）无形资产

1. 计税基础

无形资产的计税基础、账面价值及税会差异见表4-12。

表4-12 无形资产的计税基础、账面价值及税会差异

取得方式	计税基础	账面价值	税会差异
外购	购买价款+支付的相关税费+直接归属于使该资产达到预定用途发生的其他支出	同计税基础	无
自行开发	符合资本化条件后至达到预定用途前发生的支出，未形成无形资产加计扣除75%；形成无形资产按175%摊销。其中制造业企业未形成无形资产加计扣除100%；形成无形资产按200%摊销	符合资本化条件后至达到预定用途前发生的支出	有
捐赠、投资、非货币性资产交换、债务重组	公允价值+支付的相关税费	同计税基础	无

【任务实例4-3】 甲公司是一家制造业企业。2023年未考虑研发费用加计扣除的应纳税所得额为5000万元。2023年投入了500万元研发费用支持技术研发，其中200万元未形成无形资产，计入当期损益。另外300万元形成了无形资产，于2023年9月投入使用，入账价值300万元，预计使用年限10年。

【任务要求】 计算甲公司需要纳税调整的金额。

【任务实施】

（1）未形成无形资产部分加计扣除100%。具体计算过程见表4-13。

表4-13 研发费用加计扣除计算 （单位：万元）

费用项目	会计	税法（加计扣除100%）	税会差异
研发费用	200	400（200+200×100%）	-200（调减200）

（2）形成无形资产部分按照无形资产成本的200%摊销。具体计算过程见表4-14。

表4-14 无形资产加计扣除计算 （单位：万元）

项目	会计	税法（加计扣除100%）	税会差异
无形资产摊销	10（300÷10÷24×4）	20（300÷10÷12×4×2）	-10（调减10）

2. 摊销方法

无形资产的摊销采用直线法，当月增加当月摊销，当月减少当月不摊销。企业会计准则与税法规定一致。

3. 摊销年限

无形资产摊销年限的规定见表4-15，一般不得低于10年。

表 4-15 无形资产摊销年限的规定

税法规定	企业会计准则规定
不得低于 10 年	依据《企业会计准则第 6 号——无形资产》规定：企业应于取得无形资产时分析判断其使用寿命，无形资产的使用寿命有限的，应当估计其使用寿命的年限或者构成使用寿命的产量等类似计量单位数量；无法预计无形资产为企业带来经济利益期限的，应视为使用寿命不确定的无形资产

（三）长期待摊费用

允许作为长期待摊费用，按照规定摊销扣除的支出，有关摊销的规定如下：

(1) 已足额提取折旧的固定资产的改建支出，按照固定资产预计尚可使用年限分期摊销；

(2)（经营）租入固定资产的改建支出，按照合同约定的剩余租赁期限分期摊销；

(3) 固定资产大修理支出，按照固定资产尚可使用年限分期摊销。

【注意】

修理支出达到取得固定资产时的计税基础 50%以上；修理后固定资产的使用年限延长 2 年以上。摊销年限不得低于 3 年。

（四）投资资产

对于投资资产，在计算企业所得税时处理如下：

(1) 企业对外投资期间，投资资产的成本在计算应纳税所得额时不得扣除；

(2) 企业在转让或者处置投资资产时，投资资产的成本，准予扣除。

六、弥补亏损

纳税人发生年度亏损的，可以用下一纳税年度的所得弥补；下一纳税年度的所得不足弥补的，可以逐年延续弥补，但是延续弥补期最长不得超过 5 年。5 年内不管是盈利还是亏损，都作为实际弥补期限。税法所指亏损的概念，不是企业财务会计报告中反映的亏损额，而是企业财务会计报告中的亏损额经税务机关按税法规定核实调整后的金额。自 2018 年 1 月 1 日起，当年具备高新技术企业或科技型中小企业资格（以下统称资格）的企业，其具备资格年度之前 5 个年度发生的尚未弥补完的亏损，准予结转以后年度弥补，最长结转年限由 5 年延长至 10 年。

【任务实例 4-4】甲公司为一家居民企业，不符合小型微利企业的条件，经税务机关审定的连续 7 年应纳税所得额（未弥补亏损）情况见表 4-16，假设该公司一直执行 5 年亏损弥补规定。

表 4-16 经税务机关审定的甲公司连续 7 年应纳税所得额（未弥补亏损）情况

年度	2017	2018	2019	2020	2021	2022	2023
应纳税所得额/万元	−120	20	−50	40	30	20	200

【任务要求】计算甲公司 7 年间的应纳企业所得税。

【任务实施】对于 2017 年的亏损，要用 2018 年至 2022 年的应纳税所得额弥补，尽管其间 2019 年亏损，也要占用 5 年抵亏期的一个抵扣年度，且先亏先补，2019 年的亏损需在 2017 年的亏损问题解决之后才能考虑。到 2022 年，2017 年的亏损未弥补完但已到 5 年抵亏期满，还有 10 万元亏损不得在企业所得税税前弥补。

2019 年之后的 2020 年至 2022 年之间的应纳税所得额，已被用于弥补 2017 年的亏损，2019 年的亏损只能用 2023 年的应纳税所得额弥补，在弥补 2019 年亏损后，2023 年还有应纳税所得额 150 万元（200−50）要计算缴纳企业所得税。

甲公司应纳企业所得税 = 150×25% = 37.5（万元）

【任务实例 4-5】甲公司为一家居民企业，本年发生经营业务如下：

（1）取得产品销售收入 3500 万元；

（2）发生产品销售成本 2100 万元；

（3）发生销售费用 500 万元（其中广告费 400 万元）、管理费用 380 万元（其中业务招待费 30 万元）、财务费用 70 万元；

（4）发生销售税金 130 万元（含增值税 80 万元）；

（5）取得营业外收入 60 万元，发生营业外支出 50 万元（含通过公益性社会团体向贫困山区捐款 35 万元，支付税收滞纳金 5 万元）；

（6）计入成本、费用中的实发工资总额 160 万元，拨缴职工工会经费 4 万元，发生职工福利费 25 万元，发生职工教育经费 15 万元；

【任务要求】计算甲公司本年的应纳企业所得税。

【任务实施】

（1）会计利润总额 = 3500+60−2100−500−380−70−(130−80)−50 = 410（万元）。

（2）广告费和业务宣传费扣除限额 = 3500×15% = 525（万元）>400 万元，因此可全额扣除，无须纳税调整。

（3）由于 3500×5‰ = 17.5（万元）<30×60% = 18（万元），因此业务招待费应调增应纳税所得额 = 30−17.5 = 12.5（万元）。

（4）捐赠支出扣除限额 = 410×12% = 49.2（万元）>35 万元，因此可全额扣除，无须纳税调整。

（5）税收滞纳金不得税前扣除，应调增应纳税所得额 5 万元。

（6）工会经费扣除限额 = 160×2% = 3.2（万元）<4 万元，因此工会经费应调增应纳税所得额 = 4−3.2 = 0.8（万元）。

（7）职工福利费扣除限额 = 160×14% = 22.4（万元）<25 万元，因此职工福利费应调增应纳税所得额 = 25−22.4 = 2.6（万元）。

（8）职工教育经费扣除限额 = 160×8% = 12.8（万元）<15 万元，因此职工教育经费应调增应纳税所得额 = 15−12.8 = 2.2（万元）。

（9）应纳税所得额 = 410+12.5+5+0.8+2.6+2.2 = 433.1（万元）。

（10）本年应纳企业所得税 = 433.1×25% = 108.275（万元）。

任务三 企业所得税会计核算

一、会计核算方法——资产负债表债务法

企业所得税会计核算方法有应付税款法和纳税影响会计法两种。其中，纳税影响会计法分为递延法和债务法，债务法又分为利润表债务法和资产负债表债务法。我国2011年颁布的《小企业会计准则》要求小企业采用应付税款法核算所得税。规定小企业应当在利润总额的基础上，按照《企业所得税法》的规定进行纳税调整，计算出当期应纳税所得额；按照应纳税所得额与适用所得税税率为基础计算确定当期应纳税额；按照《企业所得税法》规定计算的当期应纳税额，确认所得税费用。我国2006年颁布的《企业会计准则第18号——所得税》要求企业采用资产负债表债务法核算所得税，在计算应缴所得税和递延所得税的基础上，确认所得税费用。以下将对资产负债表债务法进行详细介绍。

资产负债表债务法是指从资产负债表上列示的资产、负债按照《企业会计准则》规定确定的账面价值与按照税法规定确定的计税基础，对于两者之间的差额分别应纳税暂时性差异与可抵扣暂时性差异，确认相关的递延所得税负债与递延所得税资产，并在此基础上确定每一期间利润表中的所得税费用。资产负债表债务法较为全面地体现了资产负债观，在所得税的会计核算方面贯彻了资产、负债的界定。从资产负债表角度考虑，资产的账面价值代表持续持有及最终处置某项资产的一定期间内，该项资产为企业带来的未来经济利益，而其计税基础代表的是在这一期间内，就该项资产按照税法规定可以税前扣除的金额。一项资产的账面价值小于其计税基础的，表明该项资产于未来期间产生的经济利益流入低于按照税法规定允许税前扣除的金额，产生可抵减未来期间应纳税所得额的因素，减少未来期间以应交所得税的方式流出企业的经济利益，从其产生时点来看，应确认为资产。反之，一项资产的账面价值大于其计税基础的，两者之间的差额将会于未来期间产生应税金额，增加未来期间的应纳税所得额及应交所得税，对企业形成经济利益流出的义务，应确认为负债。从理论上来说，相对于其他会核算方法，资产负债表债务法更科学更合理。

资产负债表债务法下企业所得税核算基本程序如图4-1所示。

二、企业所得税会计科目设置

企业在运用资产负债表债务法时，应设置“应交税费——应交所得税”“所得税费用”“递延所得税资产”“递延所得税负债”等科目。

（一）“应交税费——应交所得税”科目

该科目核算企业按税法规定计算应缴纳的企业所得税税额，属于负债类科目。贷方登记企业按税法规定计算的当期应纳所得税金额；借方登记企业实际缴纳的所得税金额；期末贷方余额反映企业欠缴的所得税金额，借方余额反映企业多缴的所得税金额。

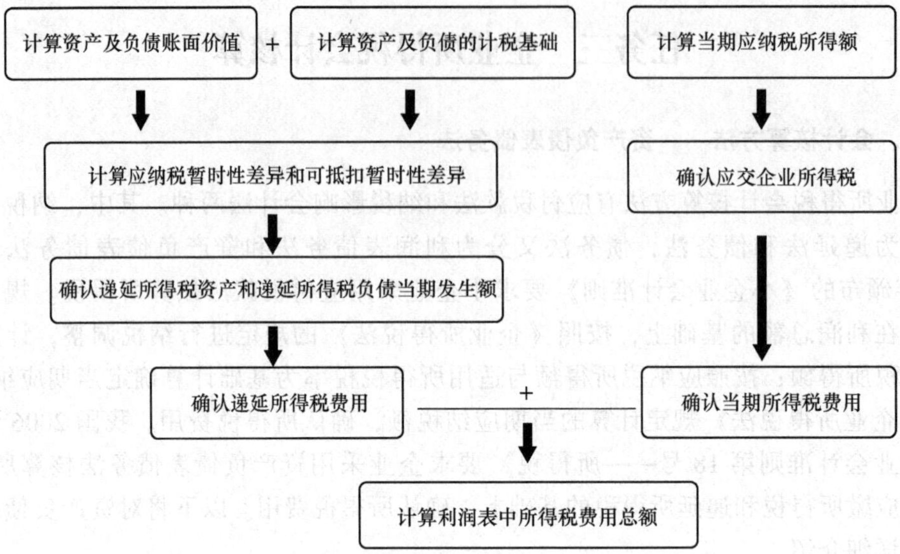

图 4-1　资产负债表债务法下企业所得税核算基本程序

（二）“所得税费用”科目

该科目核算企业确认的应当从当期利润总额中扣除的所得税费用总额，属于损益类科目。该科目应设置“当期所得税费用”和“递延所得税费用”明细科目进行明细核算。期末，应将该科目的余额转入“本年利润”科目，结转后本科目应无余额。

（三）“递延所得税资产”科目

该科目核算企业确认的可抵扣暂时性差异产生的递延所得税资产，属于资产类科目。根据税法规定可以用以后年度税前利润弥补的亏损及税款抵减产生的所得税资产也在该科目核算。该科目期末借方余额，反映企业已确认的递延所得税资产的余额。

主要账务处理如下。

（1）企业在确认相关资产、负债时，应予确认的递延所得税资产。

借：递延所得税资产

　贷：所得税费用——递延所得税费用

　　　资本公积——其他资本公积

（2）资产负债表日，递延所得税资产大于本科目余额时。

借：递延所得税资产

　贷：所得税费用——递延所得税费用

　　　资本公积——其他资本公积

（3）资产负债表日，递延所得税资产小于本科目余额时。

借：所得税费用——递延所得税费用

　　资本公积——其他资本公积

　贷：递延所得税资产

（四）“递延所得税负债”科目

该科目核算企业确认的应纳税暂时性差异产生的递延所得税负债，属于负债类科目。

该科目期末贷方余额，反映企业已确认的递延所得税负债的余额。

主要账务处理如下。

(1) 企业在确认相关资产、负债时，应予确认的递延所得税负债。

借：所得税费用——递延所得税费用

　　资本公积——其他资本公积

　贷：递延所得税负债

(2) 资产负债表日，应予确认的递延所得税负债大于本科目余额时。

借：所得税费用——递延所得税费用

　　资本公积——其他资本公积

　贷：递延所得税负债

(3) 资产负债表日，应予确认的递延所得税负债小于本科目余额时。

借：递延所得税负债

　贷：所得税费用——递延所得税费用

　　　资本公积——其他资本公积

三、计税基础和暂时性差异

(一) 资产的计税基础

资产的计税基础是指该资产在未来期间计税时按税法规定可以税前扣除的金额，即：

资产的计税基础=未来可税前扣除的金额

资产初始确认时的计税基础通常与账面价值相等，均为取得成本。资产持有期间的计税基础为资产的取得成本减去以前期间按税法规定已在税前扣除金额后的余额。以下列举常见的资产的计税基础。

1. 固定资产

以各种方式取得的固定资产初始计量时，对于按《企业会计准则》确定的入账价值，税法基本上都认可，因此其初始确认时的账面价值一般等于其计税基础，而后续计量期间，折旧方法、折旧年限、减值准备等产生税会不一致的因素，均有可能导致其账面价值与计税基础产生差异，计算公式为：

账面价值（会计）=取得成本-累计折旧（会计）-固定资产减值准备

计税基础（税法）=取得成本-累计折旧（税法）

【任务实例 4-6】 甲企业于 2020 年 12 月购入一台设备，原值为 600 万元，预计可使用年限 10 年，净残值为 0，会计及税法都采用直线法计提折旧。假设 2023 年 12 月 31 日，企业经测试该固定资产可回收金额为 400 万元。

【任务要求】 计算该固定资产在 2023 年 12 月 31 日的账面价值与计税基础。

【任务实施】

会计处理：

会计折旧=600÷10×3=180（万元）

账面净值=600-180=420（万元）

计提减值准备=420-400=20（万元）

账面价值=420-20=400（万元）

税务处理：

税务折旧=600÷10×3=180（万元）

计税基础=600-180=420（万元）

2. 无形资产

（1）初始计量。无形资产初始计量账面价值与计税基础的差异主要产生于内部研发。无形资产研发支出符合资本化条件后至达到预定用途前发生的支出，未形成无形资产的，研发费用加计扣除100%；形成无形资产则按200%摊销。

【任务实例4-7】甲公司为制造业企业，于2023年1月1日起自行研发一项新产品专利技术，当年12月研发完成。研发支出总额为1000万元，费用化支出为400万元，资本化支出为600万元。

【任务要求】计算该无形资产在2023年资产负债表日的账面价值与计税基础。

【任务实施】

根据企业会计准则规定，2023年发生的研发费用支出中，资本化形成无形资产的金额为600万元，账面价值=600万元。

根据企业所得税法规定，计税基础=600+600×100%=1200万元。

（2）后续计量。无形资产后续计量账面价值与计税基础的差异主要产生于无形资产摊销及其减值准备的计提。

【任务实例4-8】甲公司2023年10月15日以160万元购入一项无形资产，根据有关资料该项无形资产的使用寿命无法合理估计，会计上视为使用寿命不确定无形资产管理。2023年12月31日对该项无形资产进行减值测试表明未发生减值。

【任务要求】计算该无形资产在2023年资产负债表日的账面价值与计税基础。

【任务实施】

根据企业会计准则规定，该项无形资产作为寿命不确定无形资产，且年末未发生减值，账面价值=160万元。

根据企业所得税法规定，该项无形资产应按10年采用直线法摊销，计税基础=160-160÷10×3÷12=156（万元）。

3. 其他资产

其他资产，如采用公允价值模式计量的投资性房地产、其他计提了资产减值准备的各项资产如存货，由于会计准则与税法规定的不同，企业持有资产期间，其账面价值与计税基础可能存在差异。

【任务实例4-9】2023年12月31日，甲商场有一批存货，账面成本为1000万元，经测试可变现净值为800万元，计提存货跌价准备200万元。

【任务要求】计算2023年资产负债表日该存货的账面价值和计税基础。

【任务实施】

根据企业会计准则规定，账面价值=1000-200=800（万元）。

根据企业所得税法规定，计提的存货跌价准备不得税前扣除，计税基础=1000（万元）。

（二）负债的计税基础

负债的计税基础是指负债的账面价值减去未来期间计算应纳税所得额时，按税法规定可予税前扣除的金额。即：

负债的计税基础=负债的账面价值-未来可税前扣除的金额

一般情况下，负债的确认与偿还不会影响企业的损益，也不会影响其应纳税所得额，未来期间计算应纳税所得额时按税法规定可予税前扣除的金额为0，则计税基础等于账面价值，如短期借款、应付账款等。但在某些情况下，负债的确认可能会影响企业的损益，进而影响不同期间的应纳税所得额，使得账面价值与计税基础产生差异，如企业因销售商品提供售后服务而确认的预计负债、预收账款等。常见的负债的计税基础确认计量如下。

1. 预计负债

【任务实例 4-10】甲企业 2023 年 12 月 31 日“预计负债”账户资料显示，因产品质量保证确认预计负债 100 万元。

【任务要求】计算 2023 年年末该预计负债的账面价值和计税基础。

【任务实施】

预计负债的账面价值=100（万元）。

税法规定，因产品质量保证计提的费用只有在实际发生时才能在税前据实扣除，预计负债的计税基础=100-100=0。

2. 预收账款

【任务实例 4-11】甲企业 2023 年 12 月 31 日“预收账款”账户资料显示收到客户的购货合同定金 50 万元。

【任务要求】计算 2023 年年末该预收账款的账面价值和计税基础。

【任务实施】

预收账款的账面价值=50（万元）。

假设税法规定，该项预收账款应计入收到款项当期的应纳税所得额，即其在未来期间计算应纳税所得额时可税前扣除的金额为 50 万元，计税基础=50-50=0。

3. 应付职工薪酬

【任务实例 4-12】甲企业 2023 年符合规定的职工工资总额为 1000 万元、职工教育经费为 100 万元。

【任务要求】计算 2023 年年末职工教育经费的账面价值和计税基础。

【任务实施】

账面价值=100（万元）。

职工教育经费的限额为 80 万元（1000×8%），超支的 20 万元可在未来期间扣除，计税基础=100-20=80（万元）。

4. 其他负债

可能影响负债的计税基础的其他负债主要有企业应交的罚款和滞纳金等。

【任务实例 4-13】2023 年 12 月 31 日，甲企业其他应付款中有一项因违反有关环保法规而被环保部门罚款的 50 万元。

【任务要求】计算该企业 2023 年年末其他应付款的账面价值和计税基础。

【任务实施】

账面价值=50（万元）。

税法规定，企业因违反国家有关法律法规支付的罚款和滞纳金不允许税前扣除，即该负债在未来期间可税前扣除的金额为0，计税基础=50-0=50（万元）。

（三）暂时性差异

暂时性差异是指资产、负债的账面价值与其计税基础不同产生的差额，根据暂时性差异对未来期间应税金额的影响，分为应纳税暂时性差异和可抵扣暂时性差异，除了因资产、负债的账面价值与其计税基础不同产生的暂时性差异，按照税法规定可以结转以后年度的未弥补亏损和税款抵减，也视同可抵扣暂时性差异处理。

1. 应纳税暂时性差异

应纳税暂时性差异是指在确定未来收回资产或清偿负债期间的应纳税所得额时，将导致产生应税金额的暂时性差异。该差异在未来期间转回时，会增加转回期间的应纳税所得额，应纳税暂时性差异通常产生于以下两种情况：（1）资产的账面价值大于计税基础；（2）负债的账面价值小于计税基础。

2. 可抵扣暂时性差异

可抵扣暂时性差异是指在确定未来收回资产或清偿负债期间的应纳税所得额时，将导致产生可抵扣金额的暂时性差异。该差异在未来期间转回时会减少转回期间的应纳税所得额。可抵扣暂时性差异通常产生于以下两种情况：（1）资产的账面价值小于计税基础。（2）负债的账面价值大于计税基础。

四、递延所得税资产和递延所得税负债

企业在计算确定了应纳税暂时性差异与可抵扣暂时性差异以后，应当按照所得税会计准则规定的原则确认相关的递延所得税资产及递延所得税负债。

（一）递延所得税资产的确认与计量

对于资产、负债的账面价值与计税基础不同产生的可抵扣暂时性差异，在估计未来期间能够取得足够的应纳税所得额用以抵扣该可抵扣暂时性差异时，应以很可能取得用来抵扣暂时性差异的应纳税所得额为限，确认相关递延所得税资产。如果在可抵扣暂时性差异转回的未来期间，企业无法产生足够的应纳税所得额用以抵扣该可抵扣暂时性差异的影响，使得与递延所得税资产相关的经济利益无法实现，该部分递延所得税资产不应确认。递延所得税资产计量可用公式表示如下：

递延所得税资产=可抵扣暂时性差异×适用所得税税率

递延所得税资产确认和计量应注意以下问题。

（1）初始确认递延所得税资产时，应以资产负债表日计算的递延所得税资产金额为“递延所得税资产”账户的入账金额；后续确认时，应以资产负债表日计算的递延所得税资产金额减去其期初余额后的差额为“递延所得税资产”账户的入账金额。

（2）企业在确认递延所得税资产时，交易或事项的发生会影响利润总额或应纳税所得额的，相关递延所得税影响应计入所得税费用；企业合并产生的，相关递延所得税影响应计入商誉；与直接计入所有者权益的交易或事项相关的，相关递延所得税影响应计入其他综合收益。

（3）企业发生的某些交易或事项，如果不属于企业合并，并且在发生时既不影响利润总额也不影响应纳税所得额，即使该项交易产生的资产、负债的初始确认金额与其计税基

础不同，产生了可抵扣暂时性差异，也不确认相应的递延所得税资产。

【任务实例 4-14】 甲企业于 2021 年年末以 500 万元购入一项生产用固定资产。按照该项固定资产的预计使用情况，甲企业估计其使用寿命为 10 年，按照直线法计提折旧，预计净残值为 0，计提减值准备 20 万元。假定税法规定的折旧年限、折旧方法及净残值与会计规定相同。2023 年 12 月 31 日，企业估计该项固定资产的可回收金额为 380 万元。假设 2023 年利润总额为 200 万元。

【任务要求】 请进行相应账务处理。

【任务实施】

（1）该项固定资产在 2023 年 12 月 31 日的账面价值 = 500 − 500 ÷ 10×2 − 20 = 380（万元）。

（2）该项固定资产在 2023 年 12 月 31 日的计税基础 = 500−500÷10×2 = 400（万元）。

（3）该项固定资产的账面价值 380 万元与其计税基础 400 万元之间产生的 20 万元差额，属于资产的账面价值小于计税基础，形成可抵扣暂时性差异，在未来期间会减少企业的应纳税所得额和应交所得税税额，应确认递延所得税资产。

确认递延所得税资产 = 20×25% = 5（万元）

应纳税所得额 = 200+20 = 220（万元）（由税会差异 20 万元引起的纳税调增）

应交所得税税额 =（200+20）×25% = 55（万元）

所得税费用 = 200×25% = 50（万元）

（4）会计分录。

借：递延所得税资产	50000
所得税费用	500000
贷：应交税费——应交所得税	550000

（二）递延所得税负债的确认与计量

确认应纳税暂时性差异产生的递延所得税负债时，交易或事项发生时影响到会计利润或应纳税所得额的，相关所得税影响应作为利润表中所得税的组成部分；与直接计入所有者权益的交易或事项相关的，其所得税影响应增加或减少所有者权益。

除了企业会计准则明确规定可不确认递延所得税负债的情形，企业对于所有的应纳税暂时性差异均应确认相关的递延所得税负债。递延所得税负债的计算公式如下：

递延所得税负债 = 应纳税暂时性差异×适用所得税税率

在递延所得税负债的确认和计量时应注意以下问题。

（1）初始确认递延所得税负债时，应以资产负债表日计算的递延所得税负债金额为“递延所得税负债”科目的入账金额；后续确认时，应以资产负债表日计算的递延所得税负债金额减去期初余额后的差额为“递延所得税负债”科目的入账金额。

（2）企业在确认递延所得税负债时，交易或事项的发生会影响利润总额或应纳税所得额的，相关的递延所得税影响应计入所得税费用；与直接计入所有者权益的交易或事项相关的，相关递延所得税影响应计入其他综合收益。

【任务实例 4-15】 2022 年 12 月 31 日，甲公司购入一台价值为 80000 元的不需要安装的设备。该设备预计使用年限为 4 年，财务会计采用直线法计提折旧，无残值，税务会计采用年数总和法计提折旧。假定税法规定的使用年限及净残值与会计规定相同，甲公司

2023 年的利润总额均为 100000 元，无其他纳税调整项目，企业所得税税率为 25%。

【任务要求】请进行 2023 年相应的会计处理。

【任务实施】

(1) 会计计提折旧为 20000 元（80000÷4），设备的账面价值为 60000 元（80000−20000）。

(2) 税法计提折旧为 32000 元［80000×4÷(1+2+3+4)］，设备的计税基础为 48000 元（80000−32000）。

(3) 设备的账面价值与计税基础之间的差额为 12000 元（60000−48000）。确认的账面价值比资产的计税基础高，应确认递延所得税负债 3000 元（12000×25%）。

(4) 2023 年纳税调整金额为−12000 元（20000−32000），需要调减应纳税所得额 12000 元。计算如下：1）应纳税所得额＝100000−12000＝88000（元）；2）应交企业所得税＝88000×25%＝22000（元）；3）所得税费用＝100000×25%＝25000（元）。

会计处理为：

借：所得税费用	25000
贷：应交税费——应交所得税	22000
递延所得税负债	3000

五、所得税费用的确认和计量

所得税会计的主要目的之一是确定当期应缴纳的企业所得税以及利润表中的所得税费用。在按照资产负债表债务法核算企业所得税的情况下，利润表中的所得税费用包括当期所得税费用和递延所得税费用两个部分。

（一）当期所得税

当期所得税是当期所得税费用的简称，是指企业按照税法规定计算确定的针对当期发生的交易和事项，应缴纳给税务机关的企业所得税。

企业在确定当期所得税时，对于当期发生的交易或事项，会计处理与税法处理不同的，应在会计利润的基础上，按照适用税收法规的规定进行调整，计算出当期应纳税所得额，按照应纳税所得额与适用企业所得税税率计算确定当期所得税。一般情况下，应纳税所得额可在会计利润的基础上，考虑会计与税收法规之间的差异，按照以下公式计算确定：

$$\text{应纳税所得额} = \text{利润总额} \pm \text{纳税调整项目金额}$$

$$\text{当期应交所得税} = \text{应纳税所得额} \times \text{适用税率} - \text{减免税额} - \text{抵免税额}$$

$$\text{当期所得税} = \text{当期应交所得税}$$

（二）递延所得税

递延所得税是递延所得税费用的简称，是指按照所得税准则规定当期应予确认的递延所得税资产和递延所得税负债的金额，即递延所得税资产及递延所得税负债当期发生金额或予以转销的金额的综合结果，但不包括计入所有者权益的交易或事项的所得税影响。用公式表示为：

$$\begin{matrix}\text{递延}\\\text{所得税}\end{matrix} = \left(\begin{matrix}\text{期末递延}\\\text{所得税负债}\end{matrix} - \begin{matrix}\text{期初递延}\\\text{所得税负债}\end{matrix}\right) - \left(\begin{matrix}\text{期末递延}\\\text{所得税资产}\end{matrix} - \begin{matrix}\text{期初递延}\\\text{所得税资产}\end{matrix}\right)$$

（三）所得税费用

计算确定了当期所得税费用及递延所得税费用以后，利润表中应予确认的所得税费用为两者之和，即：

所得税费用＝当期所得税＋递延所得税

【任务实例 4-16】 甲公司 2023 年度利润总额为 750 万元，递延所得税资产和递延所得税负债均无期初余额。甲公司当年与所得税核算有关的会计事项如下：

（1）2 月 2 日，以 200 万元购入某上市公司股票，作为交易性金融资产管理，年末该股票的公允价值为 400 万元，确认公允价值变动收益 200 万元；

（2）年末存货账面余额为 2200 万元，经测试存货的可变现净值为 2000 万元，计提存货跌价准备 200 万元；

（3）因商品售后服务确认预计负债 100 万元；

（4）确认国债利息收入 30 万元；

（5）支付税收滞纳金、罚款 20 万元。

甲公司适用的所得税税率为 25%。

【任务要求】 采用资产负债表债务法对甲公司所得税进行账务处理。

【任务实施】

（1）计算确定当期应交所得税。

应纳税所得额＝750－200＋200＋100－30＋20＝840（万元）

应交所得税＝840×25%＝210（万元）

（2）计算资产负债表相关项目账面价值与计税基础，并确定暂时性差异，见表 4-17（单位：万元）。

表 4-17　甲公司 2023 年暂时性差异

项目	账面价值	计税基础	暂时性差异	
			应纳税暂时性差异	可抵扣暂时性差异
交易性金融资产	400	200	200	
存货	2000	2200		200
预计负债	100	0		100
合计	—	—	200	300

（3）计算当期递延所得税资产、递延所得税负债和递延所得税费用。

递延所得税资产＝300×25%＝75（万元）

递延所得税负债＝200×25%＝50（万元）

递延所得税费用＝50－75＝－25（万元）（负号表示收益）

（4）确认所得税费用。

所得税费用＝210－25＝185（万元）

（5）编制会计分录。

借：所得税费用　　1850000

递延所得税资产 750000

贷：应交税费——应交所得税 2100000

递延所得税负债 500000

任务四 企业所得税征收管理

一、企业所得税的纳税期限

企业所得税实行按年计征、分月或者分季预缴、年终汇算清缴、多退少补的征纳方法。纳税年度自公历1月1日起至12月31日止。

按月或按季预缴的，应当自月份或者季度终了之日起15日内，向税务机关报送预缴企业所得税纳税申报表，预缴税款。

年终汇算清缴的，企业应当自年度终了之日起5个月内，向税务机关报送年度企业所得税纳税申报表，并汇算清缴，结清应缴税款或应退税款。企业在年度中间终止经营活动的，应当自实际经营终止之日起60日内，向税务机关办理当期企业所得税汇算清缴。

二、企业所得税的纳税地点

除税收法律、行政法规另有规定外，居民企业以企业登记注册地为纳税地点，但登记注册地在境外的，以实际管理机构所在地为纳税地点。居民企业在中国境内设立不具有法人资格的营业机构的，应当汇总计算缴纳企业所得税。

非居民企业在中国境内设立机构、场所取得的来源于中国境内的所得，以及发生在中国境外但与其所设机构、场所有实际联系的所得，应以机构、场所所在地为纳税地点。非居民企业在中国境内设立两个或两个以上机构、场所的，经税务机关审核批准，可以选择由其主要机构、场所汇总缴纳企业所得税。

非居民企业在中国境内未设立机构、场所的，或虽设立机构、场所但取得的所得与其所设机构、场所没有实际联系的，其来源于中国境内的所得缴纳企业所得税，应以扣缴义务人所在地为纳税地点。

除国务院另有规定外，企业之间不得合并缴纳企业所得税。

任务五 企业所得税纳税申报

一、企业所得税的预缴纳税申报实务

实行查账征收企业所得税的居民纳税人在月（季）度预缴企业所得税时，应填报“中华人民共和国企业所得税月（季）度预缴纳税申报表（A类）”以及附表；实行核定征收管理办法缴纳企业所得税的纳税人在月（季）度申报缴纳企业所得税时应填报“中华人民共和国企业所得税月（季）度和年度纳税申报表（B类）”。

二、企业所得税的年度汇算清缴纳税申报实务

实行查账征收企业所得税的居民纳税人在年度企业所得税汇算清缴时，应填报“企业

所得税年度纳税申报表附表”及“中华人民共和国企业所得税年度纳税申报表（A类）”。

【纳税申报实务4】

×××有限公司为居民企业，其纳税人识别号为×××××7220040567×××，企业从业人数为160人，资产总额为6000万元，所属行业为工业企业（制造业企业）。2022年度境内经营业务如下。

（1）取得销售收入2000万元。

（2）发生销售成本700万元。

（3）发生销售费用600万元（其中含广告费和业务宣传费合计420万元），管理费用500万元（其中含业务招待费16万元；2022年7月发生的用于×产品新技术的研究开发费用共计40万元且未形成无形资产），财务费用42万元（均为利息支出）。

（4）发生各种税金180万元（含增值税120万元）。

（5）发生固定资产处置净损益（收益）80万元（会计上记入“资产处置损益”科目，而非“营业外收入”科目），发生无形资产处置净损益（损失）2.4万元（会计上记入“资产处置损益”科目，而非“营业外支出”科目）。

（6）营业外支出37.6万元（含通过公益性社会团体向C市D希望小学捐款1.6万元，支付税收滞纳金36万元）。

（7）2022年7月取得直接投资于其他居民企业连续12个月以上的权益性投资收益30万元（已在被投资方所在地按15%的税率缴纳了企业所得税）。

（8）计入成本、费用中的实发工资总额120万元，职工工会经费2万元，职工福利费20万元，职工教育经费10.6万元。

（9）×××有限公司在A、B两国设有分支机构。在A国机构的税后所得为32.2万元，A国企业所得税税率为30%；在B国机构的税后所得为30万元，B国企业所得税税率为20%。在A、B两国已分别缴纳所得税13.8万元、75万元、假设A、B两国应税所得额的计算与我国税法相同。×××有限公司选择“分国（地区）不分项”的方法来计算其来源于境外的应纳税所得额。

×××有限公司2022年度无以前年度亏损（2017—2021年均无亏损），2022年度前三季度已经预缴企业所得税28.1625万元，2022年第四季度营业收入为2000万元，营业成本为700万元，利润总额为230.2万元，第四季度预缴企业所得税21.8875万元。根据规定，“自2022年1月1日起，企业2022年10月份预缴申报第3季度（按季预缴）或9月份（按月预缴）企业所得税时，可以自主选择就当年前三季度研发费用享受加计扣除优惠政策。对10月份预缴申报期未选择享受研发费用加计扣除优惠政策的，可以在办理当年度企业所得税汇算清缴时统一享受”。×××有限公司选择2023年办理2022年度企业所得税汇算清缴时统一享受研发费用加计扣除优惠政策。另外，该公司为员工缴纳各类基本社会保障性缴款50万元。未缴纳补充养老和医疗保险，为员工缴纳住房公积金30万元，未超过当地政府规定的标准。

➢ **要求**

（1）计算×××有限公司2022年度企业所得税汇算清缴时应补（退）缴的企业所得税。

(2) 对×××有限公司2022年度的递延所得税费用进行账务处理。

(3) 对×××有限公司2022年第四季度的预缴企业所得税进行账务处理。

(4) 对×××有限公司2023年5月15日的企业所得税汇算清缴进行账务处理。

(5) ×××有限公司2023年1月12日对2022年第四季度的预缴企业所得税进行纳税申报，填写2022年第四季度的“中华人民共和国企业所得税月（季）度预缴纳税申报表（A类）”及其附表。

(6) ×××有限公司2023年5月15日进行企业所得税年度纳税申报（企业所得税汇算清缴）、填写2022年度的“中华人民共和国企业所得税年度纳税申报表（A类）”及其附表。

➢ **实施**

(1) 计算×××有限公司应补（退）缴的企业所得税。

1) 逐笔分析经济业务，并计算出会计利润总额。

会计利润总额＝2000－700－600－500－42－(180－120)＋80－2.4＋30＋32.2＋30－37.6＝230.2（万元）

2) 计算境外税后所得额。

境外税后所得额＝32.2＋30＝62.2（万元）

3) 计算本期纳税调整额。

①广告费和业务宣传费的扣除限额＝2000×15%＝300（万元），由于420万元>300万元，因此，广告费和业务宣传费应调增所得额＝420－300＝120（万元）。

②业务招待费的扣除限额＝2000×5%＝10（万元），业务招待费发生额的60%＝16×60%＝9.6（万元），由于10万元>9.6万元，因此，业务招待费应调增所得额＝16－9.6＝6.4（万元）。

③公益性捐赠支出的扣除限额＝230.2×12%＝27.624（万元），由于1.6万元<27.624万元，因此，公益性捐赠支出无须进行纳税调整。

④支付的税收滞纳金应调增所得额36万元。

⑤工会经费的扣除限额＝120×2%＝2.4（万元），由于2万元<2.4万元，因此，工会经费支出无须进行纳税调整。

⑥职工福利费的扣除限额＝120×14%＝16.8（万元），由于20万元>16.8万元，因此，职工福利费应调增所得额＝20－16.8＝3.2（万元）。

⑦职工教育经费的扣除限额＝120×8%＝9.6（万元），由于10.6万元>9.6万元，因此，职工教育经费应调增所得额＝10.6－9.6＝1（万元）。

纳税调整增加额＝120＋6.4＋36＋3.2＋1＝166.6（万元）

纳税调整减少额合计＝0

4) 计算免税、减计收入及加计扣除。

技术研究开发费用调减所得额＝40×100%＝40（万元）

权益性投资收益调减所得额＝30（万元）

免税、减计收入及加计扣除＝30＋40＝70（万元）

5) 计算本期应纳税所得额。

应纳税所得额 = 利润总额 - 境外所得 + 纳税调整增加额 - 纳税调整减少额 - 免税、减计收入及加计扣除 + 境外应税所得抵减境内亏损 - 所得减免 - 弥补以前年度亏损 - 抵扣应纳税所得额

= 230.2 - 62.2 + 166.6 - 0 - 70 + 0 - 0 - 0 - 0 = 264.6(万元)

6）计算本期实际应纳所得税额。

境内所得应纳所得税额=264.6×25%=66.15（万元）

境外所得换算为含税收入的所得。

A国：32.2÷(1-30%)=46（万元）

B国：30÷(1-20%)=37.5（万元）

境外所得应纳所得税额=(46+37.5)×25%=20.875（万元）

A国的抵扣限额=46×25%=11.5（万元）

B国的抵扣限额=37.5×25%=9.375（万元）

在A国实际缴纳企业所得税13.8万元，高于抵扣限额11.5万元，只能抵扣11.5万元，超过限额的2.3万元当年不得抵扣。

在B国实际缴纳企业所得税7.5万元，低于抵扣限额9.375万元，可全额抵扣。

境外所得抵免所得税额=11.5+7.5=19（万元）

境外所得应补缴的企业所得税额=20.875-19=1.875（万元）

实际应纳所得税税额 = 境内所得应纳企业所得税额 - 减免企业所得税额 - 抵免企业所得税额 + 境外所得应纳企业所得税额 - 境外所得抵免企业所得税额

= 66.15 - 0 - 0 + 20.875 - 19 = 66.15 + 1.875

= 68.025(万元)

7）计算×××有限公司2022年度应补缴或退回的企业所得税。

×××有限公司2022年度应补缴企业所得税 = 实际应纳企业所得税额 - 本年累计实际已缴纳的企业所得税额

= 68.025 - 50.05 = 17.975(万元)

（2）对×××有限公司2022年度的递延所得税费用进行账务处理。

1）企业发生的符合条件的广告费和业务宣传费支出，除国务院财政、税务主管部门另有规定外，不超过当年销售（营业）收入15%的部分，准予扣除；超过部分，准予结转以后纳税年度扣除。

广告费和业务宣传费的扣除限额=2000×15%=300（万元），由于420万元>300万元，因此，广告费和业务宣传费应调增所得额=420-300=120（万元），但准予结转以后纳税年度扣除。

产生可抵扣暂时性差异120万元，符合条件时，应确认递延所得税资产=120×25%=30（万元）。

借：递延所得税资产　　300000

　贷：所得税费用——递延所得税费用　　300000

2）除国务院财政、税务主管部门或者省级人民政府规定外，企业发生的职工教育经费支出，不超过工资薪金总额8%的部分准予扣除，超过部分准予结转以后纳税年度扣除。

职工教育经费的扣除限额=120×8%=9.6（万元），由于10.6万元>9.6万元，因此，职工教育经费应调增所得额=10.6-9.6=1（万元），但准予结转以后纳税年度扣除。

产生可抵扣暂时性差异1万元，符合条件时，应确认递延所得税资产=1×25%=0.25（万元）。

借：递延所得税资产 2500

　贷：所得税费用——递延所得税费用 2500

3）企业取得的下列所得已在境外缴纳的所得税税额，可以从其当期应纳税额中抵免，抵免限额为该项所得依照《企业所得税法》规定计算的应纳税额；超过抵免限额的部分，可以在以后5个年度内，用每年度抵免限额抵免当年应抵税额后的余额进行抵补：居民企业来源于中国境外的应税所得；非居民企业在中国境内设立机构、场所，取得发生在中国境外但与该机构、场所有实际联系的应税所得。

在A国实际缴纳所得税13.8万元，高于抵扣限额11.5万元，只能抵扣11.5万元，超过限额的2.3万元当年不得抵扣，可以在以后5个年度内，用每年度抵免限额抵免当年应抵税额后的余额进行抵补。符合条件时，应确认递延所得税资产2.3万元。

借：递延所得税资产 23000

　贷：所得税费用——递延所得税费用 23000

（3）对×××有限公司2022年第四季度的预缴企业所得税进行账务处理。

1）2022年12月31日计提2022年第四季度应预缴的企业所得税时。

借：所得税费用——当期所得税费用 218875

　贷：应交税费——应交所得税 218875

2）2023年1月12日缴纳2022年第四季度应预缴的企业所得税时。

借：应交税费——应交所得税 218875

　贷：银行存款 218875

（4）对×××有限公司2023年5月15日的企业所得税汇算清缴进行账务处理。

1）计提应补缴的企业所得税时。

借：以前年度损益调整——所得税费用 179750

　贷：应交税费——应交所得税 179750

2）补缴企业所得税时。

借：应交税费——应交所得税 179750

　贷：银行存款 179750

3）将“以前年度损益调整”科目余额转入利润分配时。

借：利润分配——未分配利润 179750

　贷：以前年度损益调整——所得税费用 179750

4）因净利润变动调整盈余公积时。

借：盈余公积（179750×10%） 17975

　贷：利润分配——未分配利润 17975

（5）×××有限公司2023年1月12日对2022年第四季度的预缴企业所得税进行纳税申报，填写2022年第四季度的“中华人民共和国企业所得税月（季）度预缴纳税申报表（A类）”及其附表。

填写“中华人民共和国企业所得税月（季）度预缴纳税申报表（A类）”（见表4-18），以及相关附表（略）。

(6) ×××有限公司2023年5月15日进行企业所得税年度纳税申报（企业所得税汇算清缴），填写2022年度的“中华人民共和国企业所得税年度纳税申报表（A类）”及其附表。

申报期内，填写“纳税调整项目明细表”（见表4-19）、“职工薪酬支出及纳税调整明细表”（见表4-20）、“广告费和业务宣传费等跨年度纳税调整明细表”（见表4-21）、“捐赠支出及纳税调整明细表”（见表4-22）、“免税、减计收入及加计扣除优惠明细表”（见表4-23）等附表，并自动生成主表“中华人民共和国企业所得税年度纳税申报表（A类）”（见表4-24）。

表4-18 中华人民共和国企业所得税月（季）度预缴纳税申报表（A类）

税款所属期间：2022年10月1日至2022年12月31日

纳税人识别号（统一社会信用代码）：×××××7220040567×××

纳税人名称：×××有限公司　　　　金额单位：人民币元（列至角分）

<table>
<tr><td colspan="10">优惠及附报事项有关信息</td></tr>
<tr><td rowspan="2">项目</td><td colspan="2">一季度</td><td colspan="2">二季度</td><td colspan="2">三季度</td><td colspan="2">四季度</td><td rowspan="2">季度平均值</td></tr>
<tr><td>季初</td><td>季末</td><td>季初</td><td>季末</td><td>季初</td><td>季末</td><td>季初</td><td>季末</td></tr>
<tr><td>从业人数</td><td>略</td><td>略</td><td>略</td><td>略</td><td>略</td><td>略</td><td>略</td><td>略</td><td>略</td></tr>
<tr><td>资产总额（万元）</td><td>略</td><td>略</td><td>略</td><td>略</td><td>略</td><td>略</td><td>略</td><td>略</td><td>略</td></tr>
<tr><td>国家限制或禁止行业</td><td colspan="4">□是 ☑否</td><td colspan="4">小型微利企业</td><td>□是 ☑否</td></tr>
<tr><td></td><td colspan="8">附报事项名称</td><td>金额或选项</td></tr>
<tr><td>事项1</td><td colspan="8">（填写特定事项名称）</td><td>略</td></tr>
<tr><td>事项2</td><td colspan="8">（填写特定事项名称）</td><td>略</td></tr>
</table>

	预缴税款计算	本年累计
1	营业收入	20000000.00
2	营业成本	7000000.00
3	利润总额	2302000.00
4	加：特定业务计算的应纳税所得额	
5	减：不征税收入	
6	减：资产加速折旧、摊销（扣除）调减额（填写A201020）	
7	减：免税收入、减计收入、加计扣除（7.1+7.2+…）	300000.00
7.1	符合条件的居民企业之间的股息、红利等权益性投资收益免征企业所得税	300000.00
8	减：所得减免（8.1+8.2+…）	
8.1	（填写优惠事项名称）	
8.2	（填写优惠事项名称）	
9	减：弥补以前年度亏损	
10	实际利润额（3+4-5-6-7-8）\按照上一纳税年度应纳税所得额平均额确定的应纳税所得额	2002000.00
11	税率（25%）	25%

续表 4-18

<table>
<tr><td></td><td colspan="2">预缴税款计算</td><td>本年累计</td></tr>
<tr><td>12</td><td colspan="2">应纳所得税额（10×11）</td><td>500500.00</td></tr>
<tr><td>13</td><td colspan="2">减：减免所得税额（13.1+13.2+…）</td><td></td></tr>
<tr><td>13.1</td><td colspan="2">（填写优惠事项名称）</td><td></td></tr>
<tr><td>13.2</td><td colspan="2">（填写优惠事项名称）</td><td></td></tr>
<tr><td>14</td><td colspan="2">减：本年实际已缴纳所得税额</td><td>281625.00</td></tr>
<tr><td>15</td><td colspan="2">减：特定业务预缴（征）所得税额</td><td></td></tr>
<tr><td>16</td><td colspan="2">本期应补（退）所得税额（12-13-14-15）\税务机关确定的本期应纳所得税额</td><td>218875.00</td></tr>
<tr><td colspan="4">汇总纳税企业总分机构税款计算</td></tr>
<tr><td>17</td><td rowspan="4">总机构</td><td>总机构本期分摊应补（退）所得税额（18+19+20）</td><td></td></tr>
<tr><td>18</td><td>其中：总机构分摊应补（退）所得税额（16×总机构分摊比例___%）</td><td></td></tr>
<tr><td>19</td><td>财政集中分配应补（退）所得税额（16×财政集中分配比例___%）</td><td></td></tr>
<tr><td>20</td><td>总机构具有主体生产经营职能的部分分摊所得税额（16×全部分支机构分摊比例___%×总机构具有主体生产经营职能部门分摊比例___%）</td><td></td></tr>
<tr><td>21</td><td rowspan="2">分支机构</td><td>分支机构本期分摊比例</td><td></td></tr>
<tr><td>22</td><td>分支机构本期分摊应补（退）所得税额</td><td></td></tr>
<tr><td colspan="4">实际缴纳企业所得税计算</td></tr>
<tr><td>23</td><td colspan="2">减：民族自治地区企业所得税地方分享部分：
□免征　□减征：减征幅度___%　｜　本年累计应减免金额
[（12-13-15）×40%×减征幅度]</td><td></td></tr>
<tr><td>24</td><td colspan="2">实际应补（退）所得税额</td><td></td></tr>
</table>

谨声明：本纳税申报表是根据国家税收法律法规及相关规定填报的，是真实的、可靠的、完整的。

纳税人（签章）：×××有限公司　　2023 年 01 月 12 日

经办人：略 经办人身份证：略 代表机构签章： 代理机构统一社会信用代码：	受理人： 受理税务机关（章）： 受理日期：　　年　月　日

表 4-19　纳税调整项目明细表

单位：元（列至角分）

行次	项　　目	账载金额	税收金额	调增金额	调试金额
		1	2	3	4
1	一、收入类调整项目（2+3+…+8+10+11）	*	*		
2	（一）视同销售收入（填写 A105010）	*			*
3	（二）未按权责发生制原则确认的收入（填写 A105020）				

续表 4-19

行次	项 目	账载金额	税收金额	调增金额	调试金额
		1	2	3	4
4	(三) 投资收益 (填写 A105030)				
5	(四) 按权益法核算长期股权投资对初始投资成本调整确认收益	*	*	*	
6	(五) 交易性金融资产初始投资调整	*	*		*
7	(六) 公允价值变动净损益		*		
8	(七) 不征税收入	*	*		
9	其中：专项用途财政性资金 (填写 A105040)	*	*		
10	(八) 销售折扣、折让和退回				
11	(九) 其他				
12	二、扣除类调整项目 (13+14+…+24+26+27+28+29+30)	*	*	1666000.00	
13	(一) 视同销售成本 (填写 A105010)	*		*	
14	(二) 职工薪酬 (填写 A105050)	2326000.00	2284000.00	42000.00	
15	(三) 业务招待费支出	160000.00	96000.00	64000.00	*
16	(四) 广告费和业务宣传费支出 (填写 A105060)	*	*	1200000.00	
17	(五) 捐赠支出 (填写 A105070)	16000.00	16000.00		
18	(六) 利息支出	420000.00	420000.00		
19	(七) 罚金、罚款和被没收财物的损失		*		*
20	(八) 税收滞纳金、加收利息	360000.00	*	360000.00	*
21	(九) 赞助支出		*		*
22	(十) 与未实现融资收益相关在当期确认的财务费用				
23	(十一) 佣金和手续费支出				*
24	(十二) 不征税收入用于支出所形成的费用	*	*		*
25	其中：专项用途财政性资金用于支出所形成的费用 (填写 A105040)	*	*		*
26	(十三) 跨期扣除项目				
27	(十四) 与取得收入无关的支出		*		*
28	(十五) 境外所得分摊的共同支出	*	*		*
29	(十六) 党组织工作经费				
30	(十七) 其他				
31	三、资产类调整项目 (32+33+34+35)	*	*		
32	(一) 资产折旧、摊销 (填写 A105080)				
33	(二) 资产减值准备金		*		
34	(三) 资产损失 (填写 A105090)				
35	(四) 其他				

续表 4-19

行次	项　目	账载金额	税收金额	调增金额	调试金额
		1	2	3	4
36	四、特殊事项调整项目（37+38+…+43）	*			
37	（一）企业重组及递延纳税事项（填写 A105100）				
38	（二）政策性搬迁（填写 A105110）	*	*		
39	（三）特殊行业准备金（填写 A105120）（39.1+39.2+39.4+39.5+39.6+39.7）	*	*		
39.1	1. 保险公司保险保障基金				
39.2	2. 保险公司准备金				
39.3	其中：已发生未报案未决赔款准备金				
39.4	3. 证券行业准备金				
39.5	4. 期货行业准备金				
39.6	5. 中小企业融资（信用）担保机构准备金				
39.7	6. 金融企业、小额贷款公司准备金（填写 A105120）	*			
40	（四）房地产开发企业特定业务计算的纳税调整额（填写 A105010）	*			
41	（五）合伙企业法人合伙人应分得的应纳税所得额				
42	（六）发行永续债利息支出				
43	（七）其他	*	*		
44	五、特别纳税调整应税所得	*			
45	六、其他	*			
46	合计（1+12+31+36+44+45）	*	*	1666000.00	

表 4-20　职工薪酬支出及纳税调整明细表

单位：元（列至角分）

行次	项　目	账载金额	实际发生额	税收规定扣除率	以前年度累计结转扣除额	税收金额	纳税调整金额	累计结转以后年度扣除额
		1	2	3	4	5	6(1-5)	7(1+4-5)
1	一、工资薪金支出	1200000.00	1200000.00	*	*	1200000.00		*
2	其中：股权激励			*	*			*
3	二、职工福利费支出	200000.00	200000.00	0.14	*	168000.00	32000.00	*
4	三、职工教育经费支出	106000.00	106000.00	*		96000.00	10000.00	10000.00
5	其中：按税收规定比例扣除的职工教育经费	106000.00	106000.00	0.08		96000.00	10000.00	10000.00
6	按税收规定金额扣除的职工培训费用			1.00	*			*

续表 4-20

行次	项 目	账载金额	实际发生额	税收规定扣除率	以前年度累计结转扣除额	税收金额	纳税调整金额	累计结转以后年度扣除额
		1	2	3	4	5	6(1-5)	7(1+4-5)
7	四、工会经费支出	20000.00	20000.00	0.02	*	20000.00		*
8	五、各类基本社会保障性缴款	500000.00	500000.00	*	*	500000.00		*
9	六、住房公积金	300000.00	300000.00	*	*	300000.00		*
10	七、补充养老保险				*			*
11	八、补充医疗保险				*			*
12	九、其他			*	*			*
13	合计（1+3+4+7+8+9+10+11+12）	2326000.00	2326000.00	*		2284000.00	42000.00	10000.00

表 4-21 广告费和业务宣传费等跨年度纳税调整明细表

单位：元（列至角分）

行次	项 目	广告费和业务宣传费	保险企业手续费及佣金支出
		1	2
1	一、本年支出	4200000.00	
2	减：不允许扣除的支出		
3	二、本年符合条件的支出（1-2）	4200000.00	
4	三、本年计算扣除限额的基数	20000000.00	
5	乘：税收规定扣除率	0.15	
6	四、本企业计算的扣除限额（4×5）	3000000.00	
7	五、本年结转以后年度扣除额（3>6，本行=3-6；3≤6，本行=0）	1200000.00	
8	加：以前年度累计结转扣除额		
9	减：本年扣除的以前年度结转额［3>6，本行=0；3≤6，本行=8与（6-3）孰小值］		
10	六、按照分摊协议归集至其他关联方的金额（10≤3与6款小值）		*
11	按照分摊协议从其他关联方归集至本企业的金额		*
12	七、本年支出纳税调整金额（3>6，本行=2+3-6+10-11；3≤6，本行=2+10-11-9）	1200000.00	
13	八、累计结转以后年度扣除额（7+8-9）	1200000.00	

表 4-22 捐赠支出及纳税调整明细表

单位：元（列至角分）

行次	项 目	账载金额	以前年度结转可扣除的捐赠额	按税收规定计算的扣除限额	税收金额	纳税调增金额	纳税调减金额	可结转以后年度扣除的捐赠额
		1	2	3	4	5	6	7
1	一、非公益性捐赠		*	*	*		*	*
2	二、限额扣除的公益性捐赠（3+4+5+6）	16000.00		276240.00	16000.00			
3	前三年度（2019 年）	*		*	*	*		*
4	前二年度（2020 年）	*		*	*	*		*
5	前一年度（2021 年）	*		*	*	*		
6	本年（2022 年）	16000.00	*	276240.00	16000.00		*	
7	三、全额扣除的公益性捐赠		*	*		*	*	*
8	1.		*	*		*	*	*
9	2.		*	*		*	*	*
10	3.		*	*		*	*	*
11	合计（1+2+7）	16000.00	*	276240.00	16000.00			
附列资料	2015 年度至本年发生的公益性扶贫捐赠合计金额	16000.00	*	*	16000.00	*	*	*

表 4-23 免税、减计收入及加计扣除优惠明细表

单位：元（列至角分）

行次	项 目	金额
1	一、免税收入（2+3+9+…+16）	300000.00
2	（一）国债利息收入免征企业所得税	
3	（二）符合条件的居民企业之间的股息、红利等权益性投资收益免征企业所得税（4+5+6+7+8）	300000.00
4	1. 一般股息红利等权益性投资收益免征企业所得税（填写 A107011）	300000.00
5	2. 内地居民企业通过沪港通投资且连续持有 H 股满 12 个月取得的股息红利所得免征企业所得税（填写 A107011）	
6	3. 内地居民企业通过深港通投资且连续持有 H 股满 12 个月取得的股息红利所得免征企业所得税（填写 A107011）	
7	4. 居民企业持有创新企业 CDR 取得的股息红利所得免征企业所得税（填写 A107011）	
8	5. 符合条件的永续债利息收入免征企业所得税（填写 A107011）	
9	（三）符合条件的非营利组织的收入免征企业所得税	

续表 4-23

行次	项　目	金额
10	（四）中国清洁发展机制基金取得的收入免征企业所得税	
11	（五）投资者从证券投资基金分配中取得的收入免征企业所得税	
12	（六）取得的地方政府债券利息收入免征企业所得税	
13	（七）中国保险保障基金有限责任公司取得的保险保障基金等收入免征企业所得税	
14	（八）中国奥委会取得北京冬奥组委支付的收入免征企业所得税	
15	（九）中国残奥委会取得北京冬奥组委分期支付的收入免征企业所得税	
16	（十）其他（16.1+16.2）	
16.1	1. 取得的基础研究资金收入免征企业所得税	
16.2	2. 其他	
17	二、减计收入（18+19+23+24）	
18	（一）综合利用资源生产产品取得的收入在计算应纳税所得额时减计收入	
19	（二）金融、保险等机构取得的涉农利息、保费减计收入（20+21+22）	
20	1. 金融机构取得的涉农贷款利息收入在计算应纳税所得额时减计收入	
21	2. 保险机构取得的涉农保费收入在计算应纳税所得额时减计收入	
22	3. 小额贷款公司取得的农户小额贷款利息收入在计算应纳税所得额时减计收入	
23	（三）取得铁路债券利息收入减半征收企业所得税	
24	（四）其他（24.1+24.2）	
24.1	1. 取得的社区家庭服务收入在计算应纳税所得额时减计收入	
24.2	2. 其他	
25	三、加计扣除（26+27+28+29+30）	400000.00
26	（一）开发新技术、新产品、新工艺发生的研究开发费用加计扣除（填写A107012）	400000.00
27	（二）科技型中小企业开发新技术、新产品、新工艺发生的研究开发费用加计扣除（填写A107012）	
28	（三）企业为获得创新性、创意性、突破性的产品进行创意设计活动而发生的相关费用加计扣除（加计扣除比例及计算方法：　）	
28.1	其中：第四季度相关费用加计扣除	
28.2	前三季度相关费用加计扣除	
29	（四）安置残疾人员所支付的工资加计扣除	
30	（五）其他（30.1+30.2+30.3）	

续表 4-23

行次	项　目	金额
30.1	1. 企业投入基础研究支出加计扣除	
30.2	2. 高新技术企业设备器具加计扣除	
30.3	3. 其他	
31	合计（1+17+25）	700000.00

表 4-24 中华人民共和国企业所得税年度纳税申报表（A 类）

税款所属时间：2022 年 01 月 01 日至 2022 年 12 月 31 日

纳税人名称：×××有限公司（公章）

纳税人识别号：×××××7220040567×××　　　　金额单位：元（列至角分）

行次	类别	项　目	金额
1	利润总额计算	一、营业收入（填写 A101010\101020\103000）	20000000.00
2		减：营业成本（填写 A102010\102020\103000）	7000000.00
3		减：税金及附加	600000.00
4		减：销售费用（填写 A104000）	6000000.00
5		减：管理费用（填写 A104000）	5000000.00
6		减：财务费用（填写 A104000）	420000.00
7		减：资产减值损失	
8		加：公允价值变动收益	
9		加：投资收益	922000.00
10		二、营业利润（1-2-3-4-5-6-7+8+9）	2678000.00
11		加：营业外收入（填写 A101010\101020\103000）	
12		减：营业外支出（填写 A102010\102020\103000）	376000.00
13		三、利润总额（10+11-12）	2302000.00
14	应纳税所得额计算	减：境外所得（填写 A108010）	622000.00
15		加：纳税调整增加额（填写 A105000）	1666000.00
16		减：纳税调整减少额（填写 A105000）	
17		减：免税、减计收入及加计扣除（填写 107010）	700000.00
18		加：境外应税所得抵减境内亏损（填写 A108000）	
19		四、纳税调整后所得（13-14+15-16-17+18）	2646000.00
20		减：所得减免（填写 A107020）	
21		减：弥补以前年度亏损（填写 A106000）	
22		减：抵扣应纳税所得额（填写 A107030）	
23		五、应纳税所得额（19-20-21-22）	2646000.00

续表 4-24

行次	类别	项　目	金额
24	应纳税额计算	税率（25%）	0.25
25		六、应纳所得税额（23×24）	661500.00
26		减：减免所得税额（填写 A107040）	
27		减：抵免所得税额（填写 A107050）	
28		七、应纳税额（25-26-27）	661500.00
29		加：境外所得应纳所得税额（填写 A108000）	208750.00
30		减：境外所得抵免所得税额（填写 A108000）	190000.00
31		八、实际应纳所得税额（28+29-30）	680250.00
32		减：本年累计实际已缴纳的所得税额	500500.00
33		九、本年应补（退）所得税额（31-32）	179750.00
34		其中：总机构分摊本年应补（退）所得税额（填写 A109000）	
35		财政集中分配本年应补（退）所得税额（填写 A109000）	
36		总机构主体生产经营部门分摊本年应补（退）所得税额（填写 A10900）	
37	实际应纳税额计算	减：民族自治地区企业所得税地方分享部分：（□免征　□减征：减征幅度　%）	
38		十、本年实际应补（退）所得税额（33-37）	179750.00

思政小课堂

纳税人应当充分运用国家出台的企业所得税税收政策，促进产业行业发展，合法合规纳税。

（1）我国出台了国家需要重点扶持的高新技术企业减按15%的税率征收企业所得税的优惠政策，有利于扶持高新技术企业加大科研力度，发展智能产业、拓展智能生活，体现了“强化企业科技创新主体地位，发挥科技型骨干企业引领支撑作用”的精神。

（2）我国出台了小型微利企业的企业所得税税收优惠政策，有利于支持小型微利企业发展，扩大就业，改善民生，增强市场活力，促进国家经济的繁荣发展，体现了“充分发挥市场在资源配置中的决定性作用，更好发挥政府作用，支持中小微企业发展”的精神

【课后练习】

4-1　单选题

（1）按照企业所得税法的规定，下列企业不缴纳企业所得税的是（　　）。

A. 国有企业　　B. 私营企业　　C. 个人独资企业　　D. 外商投资企业

（2）根据企业所得税法的规定，下列各项中属于非居民企业的是（　　）。

A. 依法在外国成立但实际管理机构在中国境内的企业

B. 在中国境内成立的外商独资企业

C. 在中国境内未设立机构、场所，但有来源于中国境内所得的企业

D. 依法在中国境外成立，在中国境内未设立机构、场所，也没有来源于中国境内所得的企业

(3) 根据企业所得税法律制度规定，以下适用15%企业所得税税率的是（　　）。

A. 在中国境内未设立机构、场所的非居民企业

B. 在中国境内设立机构、场所但其所得与所设机构、场所没有实际联系的非居民企业

C. 在中国境内设立机构、场所且其所得与所设机构、场所有实际联系的非居民企业

D. 国家重点扶持的高新技术企业

(4) 根据企业所得税法律制度规定，企业的下列收入中，属于免税收入范围的是（　　）。

A. 财政拨款　B. 租金收入　C. 产品销售收入　D. 国债利息收入

(5) 根据企业所得税法律制度规定，下列各项中，应计入应纳税所得额的是（　　）。

A. 事业单位从事营利性活动取得的收入

B. 企业转让国债取得的收入

C. 纳入预算管理的事业单位取得的财政拨款

D. 企业取得的国债利息收入

(6) 根据企业所得税法律制度规定，下列支出中，在计算企业所得税应纳税所得额时，允许按照税法规定标准扣除的是（　　）。

A. 税收滞纳金　B. 企业拨款的工会经费

C. 非广告性质的赞助支出　D. 企业所得税税款

(7) 根据企业所得税法律制度规定，下列各项中，准予在企业所得税前扣除的是（　　）。

A. 支付违法经营的罚款　B. 被没收的财物损失

C. 支付的税收滞纳金　D. 支付银行加收的罚息

(8) 某农场外购奶牛支付价款20万元，依据企业所得税相关规定，税前扣除方法为（　　）。

A. 一次性在税前扣除

B. 按奶牛寿命在税前分期扣除

C. 按直线法以不低3年折旧年限计算折旧税前扣除

D. 按直线法以不低于10年折旧年限计算折旧税前扣除

(9) 某企业因某项事件预先确认了50万元的预计负债，计入当期损益，但是税法规定，需在该项费用实际发生后才准予税前扣除。则该项负债的计税基础为（　　）万元。

A. 100　B. 0　C. 50　D. 25

(10) 甲公司2023年12月因违反当地有关环保法规的规定，接到环保部门的处罚通知，要求其支付罚款100万元，至2023年12月31日该项罚款尚未支付，甲公司适用所得税税率为25%。2023年年末该公司上述业务产生的应纳税暂时性差异为（　　）万元。

A. 0　B. 100　C. -100　D. 25

(11) 关于企业所得税纳税年度规定的下列说法中，错误的是（　　）。

A. 企业所得税一般以公历1月1日起至12月31日止为一个纳税年度计算纳税

B. 企业在一个纳税年度中间开业，或终止经营活动，实际经营期不足12个月的，以实际经营期为一个纳税年度

C. 企业依法清算时，以清算期为一个纳税年度

D. 企业所得税一般以农历1月1日起至12月31日止为一个纳税年度计算纳税

(12) 关于企业所得税纳税地点的下列说法中，不正确的是（　　）。

A. 凡居民企业均应以企业登记注册地为纳税地点

B. 居民企业登记注册地在境外的，以实际管理机构所在地为纳税地点

C. 非居民企业在中国境内设立两个或两个以上机构、场所的，经批准可以选择由其主要机构、场所汇总缴纳企业所得税

D. 非居民企业在中国境内未设立机构、场所的，其来源于中国境内的所得缴纳企业所得税，以扣缴义务人所在地为纳税地点

4-2 多选题

（1）下列关于居民企业和非居民企业的说法，符合企业所得税法规定的有（　　）。

A. 居民企业应当就其来源于中国境内、境外所得缴纳企业所得税

B. 非居民企业在中国境内设立机构、场所的，其机构、场所取得的来源于中国境内、境外所得都要缴纳企业所得税

C. 非居民企业在中国境内设立机构、场所的，只就其机构、场所取得的来源于中国境内所得缴纳企业所得税

D. 非居民企业在中国境内未设立机构、场所的，只就其中国境内所得缴纳企业所得税

（2）根据企业所得税法律制度规定，以下关于企业所得来源地确定的表述正确的有（　　）。

A. 销售货物所得，为交易活动发生地

B. 提供劳务所得，为劳务发生地

C. 不动产转让所得，为不动产所在地

D. 利息、租金、特许权使用费所得，为负担支付所得的企业、机构或个人住所地

（3）根据企业所得税法律制度规定，纳税人缴纳的下列税种中，可以在企业所得税税前扣除的有（　　）。

A. 增值税　　B. 土地增值税

C. 城镇土地使用税　　D. 城市维护建设税

（4）企业发生的下列支出中，可在发生当期直接在企业所得税税前扣除的是（　　）。

A. 租入固定资产的改建支出

B. 已足额提取折旧的固定资产的改建支出

C. 固定资产的日常修理支出

D. 固定资产按税法规定计提的折旧费

（5）下列关于在 2018 年 1 月 1 日至 2020 年 12 月 31 日期间，可一次性扣除的固定资产的说法正确的有（　　）。

A. 单位价值不超过 500 万元的新购进的设备、器具

B. “购进”包括以货币形式购进和自行建造

C. 自建的固定资产以竣工结算前发生的支出确定单位价值

D. 企业可以根据自身生产经营核算需要，自行选择是否享受一次性扣除，未选择享受该政策的，以后年度不得再变更

（6）按现行会计准则规定，“递延所得税资产”账户借方登记的内容有（　　）。

A. 资产负债表日递延所得税资产应有余额小于“递延所得税资产”账户余额的差额

B. 资产负债表日递延所得税资产应有余额大于“递延所得税资产”账户余额的差额

C. 企业合并中取得资产负债的入账价值与其计税基础不同而形成可抵扣暂时性差异，于购买日应确认的递延所得税资产

D. 与直接计入所有者权益的交易或事项相关的递延所得税资产

（7）采用资产负债表债务法核算所得税的情况下，影响当期所得税费用的因素除了本期应交所得税外，还有（　　）。

A. 本期发生的暂时性差异所产生的递延所得税负债

B. 本期转回的暂时性差异所产生的递延所得税资产

C. 本期发生的暂时性差异所产生的递延所得税资产

D. 本期转回的暂时性差异所产生的递延所得税负债

（8）企业在企业所得税汇算清缴时，对取得的“符合条件的居民企业之间的股息、红利等权益性投资收益”，属于免税收入，应填制如下报表（　　）。

A. A107011“符合条件的居民企业之间的股息、红利等权益性投资收益优惠明细表

B. A107010“免税、减计收入及加计扣除优惠明细表

C. A105000“纳税调整项目明细表”

D. A100000“中华人民共和国企业所得税年度纳税申报表（A类）”

（9）下列关于视同销售的说法正确的有（　　）。

A. 视同销售收入是指会计处理不确认销售收入而税法规定应计税的收入

B. 视同销售业务主要包括企业发生的非货币性资产交换，以及将资产用于市场推广或销售、交际应酬、职工奖励或福利、股息分配、对外捐赠及其他改变资产所有权属的用途

C. 企业外购资产或服务不以销售为目的，用于替代职工福利费用支出，且购置后在一个纳税年度内处置的，可以按照购入价格确认视同销售收入

D. 视同销售业务在企业所得税纳税申报时，应填制附表A105010和A105000

4-3　判断题

（1）在美国设立的甲公司，实际管理机构设在北京，甲公司应就来源于中国境内、境外的全部所得在中国缴纳企业所得税。（　　）

（2）甲公司2023年开发一项新工艺，发生的研究开发费用为80万元，尚未形成无形资产，计入当期损益。在甲公司计算当年企业所得税应纳税所得额时，该项研究开发费用可以扣除的数额为140万元。（　　）

（3）企业参加财产保险，按照有关规定缴纳的保险费准予扣除。（　　）

（4）企业不征税收入用于支出所形成的费用或财产，不得扣除或计算对应的折旧、摊销扣除。（　　）

（5）生物药品制造小微企业2018年1月1日后新购进的研发和生产经营共用的单位价值80万元的仪器，在计算企业所得税应纳税所得额时，可以一次性计入成本费用扣除。（　　）

（6）外购的生产性生物资产，以购买价款和支付的相关税费为企业所得税的计税基础。（　　）

（7）企业合并中产生的商誉，其账面价值和计税基础不同形成的应纳税暂时性差异，企业会计准则中规定不确认相关递延所得税负债。（　　）

（8）企业应当自月份或者季度终了之日起10日内，向税务机关报送预缴企业所得税纳税申报表，预缴税款。（　　）

（9）除税收法律、行政法规另有规定外，居民企业以企业登记注册地为纳税地点，但登记注册地在境外的，以实际管理机构所在地为纳税地点。（　　）

【实践教学任务】

企业所得税的会计核算与纳税申报

甲股份有限公司为居民企业，2023年境内经营业务账户资料如下：

（1）取得销售收入2500万元；

（2）销售成本1100万元；

（3）发生销售费用670万元（其中广告费450万元），管理费用480万元（其中业务招待费15万元、新技术的研究开发费用为40万元），财务费用60万元；

（4）销售税金160万元（含增值税120万元）；

（5）营业外收入70万元，营业外支出50万元（含通过公益性社会团体向贫困山区捐款36.24万元，支付税收滞纳金6万元）；

（6）连续12个月以上的权益性投资收益34万元（已在投资方所在地按15%的税率缴纳了所得税）；

（7）计入成本、费用中的实发工资总额150万元，拨缴职工工会经费3万元，支出职工福利费23万元，职工教育经费6万元。

该公司2023年已预缴了企业所得税50万元。

甲股份有限公司在A、B两国设有分支机构，在A国机构的税后所得为28万元，A国所得税税率为30%；在B国机构的税后所得为24万元，B国所得税税率为20%。在A、B两国已分别缴纳所得税12万元、6万元。假设在A、B两国应税所得额的计算与我国税法相同。

要求：计算该公司2023年应补缴的企业所得税税额，并编制企业所得税纳税申报表。

项目五 个人所得税的会计实务

·知识目标

（1）掌握个人所得税的征税范围、纳税人及税率等法律规定。

（2）掌握个人所得税各税目应纳税额的计算方法。

（3）熟悉个人所得税的税收优惠政策。

（4）熟悉个人所得税的会计核算涉及的会计科目。

·能力目标

（1）能根据相关业务资料计算个人所得税。

（2）能设置个人所得税的会计科目，能根据相关业务资料对个人所得税进行会计核算。

（3）能根据相关业务资料填写个人所得税纳税申报表，并能进行个人所得税的纳税申报。

·素质目标

（1）理解个税制度设计的公平原则，认同税制改革的意义。

（2）理解个税制度对收入分配的影响，培养依法纳税意识。

项目导入

2021年6月，中共中央、国务院印发《关于优化生育政策促进人口长期均衡发展的决定》，提出“研究推动将3岁以下婴幼儿照护费用纳入个税专项附加扣除”。2022年的政府工作报告再次提及，完善三孩生育政策配套措施，将3岁以下婴幼儿照护费用纳入个人所得税专项附加扣除，减轻家庭养育负担。此政策从2022年1月1日起实施，按“每个婴幼儿每月1000元”的标准进行扣除。

此前，我国个人所得税有六项专项附加扣除，分别是子女教育、赡养老人、住房租金、住房贷款利息、大病医疗、继续教育。调研显示，“子女教育”和“老人赡养”这两项获益人数最多。而将照护3岁以下婴幼儿费用列为第七项专项附加扣除，既是一次“扩容升级”，也是降低育儿成本的务实之举。由此，从3岁以下婴幼儿照护，到年满3岁孩子接受学前和学历教育的相关支出，专项附加扣除都有所涉及，一定程度上将降低家庭的养育成本。与此同时，专项附加扣除体系也更加完善。

［思考］近几年国家在个人所得税方面颁布了哪些改革措施，新政策体现了什么方面的导向，给纳税人带来了哪些的影响？

（资料来源：人民网，照护3岁以下婴幼儿可减个税　专家：有助于促进人口长期均衡发展）

任务一　个人所得税概述

一、个人所得税的概念

个人所得税是以个人取得的各项应税所得为征税对象所征收的一种税。

二、个人所得税的纳税人

个人所得税的纳税人包括中国公民、外籍个人，以及中国香港、中国澳门、中国台湾同胞等，又包括自然人性质的特殊主体，如个体工商户、个人独资企业的投资人、合伙企业的合伙人。

个人所得税的纳税人根据住所和居住时间两个标准可分为居民纳税人和非居民纳税人。

（一）居民纳税人

居民纳税人是指在中国境内有住所，或者无住所而一个纳税年度内在中国境内居住累计满 183 天的个人。居民纳税人具有无限纳税的义务，其所取得的应纳税所得，不论来源于中国境内还是来源于中国境外，都要在中国缴纳个人所得税。

（二）非居民纳税人

非居民纳税人是指在中国境内无住所又不居住，或者无住所而一个纳税年度内在中国境内居住累计不满 183 天的个人。非居民纳税人承担有限纳税义务，仅就其来源于中国境内的所得，向中国缴纳个人所得税。

提　示

判断纳税人类别的居住天数按下列规定计算：凡在中国境内停留的当天满 24 小时的计入中国境内居住天数，在中国境内停留的当天不足 24 小时的不计入中国境内居住天数。

三、个人所得税的征税范围

个人所得税的征税范围包括个人取得的各项应税所得，《中华人民共和国个人所得税法》（简称《个人所得税法》）列举了如下 9 项个人应税所得。

（1）工资、薪金所得。工资、薪金所得指个人因任职或者受雇而取得的工资、薪金、奖金、年终加薪、劳动分红、津贴、补贴及与任职或受雇有关的其他所得。

（2）劳务报酬所得。劳务报酬所得是指个人从事劳务取得的所得，包括从事设计、装潢、安装、制图、化验、测试、医疗、法律、会计、咨询、讲学、翻译、审稿、书画、雕刻、影视、录音、录像、演出、表演、广告、展览、技术服务、介绍服务、经纪服务、代办服务以及其他劳务取得的所得。

上述各项所得一般属于个人独立从事自由职业取得的所得或属于独立个人劳动所得。

【注意】

（1）个人兼职取得的收入，应按照“劳务报酬所得”（而非“工资、薪金所得”）项目缴纳个人所得税。

（2）劳务报酬所得与工资、薪金所得的区别：劳务报酬所得是个人独立从事某种技艺或独立提供某种劳务取得的所得，不存在雇佣与被雇佣的关系；而工资、薪金所得则是个人从事非独立劳动，从所在单位领取的报酬。区分劳务报酬所得和工资、薪金所得的关键，主要看是否存在雇佣与被雇佣的关系。

（3）稿酬所得。稿酬所得，是指个人因其作品以图书、报刊等形式出版、发表而取得的所得。

【注意】

（1）财产继承人取得的稿酬，按“稿酬所得”税目征收个人所得税。

（2）任职、受雇于报纸、杂志等单位的记者、编辑等专业人员，在本单位的报纸、杂志上发表作品取得的所得，按“工资、薪金所得”项目征税。出版社的专业作者撰写、编写或翻译的作品，由本社以图书形式出版而取得的稿费收入，应按“稿酬所得”项目征税。

（4）特许权使用费所得。特许权使用费所得，是指个人提供专利权、商标权、著作权、非专利技术以及其他特许权的使用权取得的所得。提供著作权的使用权取得的所得，不包括稿酬所得。

（5）经营所得。经营所得，是指：

1）个体工商户从事生产、经营活动取得的所得，个人独资企业投资人、合伙企业的个人合伙人来源于境内注册的个人独资企业、合伙企业生产、经营的所得；

2）个人依法从事办学、医疗、咨询以及其他有偿服务活动取得的所得；

3）个人对企业、事业单位承包经营、承租经营以及转包、转租取得的所得；

4）个人从事其他生产、经营活动取得的所得。

（6）财产租赁所得。财产租赁所得，是指个人出租不动产、机器设备、车船以及其他财产取得的所得。

（7）财产转让所得。财产转让所得，是指个人转让有价证券、股权、合伙企业中的财产份额、不动产、机器设备、车船以及其他财产取得的所得。

（8）利息、股息、红利所得。利息、股息、红利所得，是指个人拥有债权、股权等而取得的利息、股息、红利所得。

【注意】

个人取得国债利息、国家发行的金融债券利息、教育储蓄存款利息均免征个人所得税。

（9）偶然所得。偶然所得，是指个人得奖、中奖、中彩及其他偶然性质的所得。

提　示

以上第（1）至第（4）项所得构成了居民个人的综合所得；第（5）至第（9）项所得也被称为分类所得。

四、个人所得税的税率

我国现行个人所得税实行综合与分类相结合的征收模式，不同应税项目的征收方式不同，适用税率也不同。

（一）居民个人取得的工资薪金、劳务报酬、稿酬和特许权使用费所得适用税率

1. 综合所得适用税率

居民个人取得工资、薪金所得，劳务报酬所得，稿酬所得和特许权使用费所得，年度终了应按综合所得汇算清缴个人所得税，其汇算清缴时适用综合所得税率，即 3%～45% 的七级超额累进税率，见表 5-1。

表 5-1　综合所得适用税率表

级数	全年应纳税所得额	税率/%	速算扣除数/元
1	不超过 36000 元的部分	3	0
2	超过 36000 元至 144000 元的部分	10	2520
3	超过 144000 元至 300000 元的部分	20	16920
4	超过 300000 元至 420000 元的部分	25	31920
5	超过 420000 元至 660000 元的部分	30	52920
6	超过 660000 元至 960000 元的部分	35	85920
7	超过 960000 元的部分	45	181920

注：全年应纳税所得额是指依照个人所得税法规定，居民个人取得综合所得以每一纳税年度收入额减除费用 6 万元以及专项扣除、专项附加扣除和依法确定的其他扣除后的余额。

2. 预扣预缴适用预扣率

居民个人取得工资、薪金所得，劳务报酬所得，稿酬所得和特许权使用费所得时，支付人为扣缴义务人，应按预扣率预扣预缴个人所得税。扣缴义务人向居民个人支付工资、薪金所得适用预扣率见表 5-2，支付劳务报酬所得适用预扣率见表 5-3，支付稿酬和特许权使用费适用预扣率为 20%。

表 5-2　居民个人工资、薪金所得预扣率表

级数	累计预扣预缴应纳税所得额	预扣率/%	速算扣除数/元
1	不超过 36000 元的部分	3	0
2	超过 36000 元至 144000 元的部分	10	2520
3	超过 144000 元至 300000 元的部分	20	16920
4	超过 300000 元至 420000 元的部分	25	31920
5	超过 420000 元至 660000 元的部分	30	52920
6	超过 660000 元至 960000 元的部分	35	85920
7	超过 960000 元的部分	45	181920

表 5-3 居民个人劳务报酬所得预扣率表

级数	预扣预缴应纳税所得额	预扣率/%	速算扣除数/元
1	不超过 20000 元的	20	0
2	超过 20000 元至 50000 元的部分	30	2000
3	超过 50000 元的部分	40	7000

(二) 非居民个人工资、薪金，劳务报酬，稿酬所得和特许权使用费所得适用税率

非居民个人工资、薪金所得，劳务报酬所得，稿酬所得和特许权使用费所得，适用按月换算后的综合所得税税率（见表 5-4）计算应纳税额，由扣缴义务人按月或者按次代扣代缴个人所得税。

表 5-4 非居民个人工资、薪金所得，劳务报酬所得，稿酬所得，特许权使用费所得税率表

级数	(月或次) 应纳税所得额	税率/%	速算扣除数/元
1	不超过 3000 元的部分	3	0
2	超过 3000 元至 12000 元的部分	10	210
3	超过 12000 元至 25000 元的部分	20	1410
4	超过 25000 元至 35000 元的部分	25	2660
5	超过 35000 元至 55000 元的部分	30	4410
6	超过 55000 元至 80000 元的部分	35	7160
7	超过 80000 元的部分	45	15160

(三) 经营所得适用税率

经营所得适用 5%~35%的五级超额累进税率，见表 5-5。

表 5-5 经营所得适用税率表

级数	全年应纳税所得额	税率/%	速算扣除数/元
1	不超过 30000 元的部分	5	0
2	超过 30000 元至 90000 元的部分	10	1500
3	超过 90000 元至 300000 元的部分	20	10500
4	超过 300000 元至 500000 元的部分	30	40500
5	超过 500000 元的部分	35	65500

注：全年应纳税所得额是指依照个人所得税法规定，以每一纳税年度的收入总额减除成本、费用以及损失后的余额。

（四）其他所得适用税

利息、股息、红利所得，财产租赁所得，财产转让所得和偶然所得适用20%的比例税率，由扣缴义务人代扣代缴个人所得税。对个人按市场价格出租住房取得的所得，减按10%的税率征收个人所得税。

任务二　个人所得税应纳税额计算

一、居民个人综合所得应纳税额的计算

（一）居民个人综合所得应纳税额的汇算清缴方法

自2019年1月1日起，居民个人的综合所得（工资、薪金所得，劳务报酬所得，稿酬所得，特许权使用费所得），以每一纳税年度的收入额减除费用60000元以及专项扣除、专项附加扣除和依法确定的其他扣除后的余额，为应纳税所得额。各项所得的计算，以人民币为单位。所得为人民币以外的货币的，按照人民币汇率中间价折合成人民币缴纳税款。

居民个人的综合所得适用七级超额累进税率，其应纳税额的计算公式为：

$$\text{应纳税额}=\text{年应纳税所得额}\times\text{适用税率}-\text{速算扣除数}$$

$$=\left(\begin{matrix}\text{每一纳税年度}\\\text{的收入额}\end{matrix}-60000-\begin{matrix}\text{专项扣除、专项附加扣除和}\\\text{依法确定的其他扣除}\end{matrix}\right)\times\begin{matrix}\text{适用}\\\text{税率}\end{matrix}-\begin{matrix}\text{速算}\\\text{扣除数}\end{matrix}$$

$$=\left[\begin{matrix}\text{工资、薪金}\\\text{收入额}\end{matrix}+\begin{matrix}\text{劳务报酬}\\\text{收入}\end{matrix}\times(1-20\%)+\begin{matrix}\text{稿酬}\\\text{收入}\end{matrix}\times(1-20\%)\times 70\%+\begin{matrix}\text{特许权使用}\\\text{费收入}\end{matrix}\times(1-20\%)-60000-\begin{matrix}\text{专项扣除、专项附加扣除和}\\\text{依法确定的其他扣除}\end{matrix}\right]\times\begin{matrix}\text{适用}\\\text{税率}\end{matrix}-\begin{matrix}\text{速算}\\\text{扣除数}\end{matrix}$$

提　示

劳务报酬所得、稿酬所得、特许权使用费所得以收入减除20%的费用后的余额为收入额。稿酬所得的收入额减按70%计算。

专项扣除，包括居民个人按照国家规定的范围和标准缴纳的基本养老保险、基本医疗保险、失业保险等社会保险费和住房公积金等；专项附加扣除，包括子女教育、继续教育、大病医疗、住房贷款利息或者住房租金、赡养老人、3岁以下婴幼儿照护等支出，具体范围、标准和实施步骤由国务院确定，并报全国人民代表大会常务委员会备案。其他扣除，包括个人缴付符合国家规定的企业年金、职业年金，个人购买符合国家规定的商业健康保险、税收递延型商业养老保险的支出，以及国务院规定可以扣除的其他项目。

专项扣除、专项附加扣除和依法确定的其他扣除，以居民个人一个纳税年度的应纳税所得额为限额；一个纳税年度扣除不完的，不得结转以后年度扣除。

【任务实例 5-1】上海某公司职员黄某是居民纳税人，2023 年每月取得工资收入 30000 元，在某大学授课取得劳务报酬收入 40000 元，出版著作一部并取得稿酬 60000 元，转让专利权并取得特许权使用费收入 20000 元。已知：黄某个人全年缴纳“三险一金”54000 元，全年专项附加扣除共 66000 元。

【任务要求】假设无其他扣除项目，计算黄某 2023 年应缴纳的个人所得税税额。

【任务实施】

应纳税所得额 = 30000×12+40000×(1−20%)+60000×(1−20%)×70%+20000×(1−20%)−60000−54000−66000 = 261600（元）

应纳税额 = 261600×20%−16920 = 35400（元）

（二）居民个人综合所得应纳税额的预扣预缴方法

1. 工资、薪金所得预扣预缴

扣缴义务人向居民个人支付工资、薪金所得时，应当按照累计预扣法计算预扣税款，并按月办理全员全额扣缴申报。

具体计算公式如下：

$$\text{本期应预扣预缴税额}=\left(\text{累计预扣预缴应纳税所得额}\times\text{预扣率}-\text{速算扣除数}\right)-\text{累计减免税额}-\text{累计已预扣预缴税额}$$

$$\text{累计预扣预缴税额}=\text{累计收入}-\text{累计免税收入}-\text{累计减除费用}-\text{累计专项扣除}-\text{累计专项附加扣除}-\text{累计依法确定的其他扣除}$$

其中：累计减除费用，按照 5000 元/月乘以纳税人当年截至本月在本单位的任职受雇月份数计算。

【任务实例 5-2】我国居民个人张某为独生子女，就职于我国的甲公司。本年每月税前工资、薪金收入为 30000 元，每月减除费用 5000 元。张某个人每月负担基本养老保险 2400 元、基本医疗保险 600 元、失业保险 150 元、住房公积金 2400 元，“三险一金”合计 5550 元。假设赡养老人每月专项附加扣除金额为 2000 元。张某没有其他专项附加扣除和依法确定的其他扣除。张某在上一完整纳税年度内全年工资、薪金收入超过 6 万元。居民个人工资、薪金所得预扣预缴个人所得税的预扣率表见表 5-2。

【任务要求】计算张某本年每月工资、薪金所得应由甲公司预扣预缴的个人所得税。

【任务实施】

张某 1 月工资、薪金所得应由甲公司预扣预缴的个人所得税 = (30000−5000−5550−2000)×3% = 17450×3% = 523.5（元）

张某 2 月工资、薪金所得应由甲公司预扣预缴的个人所得税 = (30000×2−5000×2−5550×2−2000×2)×3%−523.5 = 34900×3%−523.5 = 1047−523.5 = 523.5（元）

张某 3 月工资、薪金所得应由甲公司预扣预缴的个人所得税 = (30000×3−5000×3−5550×3−2000×3)×10%−2520−523.5−523.5 = 52350×10%−2520−523.5−523.5 = 1668（元）

以此类推，张某全年工资、薪金所得应由甲公司预扣预缴的个人所得税 = 523.5+523.5+1668+1745+1745+1745+1745+1745+3050+3490+3490+3490 = 24960（元）

2. 劳务报酬所得、稿酬所得、特许权使用费所得预扣预缴

扣缴义务人向居民个人支付劳务报酬所得、稿酬所得、特许权使用费所得，按次或者按月预扣预缴个人所得税。

具体预扣预缴方法如下。

劳务报酬所得、稿酬所得、特许权使用费所得以收入减除费用后的余额为收入额。其中，稿酬所得的收入额减按70%计算。

劳务报酬所得、稿酬所得、特许权使用费所得每次收入不超过4000元的，减除费用按800元计算；每次收入4000元以上的，减除费用按20%计算。

提 示

劳务报酬所得、稿酬所得、特许权使用费所得，属于一次性收入的，以取得该项收入为一次；属于同一项目连续性收入的，以一个月内取得的收入为一次。

劳务报酬所得、稿酬所得、特许权使用费所得，以每次收入额为预扣预缴应纳税所得额。劳务报酬所得适用20%~40%的超额累进预扣率（见表5-3），稿酬所得、特许权使用费所得适用20%的比例预扣率。

劳务报酬所得应预扣预缴税额＝预扣预缴应纳税所得额×预扣率－速算扣除数

稿酬所得、特许权使用费所得应预扣预缴税额＝预扣预缴应纳税所得额×20%

【任务实例5-3】 2023年9月，我国居民赵某为A公司做翻译，取得劳务报酬40000元；10月出版一篇文章，取得B报社发放的稿酬3500元，11月转让一项专利权给C公司，取得转让收入160000元。

【任务要求】 计算A公司、B报社、C公司分别应代扣代缴的个人所得税税额。

【任务实施】

A公司应代扣代缴的个人所得税税额＝40000（1－20%）×30%－2000＝7600（元）

B报社应代扣代缴的个人所得税税额＝(3500－800)×70%×20%＝378（元）

C公司应代扣代缴的个人所得税税额＝160000×(1－20%)×20%＝25600（元）

二、非居民个人工资、薪金，劳务报酬，稿酬及特许权使用费所得应纳税额的计算

自2019年1月1日起，扣缴义务人向非居民个人支付工资、薪金所得，劳务报酬所得，稿酬所得和特许权使用费所得时，应当按以下方法按月或者按次代扣代缴个人所得税：

非居民个人的工资、薪金所得，以每月收入额减除费用5000元后的余额为应纳税所得额；劳务报酬所得、稿酬所得、特许权使用费所得，以每次收入额为应纳税所得额，适用按月换算后的非居民个人月度税率表（见表5-4）计算应纳税额。其中，劳务报酬所得、稿酬所得、特许权使用费所得以收入减除20%的费用后的余额为收入额。稿酬所得的收入额减按70%计算。

非居民个人工资、薪金所得，劳务报酬所得，稿酬所得，特许权使用费所得应纳税额＝应纳税所得额×税率－速算扣除数

具体如下。

(1) 非居民个人的工资、薪金所得适用七级超额累进税率，其应纳税额的计算公式为：

应纳税额=月应纳税所得额×适用税率－速算扣除数

=（每月工资、薪金收入额－5000）×适用税率－速算扣除数

（2）非居民个人的劳务报酬所得适用七级超额累进税率，其应纳税额的计算公式为：

应纳税额=应纳税所得额×适用税率－速算扣除数

=每次收入额×适用税率－速算扣除数

=劳务报酬收入×（1－20%）×适用税率－速算扣除数

（3）非居民个人的稿酬所得适用七级超额累进税率，其应纳税额的计算公式为：

应纳税额=应纳税所得额×适用税率－速算扣除数

=每次收入额×适用税率－速算扣除数

=稿酬收入×（1－20%）×70%×适用税率－速算扣除数

（4）非居民个人的特许权使用费所得适用七级超额累进税率，其应纳税额的计算公式为：

应纳税额=应纳税所得额×适用税率－速算扣除数

=每次收入额×适用税率－速算扣除数

=特许权使用费收入×（1－20%）×适用税率－速算扣除数

提 示

非居民个人取得工资、薪金所得，劳务报酬所得，稿酬所得，特许权使用费所得，有扣缴义务人的，由扣缴义务人按月或者按次代扣代缴税款，不办理汇算清缴。

【任务实例5-4】 2023年3月，非居民个人汤姆为李某提供1个月的外语培训，分四次取得劳务报酬，每次1200元，共计4800元。

【任务要求】 请计算非居民个人汤姆当月获得劳务报酬应缴纳个人所得税税额。

【任务实施】

非居民个人取得的劳务报酬所得，按次计算缴纳个人所得税；属于同一事项连续取得收入的，以一个月内取得的收入为一次，分次支付应当合并计税；劳务报酬所得以收入减除20%的费用后的余额为应纳税所得额。因此：

汤姆应缴纳个人所得税税额=4800×（1−20%）×10%−210=174（元）

三、经营所得应纳税额的计算

自2019年1月1日起，经营所得，以每一纳税年度的收入总额减除成本、费用以及损失后的余额，为应纳税所得额。

经营所得个人所得税的计算公式为：

应纳税额=应纳税所得额×适用税率－速算扣除数

=（全年收入总额－成本、费用、损失）×适用税率－速算扣除数

取得经营所得的个人，没有综合所得的，计算其每一纳税年度的应纳税所得额时，应当减除费用6万元、专项扣除、专项附加扣除以及依法确定的其他扣除。专项附加扣除在办理汇算清缴时减除。

提 示

（1）自2021年1月1日起至2022年12月31日，对个体工商户经营所得年应纳税所得

额不超过100万元的部分，在现行优惠政策基础上，再减半征收个人所得税。个体工商户不区分征收方式，均可享受。自2023年1月1日至2024年12月31日，上述政策继续执行。

（2）纳税人取得经营所得，按年计算个人所得税，由纳税人在月度或者季度终了后15日内向税务机关报送纳税申报表，并预缴税款；在取得所得的次年3月31日前办理汇算清缴。

四、财产租赁所得应纳税额的计算

财产租赁所得以一个月内取得的收入为一次。财产租赁所得，每次收入不超过4000元的，减除费用800元；4000元以上的，减除20%的费用，其余额为应纳税所得额。财产租赁所得应纳税额的计算公式分别如下。

（1）每次（月）收入不足4000元的：

应纳税额=[每次（月）收入额-准予扣除项目-修缮费用（800元为限）-800]×20%

（2）每次（月）收入在4000元以上的：

应纳税额=[每次（月）收入额-准予扣除项目-修缮费用（800元为限）]×(1-20%)×20%

提　示

纳税人负担的该出租财产实际发生的修缮费用，以每次扣除800元为限，一次扣除不完的，准予在下一次继续扣除，直到扣完为止。

【任务实例5-5】 2023年9月，王某出租自有住房取得租金收入5500元，房屋租赁过程中缴纳的税费为230元，支付该房屋的修缮费950元。

【任务要求】 已知个人出租住房个人所得税税率暂减按10%，请计算王某当月出租住房应缴纳个人所得税税额。

【任务实施】

房屋租赁期间发生修缮费用准予在税前扣除但以每月800元为限，多出部分在以后月份扣除；租金收入5500元，扣除财产租赁过程中缴纳的税费230元，扣除修缮费用800元，收入额为4470元，大于4000元，费用扣除标准为20%。因此，王某当月应缴纳个人所得税税额=(5500-230-800)×(1-20%)×10%=357.6元。

五、财产转让所得应纳税额的计算

财产转让所得是指个人转让有价证券、股权、合伙企业中的财产份额、不动产、机器设备车船以及其他财产取得的所得。

属于财产转让所得税目的包括转让有形资产、土地使用权、股权、债权。财产转让所得，应按照一次转让财产的收入额减除财产原值和合理费用后的余额计算纳税。

财产转让所得税款按次计征，税率按20%比例税率，计算公式为：

应纳税所得额=转让财产的收入额-财产原值-合理费用

应纳税额=应纳税所得额×适用税率

其中，财产原值按照下列方法确定：

（1）有价证券，为买入价以及买入时按照规定支付的有关费用；

(2) 建筑物，为建造费或者购进价格以及其他有关费用；

(3) 土地使用权，为取得土地使用权所支付的金额、开发土地的费用以及其他有关费用；

(4) 机器设备、车船，为购进价格、运输费、安装费以及其他有关费用。

纳税人未提供完整、准确的财产原值凭证，不能确定财产原值的，由主管税务机关核定财产原值。

合理费用，是指卖出财产时按照规定支付的有关税费。

六、利息、股息、红利所得和偶然所得应纳税额的计算

利息、股息、红利所得是指个人拥有债权、股权等而取得的利息、股息、红利所得。偶然所得是指个人得奖、中奖、中彩以及其他偶然性质的所得。

利息、股息、红利所得、偶然所得应纳税额计算按次计征，税率按20%比例税率，以每次收入额为应纳税所得额，不扣减任何费用。应纳税额的计算公式为：

$$应纳税额=应纳税所得额\times 20\%$$

任务三　个人所得税会计核算

一、代扣代缴个人所得税的会计核算

企事业单位为了核算代扣代缴的个人所得税，一般应设置“应交税费——代扣代缴个人所得税”科目，贷方登记按规定应代扣的个人所得税税额，借方登记已缴纳代扣的个人所得税税额，期末余额反映尚未上缴代扣的个人所得税税额。

年度预扣预缴税款与年度应纳税额不一致的，由居民个人于次年3月1日至6月30日向主管税务机关办理综合所得年度汇算清缴，税款多退少补。

(一) 支付工资、薪金所得代扣代缴个人所得税的会计核算

企业在向职工支付工资、薪金时，计算出应代扣代缴的个人所得税，按照代扣的税额，借记“应付职工薪酬——工资”科目，贷记“应交税费——代扣代缴个人所得税”科目；上缴代扣个人所得税时，借记“应交税费——代扣代缴个人所得税”科目，贷记“银行存款”科目。

【任务实例5-6】2023年11月，A公司发放职工工资90万元，其中生产工人工资为50万元，管理人员工资为25万元，销售人员工资为15万元。按税法规定应代扣代缴的职工个人所得税税额共计6万元。

【任务要求】对A公司上述业务进行账务处理。

【任务实施】

(1) 计提应付工资时。

借：生产成本	500000	
管理费用	250000	
销售费用	150000	
贷：应付职工薪酬——工资		900000

（2）计提代扣代缴的个人所得税时。

借：应付职工薪酬——工资 60000

  贷：应交税费——代扣代缴个人所得税 60000

（3）实际支付工资时。

借：应付职工薪酬——工资 840000

  贷：银行存款 840000

（4）实际缴纳税款时。

借：应交税费——代扣代缴个人所得税 60000

  贷：银行存款 60000

（二）支付其他所得代扣代缴个人所得税的会计核算

单位在向个人支付劳务报酬、稿酬、特许权使用费、财产租赁费等，应按规定代扣代缴个人所得税，计算出应代扣代缴的个人所得税，按代扣税额，借记“销售费用”“管理费用”“固定资产”等相关科目，贷记“应交税费——代扣代缴个人所得税”科目；税款实际上缴入库时，借记“应交税费——代扣代缴个人所得税”科目，贷记“银行存款”科目。

【任务实例 5-7】 2023 年 12 月，B 公司邀请张某为其产品进行广告设计，支付其设计劳务报酬 30000 元。

【任务要求】 请计算 B 公司应代扣代缴的个人所得税税额，并对 B 公司上述业务进行账务处理。

【任务实施】

（1）计算代扣代缴个人所得税税额。

B 公司应代扣代缴的个人所得税税额 = 30000×（1−20%）×30%−2000 = 5200（元）

（2）会计处理。

支付该项劳务报酬时。

借：销售费用 30000

  贷：应交税费——代扣代缴个人所得税 5200

    银行存款 24800

实际缴纳税款时。

借：应交税费——代扣代缴个人所得税 5200

  贷：银行存款 5200

二、自行申报个人所得税的会计核算

个体工商户缴纳个人所得税有查账征收和核定征收两种形式。查账征收适用于账册健全，核算完整的纳税人；核定征收适用于账册不健全、会计核算不完整的纳税人。对采用自行申报缴纳个人所得税的纳税人，除了实行查账征收的个体工商户（个人独资企业、合伙企业参照个体工商户执行），一般不需要进行会计核算。实行查账征收的个体工商户，应设置“应交税费——应交个人所得税”科目，核算其应缴纳的个人所得税。在计算应纳个人所得税时，借记“所得税费用”科目贷记“应交税费——应交个人所得税”科目；税款实际上缴入库时，借记“应交税费——应交个人所得税”科目，贷记“银行存款”科目。

年度终了，计算出全年实际应缴纳的个人所得税，若需要补缴个人所得税，则按照需要补缴的个人所得税金额，借记“所得税费用”或“以前年度损益调整”科目，贷记“应交税费——应交个人所得税”科目，实际补缴个人所得税时，借记“应交税费——应交个人所得税”科目，贷记“银行存款”“库存现金”等科目；若需要税务机关退回多缴的个人所得税，则按照需要退回的个人所得税金额，借记“应交税费——应交个人所得税”科目，贷记“所得税费用”或“以前年度损益调整科目，实际收到税务机关退回的个人所得税时，借记“银行存款”“库存现金”等科目，贷记“应交税费——应交个人所得税”科目。

【任务实例 5-8】个人独资企业甲 2023 年各季度的预缴个人所得税金额均为 15000 元。个人独资企业甲汇算清缴时计算的 2023 年度个人所得税应为 100000 元。个人独资企业乙 2023 年各季度的预缴个人所得税金额均为 15000 元。个人独资企业乙汇算清缴时计算的 2023 年度个人所得税应为 40000 元。

【任务要求】分别对个人独资企业甲、企业乙上述业务进行账务处理。

【任务实施】

（1）个人独资企业甲 2023 年每季度末计提预缴的个人所得税时。

借：所得税费用　　15000

　贷：应交税费——应交个人所得税　　15000

个人独资企业甲 2023 年每季度的次月申报期内预缴个人所得税时。

借：应交税费——应交个人所得税　　15000

　贷：银行存款　　15000

2023 年年度终了个人独资企业甲汇算清缴全年个人所得税。

由于个人独资企业甲 2023 年全年已经预缴个人所得税 60000 元（15000×4），2024 年 3 月 31 日前汇算清缴时，需要补缴个人所得税 40000 元（100000－60000），账务处理如下。

2024 年 3 月 31 日前计提应补缴的个人所得税时。

借：所得税费用（或“以前年度损益调整”）　　40000

　贷：应交税费——应交个人所得税　　40000

2024 年 3 月 31 日前补缴个人所得税时。

借：应交税费——应交个人所得税　　40000

　贷：银行存款　　40000

（2）个人独资企业乙 2023 年每季度末计提预缴的个人所得税时。

借：所得税费用　　15000

　贷：应交税费——应交个人所得税　　15000

个人独资企业乙 2023 年每季度的次月申报期内预缴个人所得税时。

借：应交税费——应交个人所得税　　15000

　贷：银行存款　　15000

2023 年年度终了个人独资企业乙汇算清缴全年个人所得税。

由于个人独资企业乙 2023 年全年已经预缴个人所得税 60000 元（15000×4），2024 年 3 月 31 日前汇算清缴时，需要由税务机关退回多缴的个人所得税 20000 元（60000－

40000)，账务处理如下。

2024 年 3 月 31 日前计提应由税务机关退回的个人所得税时。

借：应交税费——应交个人所得税　　20000

　贷：所得税费用（或“以前年度损益调整”）　　20000

2023 年 3 月 31 日前收到由税务机关退回的个人所得税时。

借：银行存款　　20000

　贷：应交税费——应交个人所得税　　20000

任务四　个人所得税征收管理

一、个人所得税的代扣代缴

（一）个人所得税的扣缴义务人

我国实行个人所得税代扣代缴和个人自行申报纳税相结合的征收管理制度。个人所得税采取代扣代缴办法，有利于控制税源，保证税收收入，简化征纳手续，加强个人所得税管理。个人所得税以支付所得的单位或者个人为扣缴义务人。纳税人有中国居民身份证号码的，以中国居民身份证号码为纳税人识别号；纳税人没有中国居民身份证号码的，由税务机关赋予其纳税人识别号。扣缴义务人扣缴税款时，纳税人应当向扣缴义务人提供纳税人识别号，扣缴义务人应当按照国家规定办理全员全额扣缴申报，并向纳税人提供其个人所得和已扣缴税款等信息。扣缴义务人向个人支付应税款项时，应当依照个人所得税法规定预扣或者代扣税款，按时缴库，并专项记载备查。支付，包括现金支付、汇拨支付、转账支付和以有价证券、实物以及其他形式的支付。扣缴义务人对纳税人的应扣未扣税款应由纳税人予以补缴。

对扣缴义务人，按照所扣缴的税款，税务机关应付给 2%的手续费。

（二）个人所得税代扣代缴的范围

居民个人向扣缴义务人提供专项附加扣除信息的，扣缴义务人按月预扣预缴税款时应当按照规定予以扣除，不得拒绝。

非居民个人取得工资、薪金所得，劳务报酬所得，稿酬所得和特许权使用费所得，有扣缴义务人的，由扣缴义务人按月或者按次代扣代缴税款，不办理汇算清缴。

纳税人取得利息、股息、红利所得，财产租赁所得，财产转让所得和偶然所得，按月或者按次计算个人所得税，有扣缴义务人的，由扣缴义务人按月或者按次代扣代缴税款。

提　示

作为单位的扣缴义务人向个人支付应纳税所得时，不论纳税人是否属于本单位人员，均应代扣代缴其应纳的个人所得税税款。

（三）个人所得税的代扣代缴期限

扣缴义务人每月或者每次预扣、代扣的税款，应当在次月 15 日内缴入国库，并向税务机关报送扣缴个人所得税申报表。

二、个人所得税的自行申报

（一）个人所得税自行申报的范围

有下列情形之一的，纳税人应当依法办理纳税申报：

（1）取得综合所得需要办理汇算清缴；

（2）取得应税所得没有扣缴义务人；

（3）取得应税所得，扣缴义务人未扣缴税款；

（4）取得境外所得；

（5）因移居境外注销中国户籍；

（6）非居民个人在中国境内从两处以上取得工资、薪金所得；

（7）国务院规定的其他情形。

（二）个人所得税自行申报的期限

居民个人取得综合所得，按年计算个人所得税；有扣缴义务人的，由扣缴义务人按月或者按次预扣预缴税款；需要办理汇算清缴的，应当在取得所得的次年3月1日至6月30日内办理汇算清缴。预扣预缴办法由国务院税务主管部门制定。

纳税人取得经营所得，按年计算个人所得税，由纳税人在月度或者季度终了后15日内向税务机关报送纳税申报表，并预缴税款；在取得所得的次年3月31日前办理汇算清缴。

提 示

自2022年7月14日起，按月申报预缴经营所得个人所得税的市场主体办理歇业后，可自下一季度起调整为按季预缴申报。被税务机关认定为非正常户的市场主体，在解除非正常状态之前，歇业期间不适用上述简化纳税申报方式。

纳税人取得应税所得没有扣缴义务人的，应当在取得所得的次月15日内向税务机关报送纳税申报表，并缴纳税款。

提 示

纳税人取得应税所得，扣缴义务人未扣缴税款的，纳税人应当在取得所得的次年6月30日前，缴纳税款；税务机关通知限期缴纳的，纳税人应当按照期限缴纳税款。

居民个人从中国境外取得所得的，应当在取得所得的次年3月1日至6月30日内申报纳税。

非居民个人在中国境内从两处以上取得工资、薪金所得的，应当在取得所得的次月15日内申报纳税。

纳税人因移居境外注销中国户籍的，应当在注销中国户籍前办理税款清算。

纳税人办理汇算清缴退税或者扣缴义务人为纳税人办理汇算清缴退税的，税务机关审核后，按照国库管理的有关规定办理退税。

任务五 个人所得税纳税申报

一、个人所得税代扣代缴的纳税申报

扣缴义务人代扣代缴个人所得税时，应填报“个人所得税基础信息表（A 表）（适用于扣缴义务人填报）”“个人所得税基础信息表（B 表）（适用于自然人申报）”“个人所得税扣缴申报表”。

二、个人所得税自行申报的纳税申报

纳税人自行申报个人所得税时，根据不同的情况应分别填报“个人所得税年度自行纳税申报表（A 表）（仅取得境内综合所得年度汇算适用）”“个人所得税经营所得纳税申报表”等申报表。

【纳税申报实务 5】

2023 年 2 月 15 日，×××有限责任公司（纳税人识别号为×××××7229009876×××）对 2023 年 1 月发放的工资进行个人所得税全员全额扣缴申报，该公司有 6 名员工，三险一金的计提基数为个人的上年度月平均工资、薪金额（与本年度每月税前工资、薪金收入相等），养老保险、医疗保险、失业保险、住房公积金的计提比例分别为 8%、2%、0.5%、8%，且该公司的所有员工的三险一金均未超过标准，都可税前扣除。该公司的 6 名员工依法确定的其他扣除均为零，且这 6 名员工在上一完整纳税年度（2022 年度）内全年工资、薪金收入均超过 6 万元。

（1）孙某（法定代表人，身份证号：×××2197802280×××）每月税前工资、薪金收入 75000 元，三险一金的计提基数为 75000 元，个人负担的养老保险、医疗保险、失业保险、住房公积金分别为 6000 元、1500 元、375 元、6000 元，子女教育专项附加扣除额为 2000 元，赡养老人专项附加扣除额为 2000 元。

（2）刘某（财务负责人，身份证号：×××702197902130×××）每月税前工资、薪金收入 42000 元，三险一金的计提基数为 42000 元，个人负担的养老保险、医疗保险、失业保险、住房公积金分别为 3360 元、840 元、210 元、3360 元，子女教育专项附加扣除额为 1000 元，赡养老人专项附加扣除额为 2000 元。

（3）王某（经理，身份证号：×××702198002150×××）每月税前工资、薪金收入 36000 元，三险一金的计提基数为 36000 元，个人负担的养老保险、医疗保险、失业保险、住房公积金分别为 2880 元、720 元、180 元、2880 元，子女教育专项附加扣除额为 1000 元，住房贷款利息专项附加扣除额为 1000 元，赡养老人专项附加扣除额为 2000 元。

（4）吴某（记账会计兼办税员，身份证号：×××702198202190×××）每月税前工资、薪金收入 10000 元，三险一金的计提基数为 10000 元，个人负担的养老保险、医疗保险、失业保险、住房公积金分别为 800 元、200 元、50 元、800 元，子女教育专项附加扣除额为 1000 元，住房贷款利息专项附加扣除额为 1000 元，赡养老人专项附加扣除额为 1000 元。

（5）徐某（销售人员，身份证号：×××702198502130×××）每月税前工资、薪金收入

8000元，三险一金的计提基数为8000元，个人负担的养老保险、医疗保险、失业保险、住房公积金分别为640元、160元、40元、640元，住房贷款利息专项附加扣除额为1000元。

(6) 赵某（采购人员，身份证号：×××70219860213O×××）每月税前工资、薪金收入5600元，三险一金的计提基数为5600元，个人负担的养老保险、医疗保险、失业保险、住房公积金分别为448元、112元、28元、448元，住房贷款利息专项附加扣除额为1000元。

➢ 要求

(1) 计算×××有限责任公司2023年1月代扣（预扣）的个人所得税税额。

(2) 对×××有限责任公司2023年1月代扣（预扣）个人所得税的业务以及2023年2月代缴个人所得税的业务进行账务处理。

(3) 2023年2月15日×××有限责任公司进行扣缴个人所得税申报，填写“个人所得税基础信息表（A表）（适用于扣减义务人填报）”和“个人所得税扣缴申报表”。

➢ 实施

(1) 计算×××有限责任公司2023年1月代扣（预扣）的个人所得税。

居民个人的综合所得，以每一纳税年度的收入额减除费用60000元以及专项扣除、专项附加扣除和依法确定的其他扣除后的余额，为应纳税所得额。

居民个人取得综合所得，按年计算个人所得税；有扣缴义务人的，由扣缴义务人按月或者按次预扣预缴税款；需要办理汇算清缴的，应当在取得所得的次年3月1日至6月30日内办理汇算清缴。预扣预缴办法由国务院税务主管部门制定。

1) 计算孙某应纳个人所得税［由×××有限责任公司代扣（预扣）个人所得税］。

孙某2023年1月工资、薪金所得的应纳税所得额 $= 75000 - 5000 - (6000 + 1500 + 375 + 6000) - (2000 + 2000)$

$= 75000 - 5000 - 13875 - 4000 = 52125$(元)

孙某2023年1月工资、薪金所得应纳的个人所得税［由×××有限责任公司代扣(预扣)个人所得税］ $= 52125 \times 10\% - 2520 = 2692.5$(元)

2) 计算刘某应纳个人所得税［由×××有限责任公司代扣（预扣）个人所得税］。

刘某2023年1月工资、薪金所得的应纳税所得额 $= 42000 - 5000 - (3360 + 840 + 210 + 3360) - (1000 + 2000)$

$= 42000 - 5000 - 7770 - 3000 = 26230$(元)

刘某2023年1月工资、薪金所得应纳的个人所得税［由×××有限责任公司代扣(预扣)个人所得税］ $= 26230 \times 3\% = 786.9$(元)

3) 计算王强应纳个人所得税［由×××有限责任公司代扣（预扣）个人所得税］。

王某2023年1月工资、薪金所得的应纳税所得额 $= 36000 - 5000 - (2880 + 720 + 180 + 2880) - (1000 + 1000 + 2000)$

$= 36000 - 5000 - 6660 - 4000 = 20340$(元)

王某2023年1月工资、薪金所得的应纳个人所得税［由×××有限责任公司代扣(预扣)个人所得税］ $= 20340 \times 3\% = 610.2$(元)

4) 计算吴某应纳个人所得税［由×××有限责任公司代扣（预扣）个人所得税］。

$$\text{吴某2023年1月工资、薪金所得的应纳税所得额} = 10000 - 5000 - (800 + 200 + 50 + 800) - (1000 + 1000 + 1000)$$

$$= 10000 - 5000 - 1850 - 3000 = 150(\text{元})$$

$$\text{吴某2023年1月工资、薪金所得应纳的个人所得税}\ [\text{由×××有限责任公司代扣(预扣)个人所得税}] = 150 \times 3\% = 4.5(\text{元})$$

5）计算徐某应纳个人所得税［由×××有限责任公司代扣（预扣）个人所得税］。

$$\text{徐某2023年1月工资、薪金所得的应纳税所得税} = 8000 - 5000 - (640 + 160 + 40 + 640) - 1000$$

$$= 8000 - 5000 - 1480 - 1000 = 520(\text{元})$$

$$\text{徐某2023年1月工资、薪金所得应纳的个人所得税}\ [\text{由×××有限责任公司代扣(预扣)个人所得税}] = 520 \times 3\% = 15.6(\text{元})$$

6）计算赵某应纳个人所得税［由×××有限责任公司代扣（预扣）个人所得税］。

$$\text{赵某2023年1月工资、薪金所得的应纳税所得额} = 5600 - 5000 - (448 + 112 + 28 + 448) - 1000$$

$$= 5600 - 5000 - 1036 - 1000 = -1436(\text{元})$$

因此，赵某不需要缴纳个人所得税［不需要由×××有限责任公司代扣（预扣）个人所得税］。

$$\text{2023年1月×××有限责任公司代扣(预扣)的个人所得税合计} = 2692.5 + 786.9 + 610.2 + 4.5 + 15.6 = 4109.7(\text{元})$$

$$\text{2023年1月×××有限责任公司代扣的三险一金合计} = 13875 + 7770 + 6660 + 1850 + 1480 + 1036 = 32671(\text{元})$$

（2）对×××有限责任公司2023年1月代扣（预扣）个人所得税的业务以及2023年2月代缴个人所得税的业务进行账务处理。

1月发放工资的同时代扣（预扣）个人所得税及代扣应由个人承担的三险一金时。

借：应付职工薪酬（75000+42000+36000+10000+8000+5600）	176000	
贷：应交税费——代扣代交个人所得税		4109.7
其他应付款——代扣代交三险一金		32671
银行存款（176600-4109.7-32671）		139819.3

2月10日代缴个人所得税税款时。

借：应交税费——代扣代交个人所得税	4109.7	
贷：银行存款		4109.7

2月代缴应由个人承担的三险一金时。

借：其他应付款——代扣代交三险一金	32671	
贷：银行存款		32671

（3）×××有限责任公司2023年2月15日对2023年1月的个人所得税进行纳税申报，填写"个人所得税基础信息表（A表）（适用于扣缴义务人填报）"和"个人所得税扣缴申报表"。

第一步：填写"个人所得税基础信息表（A表）（适用于扣缴义务人填报）"（略）。

第二步：填写"个人所得税扣缴申报表"见表5-6。

表 5-6 个人所得税扣缴申报表

税款所属期：2023 年 01 月 01 日至 2023 年 01 月 31 日

扣缴义务人名称：×××有限责任公司

扣缴义务人纳税人识别号（统一社会信用代码）：×××××7229009876×××

金额单位：元

序号	姓名	身份证件类型	身份证件号码	纳税人识别号	是否为非居民个人	所得项目	本月（次）情况														累计情况（工资、薪金）										减按计税比例	准予扣除的捐赠额	税款计算							备注
							收入额计算			减除费用	专项扣除				其他扣除						累计收入额	累计减除费用	累计专项扣除	累计专项附加扣除						累计其他扣除			应纳税所得额	税率/预扣率	速算扣除数	应纳税额	减免税额	已扣缴税额	应补/退税额	
							收入	费用	免税收入		基本养老保险费	基本医疗保险费	失业保险费	住房公积金	年金	商业健康保险	税延养老保险	财产原值	允许扣除的税费	其他				子女教育	继续教育	住房贷款利息	住房租金	赡养老人	3岁以下婴幼儿照护											
1	2	3	4	5	6	7	8	9	10	11	12	13	14	15	16	17	18	19	20	21	22	23	24	25	26	27	28	29	30	31	32	33	34	35	36	37	38	39	40	41
1	孙某	居民身份证	×××7021978 02280×××	×××7021978 02280×××	否	工资、薪金所得	75000			5000	6000	1500	375	6000							75000	5000	13875	2000				2000					52125	10%	2520	2692.5			2692.5	
2	刘某	居民身份证	×××7021979 02130×××	×××7021979 02130×××	否	工资、薪金所得	42000			5000	3360	840	210	3360							42000	5000	7770	1000				2000					2630	3%		786.9			786.9	
3	王某	居民身份证	×××7021980 02150×××	×××7021980 02150×××	否	工资、薪金所得	36000			5000	2880	720	180	2880							36000	5000	6660	1000		1000		2000					20340	3%		610.2			640.2	
4	吴某	居民身份证	×××7021982 02190×××	×××7021982 02190×××	否	工资、薪金所得	10000			5000	800	200	50	800							10000	5000	1850	1000		1000		1000					150	3%		4.5			4.5	
5	徐某	居民身份证	×××7021985 02130×××	×××7021985 02130×××	否	工资、薪金所得	8000			5000	640	160	40	640							8000	5000	1480			1000							520			15.6			15.6	
6	赵某	居民身份证	×××7021986 02130×××	×××7021986 02130×××	否	工资、薪金所得	5600			5000	448	112	28	448							5600	5000	1036			1000							0			0			0	
合计							176600			30000	14128	3532	883	14128							176600	30000	32671	5000		4000		7000					99365			4109.7			4109.7	

谨声明：本表是根据国家税收法律法规及相关规定填报的，是真实的、可靠的、完整的。

扣缴义务人（签章）：×××有限责任公司　2023 年 02 月 15 日

经办人签字：略

经办人身份证件号码：略

代理机构签章：

代理机构统一社会信用代码：

受理人：

受理税务机关（章）：

受理日期：　　年　月　日

思政小课堂

纳税人应当充分运用国家出台的个人所得税税收政策，促进产业行业发展，合法合规纳税：

（1）我国出台了个人所得税“赡养老人”专项附加扣除政策，有利于强化孝敬父母的社会风尚，减轻老百姓赡养老人的家庭支出负担，实现社会公平，体现了“实施积极应对人口老龄化国家战略”的精神；

（2）我国税务部门近年来持续加强对高收入人群、高风险行业的税收监管，会同相关部门深入开展影视行业税收秩序综合治理，有利于进一步规范影视行业税收秩序，促进影视行业长期健康规范发展，体现了“完善个人所得税制度，规范收入分配秩序，规范财富积累机制，保护合法收入，调节过高收入”的精神。

【课后练习】

5-1 单选题

（1）下列所得中，适用20%的个人所得税比例税率的是（　　）。

A. 特许权使用费所得　　B. 稿酬所得

C. 财产转让所得　　D. 经营所得

（2）下列所得，不属于个人所得税“工资、薪金所得”应税项目的是（　　）。

A. 个人兼职取得的所得

B. 退休人员再任职取得的所得

C. 任职于杂志社的记者在本单位杂志上发表作品取得的所得

D. 个人在公司任职并兼任董事取得的董事费所得

（3）根据个人所得税法律制度规定，下列关于个人所得税来源地的判断中错误的是（　　）。

A. 劳务报酬所得，以纳税人实际提供劳务地为所得来源地

B. 不动产转让所得，以不动产坐落地为所得来源地

C. 动产转让所得，以动产使用地为所得来源地

D. 利息、股息、红利所得，以支付所得的企业、机构、组织所在地为所得来源地

（4）下列关于居民个人综合所得个人所得税征收管理的说法错误的是（　　）。

A. 居民个人综合所得按年计算个人所得税

B. 有扣缴义务人的，由扣缴义务人按月或者按次预扣预缴税款

C. 年度预扣预缴税额与年度应纳税额不一致的，由居民个人于次年3月1日至6月30日向主管税务机关办理综合所得年度汇算清缴，税款多退少补

D. 无论何种情形，年度终了，居民个人必须向主管税务机关办理综合所得年度汇算清缴

（5）以下各项，不属于专项附加扣除项目的是（　　）。

A. 子女教育支出　　B. 继续教育支出

C. 住房贷款利息支出　　D. 商业健康保险支出

（6）扣缴义务人向居民个人支付稿酬时，应按次预扣预缴税额，下列预扣预缴计算公式错误的有（　　）。

A. 应纳税额＝应纳税所得额×适用税率－速算扣除数

B. 应纳税所得额＝收入额×(1－20%)×70%

C. 应纳税所得额＝收入额×(1－20%)

D. 应纳税所得额=(收入额-800)×70%

(7) 下列情形中，应由支付所得的单位全员全额扣缴申报的是（　　）。

A. 取得综合所得需要办理汇算清缴的

B. 从中国境外取得所得的

C. 非居民个人在两处以上取得稿酬所得的

D. 个体工商户从事生产、经营的所得

5-2　多选题

(1) 根据个人所得税法律制度规定，在中国境内无住所但取得所得的下列外籍个人中，属于中国居民纳税人的有（　　）。

A. M 国甲，在华工作 6 个月

B. N 国乙，2019 年 1 月 10 日入境，2019 年 6 月 1 日离境

C. X 国丙，2019 年 2 月 1 日入境，2020 年 12 月 25 日离境

D. Y 国丁，2019 年 3 月 1 日入境，4 月 1 日至 4 月 20 日离境 20 天，4 月 21 日至 12 月 25 日全部在中国

(2) 根据个人所得税法律制度规定，下列收入中，按“劳务报酬所得”项目缴纳个人所得税的有（　　）。

A. 某大学教授从甲企业取得的咨询费

B. 某公司高管从乙大学取得的讲课费

C. 某设计院设计师从丙公司取得的设计费

D. 某编剧从丁电视剧制作单位取得的剧本使用费

(3) 下列各项中，适用 5%~35%的五级超额累进税率计算个人所得税的有（　　）。

A. 个体工商户的生产经营所得

B. 个人独资企业生产经营所得

C. 对企事业单位承包经营所得

D. 合伙企业生产经营所得

(4) 根据个人所得税法律制度规定，下列各项中，免征个人所得税的有（　　）。

A. 编剧的剧本使用费

B. 李某取得的单张有奖发票奖金 500 元

C. 业余模特的时装表演费

D. 军人的转业费

(5) 专项附加扣除的大病医疗支出可以选择由（　　）扣除。

A. 本人　　B. 配偶

C. 成年子女　　D. 未成年子女的父母

(6) 根据个人所得税法律制度规定，下列支出中，在计算个体工商户个人所得税应纳税所得额时，不得扣除的有（　　）。

A. 从业人员的合理工资　　B. 计提的各项准备金

C. 业主本人的工资　　D. 业主的家庭生活费

(7) 根据个人所得税法律制度规定，下列各项中，按次计征个人所得税的项目有（　　）。

A. 利息、股息、红利所得　　B. 特许权使用费所得

C. 非居民个人稿酬所得　　D. 财产租赁所得

(8) 根据个人所得税法律制度规定，下列情形中，纳税人应当自行申报缴纳个人所得税的有（　　）。

A. 年所得 12 万元以上的

B. 从中国境外取得所得的

C. 取得应税所得，没有扣缴义务人的

D. 从中国境内两处或两处以上取得工资、薪金所得的

(9) 扣缴义务人在向主管税务机关进行扣缴申报时，应报送的信息有（　　）。

A. 支付所得的所有个人的有关信息

B. 支付所得数额

C. 扣除事项和数额

D. 扣缴税款的具体数额和总额

E. 其他相关涉税信息资料

(10) 取得综合所得且符合下列情形之一的纳税人，应当办理汇算清缴（　　）。

A. 从两处以上取得综合所得的

B. 从两处以上取得综合所得，且综合所得年收入额减除专项扣除后的余额超过6万元

C. 取得劳务报酬所得、稿酬所得、特许权使用费所得中一项或者多项所得，且综合所得年收入额减除专项扣除的余额超过6万元

D. 纳税年度内预缴税额小于应纳税额

E. 纳税人申请退税

5-3 判断题

(1) 个人对企事业单位承包、承租经营后，工商登记改变为个体工商户的，取得的承包、承租经营所得，按“经营所得”项目缴纳个人所得税。（　　）

(2) 个人举报、协查各种违法、犯罪行为而取得的奖金，免征个人所得税。（　　）

(3) 居民个人取得综合所得，有扣缴义务人的，由扣缴义务人按月或者按次预扣预缴税款，年度预扣预缴税额与年度应纳税额不一致的，年度终了由居民个人向主管税务机关办理综合所得年度汇算清缴，税款多退少补。（　　）

(4) 纳税人赡养一位及以上退休老人的赡养支出可享受专项附加扣除，每人每月2000元。（　　）

(5) 非居民个人的工资、薪金所得，以每月收入额减除费用5000元后的余额为应纳税所得额，适用按月换算后的综合所得税税率计算应纳税额。（　　）

【实践教学任务】

个人所得税的会计核算与纳税申报

中国居民个人张某为我国境内甲公司员工，本年1月含税工资、薪金为20000元。甲公司每月代扣由张某个人负担的养老保险1600元、医疗保险400元、失业保险100元、住房公积金1600元。张某本年1月专项附加扣除中只有子女教育专项附加扣除2000元，依法确定的其他扣除均为0。甲公司本年2月初缴纳本年1月为张某预扣的个人所得税和代扣的应由张某个人负担的三险一金。

要求：

(1) 计算张某本年1月应由甲公司预扣预缴的个人所得税；

(2) 对甲公司上述业务进行账务处理。

项目六　其他税种的会计实务

·知识目标

（1）掌握本项目各税种征税范围、纳税人及税率等法律规定的主要内容。
（2）掌握本项目各税种应纳税额的计算方法。
（3）熟悉本项目各税种的税收优惠政策。
（4）掌握本项目各税种的会计核算中涉及的会计科目。

·能力目标

（1）能根据业务情况确定是否属于各税种的征税范围。
（2）能根据业务情况判断各税种的纳税人。
（3）能根据业务情况选择各税种的税率。
（4）能正确计算各税种的应纳税额。
（5）能对涉税经济业务进行正确的账务处理。

·素质目标

（1）养成长期学习国家法律法规、不断更新专业知识的良好习惯。
（2）深刻领会国家对纳税人的特定财产和特定行为征税从而调节财富分配的意图，加深对财产行为税类立法的理解和支持。

项目导入

国家税务总局成都市税务局自2021年6月1日起，在全市全面实施财产和行为税合并申报，对城镇土地使用税、房产税、车船税、印花税、耕地占用税、资源税、土地增值税、契税、环境保护税、烟叶税推行“十税一表”合并申报。

大邑青禾置业有限责任公司是成都市大邑县房地产开发企业，在日常办税业务中涉及多个财产和行为税税种，过去申报时存在入口多、表单多、数据重复采集的问题。2021年6月2日，该公司办税人员来到办税服务厅办理财产行为税合并申报业务。在税务人员的精心辅导下，该公司办税人员顺利采集了土地增值税税源信息和按次的印花税税源信息，一次性申报了纳税期限不同的2个税种，切实感受到了舒心、便捷、高效的办税体验。该公司办税人员表示：“现在申报财产和行为税，一张报表、一次申报、一次缴款、一张凭证、一次登录、一填到底，不用再多头找表，非常便利。财产和行为税合并申报是真正为企业减负的便民举措，值得点赞。”

［要求］请思考国家采取了哪些措施简化办税流程、减轻了纳税人的办税负担？

（资料来源：国家税务总局四川省税务局，推行“财行十税”合并申报　成都税务便民服务获点赞）

任务一　城市维护建设税的会计实务

一、城市维护建设税的纳税人、征税对象和税率

城市维护建设税（简称“城建税”）是对从事工商经营并缴纳“两税”（增值税、消费税）的单位和个人以其实际缴纳的“两税”税额为计税依据而征收的一种税。我国征收城市维护建设税的主要目的是筹集城镇设施建设和维护资金。

（一）纳税人

城建税的纳税人是指负有缴纳“两税”义务的单位和个人。自 2010 年 12 月 1 日起，对外商投资企业、外国企业和外籍人员开征城建税。

（二）征税对象

城建税以纳税人实际缴纳的“两税”为依据，本身没有独立的征税对象，从本质上看它是一个附加税。从地域范围来看包括市区，县城，镇，市区、县城和镇以外的其他税法规定缴纳“两税”的地区。

（三）税率

城建税根据纳税人所在地区不同适用差别比例税率，具体见表 6-1。

表 6-1　城市维护建设税税率表

纳税人所在地区	税率/%
市区	7
县城、镇	5
市区、县城和镇以外的其他地区	1

注：中国铁路总公司税率统一为 5%；开采海洋石油资源的中外合作油（气）田所在地在海上的适用 1%税率。

提　示

由受托方代扣代缴“两税”的纳税人，按受托方所在地适用税率代扣代缴城建税；流动经营等无固定地点的纳税人在经营地缴纳“两税”的，按经营地适用税率计征城建税。

二、城市维护建设税的税收优惠

（1）进口不征，即海关对进口货物代征的增值税、消费税，不征收城市维护建设税。

（2）出口不退，即出口货物退还增值税、消费税，但不退还已缴纳的城市维护建设税。

（3）对“两税”实行先征后返、先征后退、即征即退办法的，除非另有规定，对随“两税”附征的城市维护建设税，一律不予退（返）还。

三、城市维护建设税的计算

城市维护建设税的计税依据是纳税人实缴的增值税、消费税“两税”税额，其计算公式如下：

$$应纳税额=(实际缴纳增值税+消费税)\times 适用税率$$

四、城市维护建设税的会计核算

企业应在“应交税费”科目下设置“应交城市维护建设税”明细科目，用来核算企业应交城市维护建设税的发生和缴纳情况。企业计算应缴纳的城市维护建设税时，借记“税金及附加”“固定资产清理”等科目，贷记“应交税费——应交城市维护建设税”科目；实际缴纳时，借记“应交税费——应交城市维护建设税”科目，贷记“银行存款”科目。

【任务实例 6-1】 A 公司位于县城，2023 年 7 月，销售货物实际缴纳增值税 97428 元、消费税 14620 元。

【任务要求】 计算本月应缴纳的城市维护建设税税额，并作相关的会计处理。

【任务实施】

应交城市维护建设税税额＝(97428+14620)×5%＝5602.40（元）

（1）计提城市维护建设税时。

借：税金及附加　　5602.40

　贷：应交税费——应交城市维护建设税　　5602.40

（2）实际缴纳时。

借：应交税费——应交城市维护建设税　　5602.40

　贷：银行存款　　5602.40

五、城市维护建设税的征收管理

（一）纳税义务发生时间

城市维护建设税的纳税义务发生时间，与增值税、消费税的纳税义务发生时间一致，分别与增值税、消费税同时缴纳。

（二）纳税地点

纳税人实际缴纳增值税、消费税的地点，就是该纳税人缴纳城市维护建设税的地点。有特殊情况的，按下列原则和办法确定纳税地点或者缴纳地点：

（1）代扣代缴、代收代缴增值税、消费税的单位和个人，同时也是城市维护建设税、教育费附加和地方教育附加的代扣代缴、代收代缴义务人，其纳税地点或者缴纳地点为代扣代收地；

（2）对流动经营等无固定纳税地点的单位和个人，应随同增值税、消费税在经营地缴纳城市维护建设税、教育费附加和地方教育附加。

（三）纳税期限

城市维护建设税的纳税期限与增值税、消费税的纳税期限一致。增值税、消费税的纳税期限分别为 1 日、3 日、5 日、10 日、15 日、1 个月或者 1 个季度；纳税人的具体纳税期限，由税务机关根据纳税人应纳税额的大小分别核定；不能按照固定期限纳税的，可以按次纳税。

六、城市维护建设税的纳税申报

纳税人对城市维护建设税、教育费附加和地方教育附加进行申报时，应根据不同的情形分别填报“增值税及附加税费预缴表附列资料（附加税费情况表）”，以及“增值税及附加税费预缴表”；“增值税及附加税费申报表（一般纳税人适用）附列资料（五）（附加税费情况表）”，以及“增值税及附加税费申报表（一般纳税人适用）”；“增值税及附加税费申报表（小规模纳税人适用）附列资料（二）（附加税费情况表）”，以及“增值税及附加税费申报表（小规模纳税人适用）”；“消费税附加税费计算表”，以及“消费税及附加税费申报表”。

【延伸】

教育附加

教育费附加是对缴纳增值税、消费税的单位和个人征收的一种专项附加费，是征税以外的政府行政收费。国务院于1986年4月28日发布了《征收教育费附加的暂行规定》，并于同年7月1日起实施，目的是多渠道筹集教育经费，改善中小学办学条件，促进地方教育事业的发展。

教育费附加对缴纳“两税”的单位和个人征收，以其实际缴纳的“两税”税额为计费依据，分别与“两税”同时缴纳。现行教育费附加的征收率为“两税”税额的3%。同时为规范和拓宽财政性教育经费筹资渠道，支持地方教育事业发展，全面开征地方教育费附加，地方教育费附加统一按增值税、消费税实际缴纳税额的2%征收。教育费附加的减免政策及会计处理与城市维护建设税相同。

任务二　关税的会计实务

关税是由海关根据国家制定的有关法律，以进出关境的货物和物品为征税对象而征收的一种税。

（1）关税属于流转税。不同于所得税和财产税，它以进出口商品的流转额为课税对象，在税率一定的情况下，税额的大小取决于进出口商品的价格高低和交易数量的多少，而与生产、销售商品的成本和费用无关。

（2）关税以进出关境的货物、物品为征税对象。增值税、消费税等流转税的征税范围是在国内流通的商品和劳务，而关税的征税范围是输入和输出关境的货物和物品。

（3）关税是单一环节的价外税。在征税环节方面，关税是在商品的进出口环节征收，其他流转税是在商品的生产或者销售环节征收。

（4）关税的征税机关与其他税种不同，关税由海关征收，其他流转税由国家税务机关征收。

一、关税的征税对象和纳税人

（一）关税的征税对象

关税的征税对象是进出境的货物和物品。“货物”是指贸易性商品；“物品”是指入境旅客随身携带的行李物品、个人邮递物品、各种运输工具上的服务人员携带进口的自用物品、馈赠物品以及其他方式进境的个人物品。对从境外采购进口的原产于中国境内的货物，也应按规定征收进口关税。

（二）关税的纳税人

根据《中华人民共和国海关法》规定，进口货物的收货人、出口货物的发货人、进出境物品的所有人，是关税的纳税义务人。关税纳税人适用的具体情形见表 6-2。

表 6-2 关税纳税人适用的具体情形

<table>
<tr><th colspan="2">适用情形</th><th>纳税人</th></tr>
<tr><td colspan="2">进口货物</td><td>收货人</td></tr>
<tr><td colspan="2">出口货物</td><td>发货人</td></tr>
<tr><td rowspan="4">进境物品</td><td>入境旅客随身携带的行李、物品</td><td>持有人</td></tr>
<tr><td>各种运输工具上服务人员入境时携带自用物品</td><td>所有人</td></tr>
<tr><td>馈赠物品以及其他方式入境个人物品</td><td rowspan="2">收件人</td></tr>
<tr><td>个人邮递物品</td></tr>
</table>

注：“所有人”是指物品的所有者，这里是对所有者的几种情形进行了详细解释。

【注意】

接受纳税人委托办理货物报关等有关手续的代理人，可以代办纳税手续，但不是纳税人。

二、关税的税率

关税的税率分为进口税率和出口税率两种，即以进口和出口两个货物的流向为标准对关税进行分类。

（一）进口税率

进口货物适用何种关税税率是以“进口货物的原产地”为标准的。进口税率的种类与特点见表 6-3。

表 6-3 进口税率的种类与特点

种类	特　点
普通税率	（1）原产于未与我国共同适用或订立最惠国税率、特惠税率或协定税率的国家或地区。 （2）原产地不明
最惠国税率	（1）原产于共同适用最惠国条款的世贸组织成员。 （2）原产于与我国签订最惠国待遇双边协定的国家。 （3）原产于我国
协定税率	原产于与我国签订含有“关税优惠条款”的国家
特惠税率	原产于与我国签订含有“特殊关税优惠条款”的国家

续表 6-3

种类	特 点
关税配额税率	配额与税率结合，配额内税率较低，配额外税率较高
暂定税率	在最惠国税率的基础上，对特殊货物可执行暂定税率

进出口货物，应当按照收发货人或者他们的代理人申报进口或出口之日实施的税率征税；进口货物到达前，经海关核准先行申报的，应当按照装载此货物的运输工具申报进境之日实施的税率征税。

进出口货物的补税和退税，适用该进出口货物原申报进口或者出口之日实施的税率，但另有规定除外。

（二）出口税率

我国对出口货物一般不征收关税，只是对少数资源性产品、具有财政意义、需要限制大量出口或规范出口秩序半制成品才征收关税。出口税率没有普通税率和优惠税率之分，仅针对不同商品实行差别比例税率。

三、关税的税收优惠政策

（一）法定减免

下列进出口货物法定减免关税：

（1）一票货物关税税额、进口环节增值税或者消费税税额在人民币 50 元以下的；

（2）无商业价值的广告品及货样；

（3）国际组织、外国政府无偿赠送的物资；

（4）进出境运输工具装载的途中必需的燃料、物料和饮食用品；

（5）因故退还的中国出口货物，可以免征进口关税，但已征收的出口关税不予退还；

（6）因故退还的境外进口货物，可以免征出口关税，但已征收的进口关税不予退还。

（二）酌情减免

下列进出口货物酌情减免关税：

（1）在境外运输途中或者在起卸时，遭受到损坏或者损失的；

（2）起卸后海关放行前，因不可抗力遭受损坏或者损失的；

（3）海关查验时已经破漏、损坏或者腐烂，经证明不是保管不善造成的。

（三）暂不缴纳关税

下列进出口货物暂不缴纳关税：

（1）在展览会、交易会、会议及类似活动中展示或者使用的货物；

（2）文化、体育交流活动中使用的表演、比赛用品；

（3）进行新闻报道或者摄制电影、电视节目使用的仪器设备及用品；

（4）开展科研、教学、医疗活动使用的仪器设备及用品；

（5）在以上项目（1）~（4）所列活动中使用的交通工具及特种车辆；

（6）货样；

（7）供安装、调试、检测设备时使用的仪器、工具；

（8）盛装货物的容器；

（9）其他用于非商业目的的货物。

（四）不征收关税的特殊情况

因品质或者规格原因，出口货物自出口之日起1年内原状复运进境的，不征收进口关税。因品质或者规格原因，进口货物自进口之日起1年内原状复运出境的，不征收出口关税。

四、关税的计税依据

我国对进出口货物征收关税，主要采取从价计征的办法，以商品价格为标准征收关税。因此，关税主要以进出口货物的完税价格为计税依据。进出口货物的完税价格，由海关以该货物的成交价格为基础审查确定。成交价格不能确定时，完税价格由海关依法估定。

（一）进口货物的完税价格

（1）一般贸易项下进口的货物以海关审定的成交价格为基础的到岸价格作为完税价格。

进口货物完税价格=成交价格（货价）+货物运抵我国关境内输入地点起卸前的包装费、运费、保险费等劳务费用+支付给卖方的佣金+其他费用

（2）特殊贸易方式进口货物的完税价格。对于以某些特殊、灵活的贸易方式（如寄售等）进口的货物，在进口时没有“成交价格”可作依据，为此，《进出口关税条例》对这些进口货物制定了确定其完税价格的方法，本书从略。

（二）出口货物的完税价格

出口货物以海关审定的货物售予境外的离岸价格，扣除出口关税后作为完税价格。计算公式为：

出口货物完税价格=离岸价格÷(1+出口税率)

离岸价格应以该项货物运离关境前的最后一个口岸的离岸价格为实际离岸价格。

五、关税应纳税额的计算

（1）从价税计算方法。从价税是最普遍的关税计征方法，它以进（出）口货物的完税价格作为计税依据。其应纳税额的计算公式为：

应纳税额=应税进（出）口货物数量×单位完税价格×比例税率

（2）从量税计算方法。从量税是以进（出）口货物的数量为计税依据的一种关税计征方法。其应纳税额的计算公式为：

应纳税额=应税进（出）口货物数量×单位货物税额

（3）复合税计算方法。复合税是对某种进（出）口货物同时使用从价和从量计征的一种关税计征方法。其应纳税额的计算公式为：

应纳税额=应税进（出）口货物数量×单位货物税额+应税进（出）口货物数量×单位完税价格×比例税率

（4）滑准税计算方法。滑准税是指关税的税率随着进（出）口货物价格的变动而反方

向变动的一种税率形式，即价格越高，税率越低，税率为比例税率。因此，对实行滑准税的进（出）口货物应纳税额的计算方法与从价税的计算方法相同。其应纳税额的计算公式为：

应纳税额=应税进（出）口货物数量×单位完就价格×滑准税税率

六、关税的会计核算

企业核算应缴纳的关税，应在“应交税费”账户下设置“应交进口关税”“应交出口关税”两个明细账户，并分自营和代理两种情况进行账务处理。

（一）进口关税的会计核算实务

1. 自营进口业务关税的会计核算

企业自营进口业务的关税，通过“应交税费——应交进口关税”和“在途物资”等科目进行会计核算。企业按应缴纳的进口关税额，借记“在途物资”等科目，贷记“应交税费——应交进口关税”科目；实际缴纳进口关税时，借记“应交税费——应交进口关税”科目，贷记“银行存款”等科目。企业自营进口业务的关税，也可以不通过“应交税费——应交进口关税”科目，而是将其与进口货物的价款、国外运费、装卸费、保险费、国内费用一并直接计入进口货物的采购成本，借记“在途物资”等科目，贷记“银行存款”“应付账款”等科目。

2. 代理进口业务关税的会计核算

代理进口业务，对受托方来说，一般不垫付货款，大多以收取手续费的形式为委托方提供代理服务。因此，由于进口而计缴的关税均由委托方负担，受托单位即使向海关缴纳了关税，也只是代垫或是代付，日后仍要从委托方处如数收回。

代理进口业务所计缴的关税，在会计核算上通过设置“应交税费——应交进口关税”科目来反映的，其对应科目是“应付账款”“银行存款”等；收到委托方交来的税款时，借记“银行存款”科目，贷记“预收账款”科目。

（二）出口关税的会计核算实务

1. 自营出口关税的会计核算

征收出口关税的货物项目很少，主要为少数资源性产品及易于竞相杀价、盲目出口、需要规范出口秩序的半制成品。企业自营出口业务的关税，通过“应交税费——应交出口关税”等科目进行会计核算。纳税人按应缴纳的出口关税额，借记“税金及附加”科目，贷记“应交税费——应交出口关税”科目；实际缴纳出口关税时，借记“应交税费——应交出口关税”科目，贷记“银行存款”等科目。企业自营出口业务的关税，也可以不通过“应交税费——应交出口关税”科目，而是直接借记“税金及附加”科目，贷记“银行存款”科目。

2. 代理出口业务关税的会计核算

对于代理出口业务，受托方是以收取手续费形式为委托方提供代理服务，所以，因出口货物而缴纳的出口关税、出口环节增值税、出口环节消费税仍应由委托方负担，受托方只是代缴出口关税、出口环节增值税、出口环节消费税，日后要与委托方结算。

代理出口业务的受托方按计算应代收代缴的出口关税额、出口环节增值税额、出口环节消费税额，借记“应收账款”（或“合同负债”或“应付账款”）科目，贷记“应交税费——代收代交出口关税”“应交税费——代收代交出口增值税（销项税额）”；实际缴纳出口关税、出口环节增值税、出口环节消费税时，借记“应交税费——代收代交出口关税”“应交税费——代收代交出口增值税（销项税额）”“应交税费——代收代交出口消费税”科目，贷记“银行存款”科目。

【任务实例6-2】甲企业为增值税一般纳税人，2023年7月进口A型高档化妆品，其货价为165000美元，货物运抵我国关境内输入地点起卸前的包装费为1500美元，运费为3000美元，保险费为500美元，款项均以银行存款支付。当日汇率为1美元=7元人民币。A型高档化妆品适用的进口关税税率为60%，进口增值税税率为13%，进口消费税税率为15%，材料按实际成本核算。甲企业从海关取得了海关进口增值税专用缴款书，该海关进口增值税专用缴款书2023年7月已经申请稽核比对并且稽核比对结果为相符。

【任务要求】

（1）计算甲企业当月进口货物的应纳进口关税、进口环节增值税和进口环节消费税。

（2）对甲企业上述业务进行账务处理。

【任务实施】

（1）关税完税价格=165000+1500+3000+500=170000（美元）

=170000×7=1190000（元）

应纳进口关税=1190000×60%=714000（元）

A材料采购成本（组成计税价格）=（1190000+714000）÷（1−15%）=2240000（元）

应纳进口环节消费税=2240000×15%=336000（元）

应纳进口环节增值税=2240000×13%=291200（元）

（2）甲企业上述业务账务处理如下。

1）支付货价时。

借：在途物资——A型高档化妆品　　1155000

　贷：银行存款（165000×7）　　1155000

2）支付包装费、运费、保险费时。

借：在途物资——A型高档化妆品　　35000

　贷：银行存款［（1500+3000+500）×7］　　35000

3）确认应纳进口关税和进口环节消费税时。

借：在途物资——A型高档化妆品（714000+336000）　　1050000

　贷：应交税费——应交进口关税　　714000

　　　　　　——应交消费税　　336000

4）缴纳进口关税、进口环节消费税、进口环节增值税时。

借：应交税费——应交进口关税　　714000

　　　　　——应交消费税　　336000

　　　　　——应交增值税（进项税额）　　291200

　贷：银行存款（714000+336000+291200）　　1341200

上述3）和4）分录可以合并。

借：在途物资——A型高档化妆品（714000+336000）　　1050000

　　　　　——应交增值税（进项税额）　　291200

　贷：银行存款（714000+336000+291200）　　1341200

5）货物验收入库时。

借：原材料（或库存商品）——A 型高档化妆品　2240000

　贷：在途物资——A 型高档化妆品（1155000+35000+1050000）　2240000

七、关税的征收管理

（一）关税的申报与缴纳

1. 关税的申报（报关）

进口货物的纳税义务人应当自运输工具申报进境之日起 14 日内，出口货物的纳税义务人除海关特准外，应当在货物运抵海关监管区后装货的 24 小时以前，向货物进（出）境地海关申报，海关根据税则归类和完税价格计算应缴纳的关税和进口环节代征税款，并填发税款缴款书。

2. 关税的缴纳

纳税义务人应当自海关填发税款缴款书之日起 15 日内，向指定银行缴纳税款。纳税义务人因不可抗力或者在国家税收政策调整的情形下，不能按期缴纳税款的，经海关总署批准，可以延期缴纳税款，但最长不得超过 6 个月。

提　示

若关税缴款期限届满日遇星期六、星期日等休息日或者法定节假日，则关税缴纳期限顺延至休息日或者法定节假日之后的第一个工作日。

纳税义务人未按期缴纳税款的，从滞纳税款之日起，按日（周末或法定节假日不予扣除）加收滞纳税款万分之五（即 0. 5‰）的滞纳金。具体计算公式为：

关税滞纳金金额=滞纳关税税额×滞纳金征收比率×滞纳天数

（二）关税的退还、补征和追征

1. 关税的退还

关税的退还是指关税纳税人按海关核定的税额缴纳关税后，因某种原因的出现，海关将实际征收多于应当征收的关税税额（称为溢征关税）退还给原纳税人的一种行政行为。海关发现多征税款的，应当立即通知纳税义务人办理退还手续。纳税义务人发现多缴税款的，自缴纳税款之日起 1 年内，可以以书面形式要求海关退还多缴的税款并加算银行同期活期存款利息；海关应当自受理退税申请之日起 30 日内查实并通知纳税义务人办理退还手续。纳税义务人应当自收到通知之日起 3 个月内办理有关退税手续。

2. 关税的补征和追征

关税的补征和追征是指海关在纳税人按海关核定的税额缴纳关税后，发现实际征收税额少于应征税额（短征关税）时，责令纳税人补缴所差税款的一种行政行为。根据短征关税的原因，将海关征收原短征关税的行为分为补征和追征两种。因纳税人违反海关规定造成短征关税的，称为追征；非因纳税人违反海关规定造成短征关税的，称为补征。

进出口货物放行后，海关发现少征或者漏征税款的，应当自缴纳税款或者货物放行之日起 1 年内，向纳税义务人补征税款。但因纳税义务人违反规定造成少征或者漏征税款的，海关可以自缴纳税款或者货物放行之日起 3 年内追征税款，并从缴纳税款或者货物放行之日起按日加收少征或者漏征税款万分之五的滞纳金。

海关发现海关监管货物因纳税义务人违反规定造成少征或者漏征税款的，应当自纳税义务人应缴纳税款之日起 3 年内追征税款，并从应缴纳税款之日起按日加收少征或者漏征税款万分之五的滞纳金。

任务三 土地增值税的会计实务

一、土地增值税的纳税人、征税范围和税率

土地增值税是对转让国有土地使用权、地上建筑物及其附着物并取得收入的单位和个人，就其转让房地产所取得的增值额征收的一种税。

（一）纳税人

在中华人民共和国境内转让国有土地使用权、地上建筑物及其附着物并取得收入的单位和个人，为土地增值税的纳税义务人，应按规定缴纳土地增值税。单位，是指各类企业单位、事业单位、国家机关和社会团体及其他组织。个人，包括个体经营者。收入，包括转让房地产的全部价款及有关的经济收益。

（二）征税范围

土地增值税的征税范围是转让国有土地使用权、地上建筑物及其附着物，包括转让国有土地使用权、地上建筑物及其附着物连同国有土地使用权一并转让。这里的转让是指有偿转让。转让非国有土地、出让国有土地不征土地增值税。

土地增值税征税范围的具体情形见表 6-4。

表 6-4 土地增值税征税范围的具体情形

具体事项	是否征收土地增值税
1. 合作建房	（1）建成后自用，暂免。 （2）建成后转让，征税
2. 房地产交换	征税（个人之间互换自有居住用房免税）
3. 房地产抵押	（1）抵押期：不征。 （2）期满房地产抵债：征税
4. 房地产出租	不征
5. 房地产评估增值	不征
6. 国家收回国有土地使用权、征用地上建筑物及附着物	免征
7. 代建房行为	不征
8. 房地产的继承	不征
9. 房地产的赠予	不征： （1）赠予直系亲属或承担直接赡养义务人。 （2）赠予福利、公益事业 征税：上述情形以外的房地产赠予

【注意】

房地产开发企业将开发产品用于职工福利、奖励、对外投资、分配给股东或投资人、抵偿债务、换取其他单位和个人的非货币性资产等，发生所有权转移时应视同销售房地产。

（三）税率

土地增值税实行四级超率累进税率。土地增值税税率表见表6-5。

表6-5 土地增值税税率表

级数	增值额与扣除项目金额的比率	税率/%	速算扣除系数/%
1	不超过50%的部分	30	0
2	超过50%～100%的部分	40	5
3	超过100%～200%的部分	50	15
4	超过200%的部分	60	35

二、土地增值税的税收优惠政策

（1）纳税人建造普通标准住宅出售，增值额未超过扣除项目金额20%的，予以免税；超过20%的，应按全部增值额缴纳土地增值税。

房地产开发项目中同时包含普通住宅和非普通住宅的，应分别计算土地增值税的税额。

（2）因国家建设需要依法征用、收回的房地产，免征地增值税。

（3）因城市实施规划、国家建设的需要而搬迁，由纳税人自行转让原房地产的，免征土地增值税。

（4）企事业单位、社会团体以及其他组织转让旧房作为廉租住房、经济适用住房房源且增值额未超过扣除项目金额20%的，免征土地增值税。

（5）个人转让住房暂免征收土地增值税。

三、土地增值税的计税依据

土地增值税的计税依据是纳税人转让房地产所取得的增值额。转让房地产的增值额，是纳税人转让房地产的收入减除税法规定的扣除项目金额后的余额。土地增值额的大小，取决于转让房地产的收入额和扣除项目金额两个因素。

（一）应税收入的确定

纳税人转让房地产取得的应税收入，应包括转让房地产的全部价款及有关的经济收益。从收入的形式来看，包括货币收入、实物收入和其他收入。

（二）扣除项目

1. 新建项目

新建项目具体扣除标准见表6-6。

表 6-6 新建项目具体扣除标准

<table>
<tr><th>转让新建项目</th><th colspan="2">具体扣除项目</th><th colspan="2">扣除标准</th></tr>
<tr><td rowspan="6">房地产开发企业</td><td>拿地</td><td>①取得土地使用权所支付的金额</td><td colspan="2">据实扣除（成本+契税）</td></tr>
<tr><td rowspan="3">建房</td><td>②房地产开发成本</td><td colspan="2">据实扣除</td></tr>
<tr><td rowspan="2">③房地产开发费用</td><td>利息明确</td><td>利息+（①+②）×省级政府确定的比例</td></tr>
<tr><td>利息不明确</td><td>（①+②）×省级政府确定的比例</td></tr>
<tr><td>销售</td><td>④与转让房地产有关的税金</td><td colspan="2">城市维护建设税、教育费附加（不包括印花税）、不得抵扣的增值税</td></tr>
<tr><td>优惠</td><td>⑤加计扣除额</td><td colspan="2">（①+②）×20%</td></tr>
<tr><td rowspan="3">非房地产开发企业</td><td>拿地</td><td>同房地产开发企业</td><td colspan="2">同房地产开发企业</td></tr>
<tr><td>建房</td><td>同房地产开发企业</td><td colspan="2">同房地产开发企业</td></tr>
<tr><td>销售</td><td>不同房地产开发企业</td><td colspan="2">包括城市维护建设税、教育费附加、印花税</td></tr>
</table>

（1）房地产开发成本包括：1）土地征用及拆迁补偿费，包括土地征用费、耕地占用税，以及有关地上、地下附着物拆迁补偿的净支出，安置动迁用房支出等；2）前期工程费；3）建筑安装工程费，是指以出包方式支付给承包单位的建筑安装工程费，以自营方式发生的建筑安装工程费；4）基础设施费；5）公共配套设施费；6）开发间接费用，包括工资、职工福利费、折旧费、修理费、办公费、水电费、劳动保护费、周转房摊销等。

（2）房地产开发费用属于土地增值税扣除项目金额项下的开发土地和新建房及配套设施的费用。开发土地和新建房及配套设施的费用是指与房地产开发项目有关的销售费用、管理费用和财务费用。

房地产开发费用按以下原则处理：1）财务费用中的利息支出，凡能够按转让房地产项目计算分摊并提供金融机构证明的，允许据实扣除，但最高不得超过按商业银行同类同期贷款利率计算的金额。其他房地产开发费用，按照“取得土地使用权所支付的金额”与“房地产开发成本”金额之和的5%计算扣除；2）凡不能按转让房地产项目计算分摊利息支出或不能提供金融机构证明的，房地产开发费用按照“取得土地使用权所支付的金额”与“房地产开发成本”金额之和的10%计算扣除。全部使用自有资金，没有利息支出的，按照以上方法扣除。

【注意】

有两项即使明确也不得扣除的利息：（1）利息的上浮幅度按国家的有关规定执行，超过上浮幅度的部分不允许扣除；（2）超过贷款期限的利息部分和加罚的利息不允许扣除。

2. 销售旧房

销售旧房具体扣除标准见表 6-7。

表 6-7 销售旧房具体扣除标准

转让存量项目	具体扣除项目		扣除标准
房屋	房	房屋及建筑物的评估价格	重置成本价×成新率
	地	取得土地使用权所支付的地价款和缴纳的有关费用	据实扣除
	销售	与转让房地产有关的税金	据实扣除
土地	地	取得土地使用权所支付的地价款和缴纳的有关费用	据实扣除
	销售	与转让土地使用权有关的税金	据实扣除

四、土地增值税的税额计算

土地增值税应纳税额的计算可分为以下四步。

（1）计算增值额。计算公式为：

增值额=房地产转让收入-扣除项目金额

（2）计算增值率。计算公式为：

增值率=增值额÷扣除项目金额×100%

（3）确定适用税率和速算扣除系数。按照计算出的增值率，从土地增值税税率表中确定适用税率和速算扣除系数。

（4）计算应纳税额。计算公式为：

应纳税额=增值额×适用税率-扣除项目金额×速算扣除系数

五、土地增值税的会计核算

（一）房地产开发企业土地增值税的会计核算

房地产开发企业计提土地增值税时，借记“税金及附加”科目，贷记“应交税费——应交土地增值税”科目；实际缴纳土地增值税时，借记“应交税费——应交土地增值税”科目，贷记“银行存款”科目。

房地产开发企业采取预售方式销售房地产的，对在项目全部竣工结算前转让房地产取得的收入，税务机关可以预征土地增值税，房地产开发企业按税法规定预缴的土地增值税，借记“应交税费——应交土地增值税”科目，贷记“银行存款”科目；待项目办理完土地增值税清算时，借记“税金及附加”科目，贷记“应交税费——应交土地增值税”科目；若收到退回多缴的土地增值税，借记“银行存款”科目，贷记“应交税费——应交土地增值税”科目；若补缴土地增值税，则编制相反的会计分录。

【任务实例 6-3】甲房地产开发有限公司为增值税一般纳税人，地处市区，2023 年 5 月整体转让一栋普通住宅，转让取得的含税收入为 15000 万元，款项已存入银行；在扣除项目中，土地出让金为 3000 万元（款项以银行存款支付），假设房地产开发成本只有建筑安装工程费，包括购买的建筑材料 3000 万元（含增值税，取得增值税专用发票，税率 13%，款项以银行存款支付），支付给建筑公司的建设工程款 1000 万元（含增值税，取得增值税专用发票，税率 9%，款项以银行存款支付），房地产开发费用中的利息支出为

1200万元（不能按转让房地产项目计算分摊利息支出，也不能提供金融机构证明），房地产开发费用的计算扣除比例为10%。甲房地产开发有限公司取得的增值税专用发票均于取得的当月符合抵扣规定。当地税务机关认为，因转让房地产缴纳的教育费附加、地方教育附加均可视同“与转让房地产有关的税金”，作为土地增值税的扣除项目。

【任务要求】

（1）计算甲房地产开发有限公司应纳的土地增值税。

（2）对甲房地产开发有限公司上述业务进行账务处理。

【任务实施】

（1）计算甲房地产开发有限公司应纳的土地增值税。

1）销售房地产应纳增值税

=(全部价款和价外费用-当期允许扣除的土地价款)÷(1+9%)×9%-进项税额

=(150000000-30000000)÷(1+9%)×9%-30000000÷(1+13%)×13%-10000000÷(1+9%)×9%=5631241.37（元）

营业税改征增值税后，土地增值税纳税人转让房地产取得的收入为不含增值税收入。

土地增值税纳税人转让房地产的收入（不含增值税收入）=150000000-(150000000-30000000)÷(1+9%)×9%=140091743.12（元）

2）取得土地使用权所支付的金额（土地价款）=30000000元

房地产开发成本=30000000÷(1+13%)+10000000÷(1+9%)

=26548672.57+9174311.93=35722984.5（元）

房地产开发费用=(土地价款+房地产开发成本)×10%

=(30000000+35722984.5)×10%=6572298.45（元）

与转让房地产有关的税金=城市维护建设税+教育费附加+地方教育附加

=5631241.37×7%+5631241.37×3%+5631241.37×2%

=394186.90+168937.24+112624.83=675748.97（元）

加计扣除=(土地价款+房地产开发成本)×20%

=(30000000+35722984.5)×20%=13144596.9（元）

转让房地产的扣除项目金额合计=30000000+35722984.5+6572298.45+675748.97+13144596.9=86115628.82（元）

3）转让房地产的增值额=140 091743.12-86115628.82=53976114.3（元）

4）增值额与扣除项目金额的比率（增值率）=53976114.3÷86115628.82×100%=62.68%

适用税率为40%，速算扣除系数为5%。

应纳土地增值税=53976114.30×40%-86115628.82×5%=17284664.28（元）

（2）对甲房地产开发有限公司上述业务进行账务处理。

1）支付土地出让金时。

借：开发成本——土地出让金　　30000000

　贷：银行存款　　30000000

2）购买建筑材料时。

借：开发成本——建筑安装费［30000000÷(1+13%)］　　26548672.57

应交税费——应交增值税（进项税额）[30000000÷(1+13%)×13%]
3451327.43
贷：银行存款　30000000

3）支付建设工程款时。

借：开发成本——建筑安装费 [10000000÷(1+9%)]　9174311.93
应交税费——应交增值税（进项税额）[10000000÷(1+9%)×9%]　825688.07
贷：银行存款　10000000

4）转让住宅时。

借：银行存款　150000000
贷：主营业务收入 [150000000÷(1+9%)]　137614678.90
应交税费——应交增值税（销项税额）[150000000÷(1+9%)×9%]
12385321.10

5）抵减销项税额时。

借：应交税费——应交增值税（销项税额抵减）[30000000÷(1+9%)×9%]
2477064.22
贷：主营业务成本　2477064.22

6）结转成本时。

借：开发产品　65722984.5
贷：开发成本——土地出让金　30000000
——建筑安装费（26548672.57+9174311.93）　35722985.5
借：主营业务成本　65722984.5
贷：开发产品　65722984.5

7）计提城市维护建设税、教育费附加和地方教育附加时。

借：税金及附加　675748.97
贷：应交税费——应交城市维护建设税（5631241.37×7%）　394186.90
——应交教育费附加（5631241.37×3%）　168937.24
——应交地方教育附加（5631241.37×2%）　112624.83

8）缴纳城市维护建设税、教育费附加和地方教育附加时。

借：应交税费——应交城市维护建设税　394186.90
——应交教育费附加　168937.24
——应交地方教育附加　112624.83
贷：银行存款　675748.97

9）计提土地增值税时。

借：税金及附加　17284664.28
贷：应交税费——应交土地增值税　17284664.28

10）缴纳土地增值税时。

借：应交税费——应交土地增值税　17284664.28
贷：银行存款　17284664.28

（二）非房地产开发企业土地增值税的会计核算

非房地产开发企业对于地上建筑物及其附着物连同国有土地使用权一并转让的业务通

过“固定资产清理”等科目核算，按转让时应缴纳的土地增值税税额，借记“固定资产清理”科目，贷记“应交税费——应交土地增值税”科目。实际缴纳土地增值税时，借记“应交税费——应交土地增值税”科目，贷记“银行存款”科目。

【任务实例 6-4】 2023 年 12 月，甲公司将办公楼进行有偿转让，根据税法规定计算的应交土地增值税为 446.5 万元。请做相关的会计处理。

【任务要求】 对甲公司上述业务进行账务处理。

【任务实施】

（1）计算应交土地增值税时。

借：固定资产清理　　4465000

　贷：应交税费——应交土地增值税　　4465000

（2）用银行存款缴纳土地增值税时。

借：应交税费——应交地增值税　　4465000

　贷：银行存款　　4465000

六、土地增值税的征收管理

（一）纳税义务的发生时间和纳税期限

（1）纳税人应当自转让房地产合同签订之日起 7 日内向房地产所在地主管税务机关办理纳税申报。纳税人因经常发生房地产转让而难以在每次转让后申报的，经税务机关审核同意后，可以定期进行纳税申报，具体期限由税务机关根据情况确定。

（2）对纳税人在项目全部竣工结算前转让房地产取得的收入可以预征土地增值税。

（3）纳税人在办理纳税申报时，应如实填写《土地增值税纳税申报表》，并向税务机关提交房屋及建筑物产权、土地使用权证书，土地使用权转让、房产买卖合同，房地产评估报告及其他与转让房地产有关的资料。

土地增值税纳税人未按规定提供前述有关资料，或不如实申报房地产交易额及规定扣除项目金额造成少缴或未缴税款的，按《中华人民共和国土地增值税暂行条例》（以下简称《土地增值税暂行条例》）的规定进行处理。

（二）纳税地点

纳税人要向房地产所在地的主管税务机关办理纳税申报。如果转让的房地产坐落在两个或两个以上地区，需要按照房地产所在地分别进行申报纳税。房地产所在地，是指房地产的坐落地。

七、土地增值税的纳税申报

纳税人对土地增值税进行纳税申报时，应填报“土地增值税税源明细表”“财产和行为税减免税明细申报附表”和“财产和行为税纳税申报表”。

任务四　资源税的会计实务

资源税是对在中华人民共和国领域和中华人民共和国管辖的其他海域开发应税资源的单位和个人征收的一种税。

一、资源税的纳税人、征税范围和税率

（一）纳税人

资源税的纳税人是指在中华人民共和国领域及管辖海域开采应税资源的单位和个人。

资源税扣缴义务人为收购未税矿产资源的单位，包括独立矿山、联合企业及其他收购未税矿产资源的单位。

（二）征税范围

根据《中华人民共和国资源税法》，现行资源税征税范围主要包括能源矿产、金属矿产、非金属矿产、水气矿产、盐五个税目，同时设若干个子目，具体包括如下。

（1）能源矿产，包括：原油；天然气、页岩气、天然气水合物；煤；煤成（层）气；铀、钍；油页岩、油砂、天然沥青、石煤；地热。

（2）金属矿产，包括：黑色金属和有色金属。

（3）非金属矿产，包括矿物类、岩石类和宝玉石类。

（4）水气矿产，包括：二氧化碳气、硫化氢气、氦气、氡气；矿泉水。

（5）盐，包括：钠盐、钾盐、镁盐、锂盐；天然卤水；海盐。

提　示

纳税人开采或者生产应税产品自用的，应当依照《资源税法》的规定缴纳资源税；但是，自用于连续生产应税产品的，不缴纳资源税。

（三）税率

资源税实行从价定率和从量定额计征，以从价定率为主，从量定额为辅。绝大多数应税矿产品执行比例税率，少数特殊资源可选择适用比例税率或定额税率。

纳税人开采或者生产不同税目应税产品的，应当分别核算不同税目应税产品的销售额或者销售数量；未分别核算或者不能准确提供不同税目应税产品的销售额或者销售数量的，从高适用税率。

资源税税目、税率见表6-8。

表6-8　资源税税目、税率

税目		征税对象	税率
能源矿产	原油	原矿	6%
	天然气、页岩气、天然气水合物	原矿	6%
	煤	原矿或者选矿	2%~10%
	煤成（层）气	原矿	1%~2%
	铀、钍	原矿	4%
	油页岩、油砂、天然沥青、石煤	原矿或者选矿	1%~4%
	地热	原矿	1%~20%或者每立方米1~30元

续表 6-8

税　目			征税对象	税率
金属矿产	黑色金属	铁、锰、铬、钒、钛	原矿或者选矿	1%~9%
	有色金属	铜、铅、锌、锡、镍、锑、镁、钴、铋、汞	原矿或者选矿	2%~9%
		铝土矿	原矿或者选矿	2%~9%
		钨	选矿	6.5%
		钼	选矿	8%
		金、银	原矿或者选矿	2%~6%
		铂、钯、钌、锇、铱、铑	原矿或者选矿	5%~10%
		轻稀土	选矿	7%~12%
		中重稀土	选矿	20%
		铍、锂、锆、锶、铷、铯、铌、钽、锗、镓、铟、铊、铪、铼、镉、硒、碲	原矿或者选矿	2%~10%
非金属矿产	矿物类	高岭土	原矿或者选矿	1%~6%
		石灰岩	原矿或者选矿	1%~6%或者每吨（或者每立方米）1~10元
		磷	原矿或者选矿	3%~8%
		石墨	原矿或者选矿	3%~12%
		萤石、硫铁矿、自然硫	原矿或者选矿	1%~8%
		天然石英砂、脉石英、粉石英、水晶、工业用金刚石、冰洲石、蓝晶石、硅线石（矽线石）、长石、滑石、刚玉、菱镁矿、颜料矿物、天然碱、芒硝、钠硝石、明矾石、砷、硼、碘、溴、膨润土、硅藻土、陶瓷土、耐火黏土、铁矾土、凹凸棒石黏土、海泡石黏土、伊利石黏土、累托石黏土	原矿或者选矿	1%~12%
		叶蜡石、硅灰石、透辉石、珍珠岩、云母、沸石、重晶石、毒重石、方解石、蛭石、透闪石、工业用电气石、白垩、石棉、蓝石棉、红柱石、石榴子石、石膏	原矿或者选矿	2%~12%
		其他黏土（铸型用黏土、砖瓦用黏土、陶粒用黏土、水泥配料用黏土、水泥配料用红土、水泥配料用黄土、水泥配料用泥岩、保温材料用黏土）	原矿或者选矿	1%~5%或者每吨（或者每立方米）0.1~5元

续表 6-8

税目			征税对象	税率
非金属矿产	岩石类	大理岩、花岗岩、白云岩、石英岩、砂岩、辉绿岩、安山岩、闪长岩、板岩、玄武岩、片麻岩、角闪岩、页岩、浮石、凝灰岩、黑曜岩、霞石正长岩、蛇纹岩、麦饭石、泥灰岩、含钾岩石、含钾砂页岩、天然油石、橄榄岩、松脂岩、粗面岩、辉长岩、辉石岩、正长岩、火山灰、火山渣、泥炭	原矿或者选矿	1%~10%
		砂石	原矿或者选矿	1%~5%或者每吨（或者每立方米）0.1~5元
	宝玉石类	宝石、玉石、宝石级金刚石、玛瑙、黄玉、碧玺	原矿或者选矿	4%~20%
水气矿产	二氧化碳气、硫化氢气、氦气、氡气		原矿	2%~5%
	矿泉水		原矿	1%~20%或者每立方米1~30元
盐	钠盐、钾盐、镁盐、锂盐		选矿	3%~15%
	天然卤水		原矿	3%~15%或者每吨（或者每立方米）1~10元
	海盐		原矿或者选矿	2%~5%

二、资源税的税收优惠政策

根据国民经济和社会发展需要，国务院对有利于促进资源节约集约利用、保护环境等情形可以规定免征或者减征资源税，具体有以下情形。

（一）免征资源税

（1）开采原油以及在油田范围内运输原油过程中用于加热的原油、天然气。

（2）煤炭开采企业因安全生产需要抽采的煤成（层）气。

（二）减征资源税

（1）从低丰度油气田开采的原油、天然气，减征20%资源税。

（2）高含硫天然气、三次采油和从深水油气田开采的原油、天然气，减征30%资源税。

（3）稠油、高凝油减征40%资源税。

三、资源税的计算

资源税的税款计算以从价计征为主，少数情况采用从量计征。地热、石灰岩、其他黏土、砂石、矿泉水、天然卤水等矿产品纳税人可以选择适用从价或者从量计算。

(一) 从价计征

从价计征的应税产品以销售额为计税依据。公式为:

应纳税额=销售额×比例税率

(1) 销售额确定的一般规定。销售额是指纳税人销售应税产品向购买方收取的全部价款和价外费用，不包括增值税销项税额和运杂费用。

运杂费用是指应税产品从坑口或洗选（加工）地到车站、码头或购买方指定地点的运输费用、建设基金以及随运销产生的装卸、仓储、港杂费用。运杂费用应与销售额分别核算，凡未取得相应凭据或不能与销售额分别核算的，应当一并计征资源税。

(2) 组成计税价格。纳税人申报的应税产品销售额明显偏低并且无正当理由的、有视同销售应税产品行为而无销售额的，除财政部、国家税务总局另有规定外，按下列顺序确定销售额。

1) 按纳税人最近时期同类产品的平均销售价格确定。

2) 按其他纳税人最近时期同类产品的平均销售价格确定。

3) 按后续加工非应税产品销售价格，减去后续加工环节的成本利润后确定。

4) 按应税产品组成计税价格确定。组成计税价格的计算公式为:

组成计税价格=成本×(1+成本利润率)÷(1−资源税税率)

上述公式中的成本利润率由省、自治区、直辖市税务机关确定。

5) 按其他合理方法确定。

【延伸】

关于原矿销售额与精矿销售额的换算或折算

为公平原矿与精矿之间的税负，对同一种应税产品，征税对象为精矿的，纳税人销售原矿时，应将原矿销售额换算为精矿销售额缴纳资源税；征税对象为原矿的，纳税人销售自采原矿加工的精矿，应将精矿销售额折算为原矿销售额缴纳资源税。

换算比或折算率原则上应通过原矿售价、精矿售价和选矿比计算，也可通过原矿销售额、加工环节平均成本和利润计算。公式如下：

精矿销售额=原矿销售额+原矿加工为精矿的成本×(1+成本利润率)

或

精矿销售额=原矿销售额×换算比

其中：

换算比=同类精矿单位价格÷(原矿单位价格×选矿比)

选矿比=加工精矿耗用的原矿数量÷精矿数量

(二) 从量计征

从量计征的应税产品以销售量为计税依据。公式为:

应纳税额=销售数量×定额税率

计税依据确定的具体规定：纳税人开采或生产应税产品直接对外销售的，以销售数量为计税依据；纳税人开采或生产应税产品自用的，以移送使用数量为计税依据。

（三）计税依据确定的其他规定

（1）纳税人用已纳资源税的应税产品进一步加工应税产品销售的，不再缴纳资源税。纳税人外购应税产品与自采应税产品混合销售或者混合加工为应税产品销售的，在计算应税产品销售额或者销售数量时，准予扣减外购应税产品的购进金额或者购进数量；当期不足扣减的，可结转下期扣减。纳税人应当准确核算外购应税产品的购进金额或者购进数量，未准确核算的，一并计算缴纳资源税。

提 示

纳税人核算并扣减当期外购应税产品购进金额、购进数量，应当依据外购应税产品的增值税发票、海关进口增值税专用缴款书或者其他合法有效凭据。

（2）纳税人以外购原矿与自采原矿混合为原矿销售，或者以外购选矿产品与自产选矿产品混合为选矿产品销售的，在计算应税产品销售额或者销售数量时，直接扣减外购原矿或者外购选矿产品的购进金额或者购进数量。

纳税人以外购原矿与自采原矿混合洗选加工为选矿产品销售的，在计算应税产品销售额或者销售数量时，按照下列方法进行扣减：

$$\begin{array}{c}\text{准予扣减的外购应税}\\\text{产品购进金额(数量)}\end{array}=\text{外购原矿购进金额(数量)}\times\left(\begin{array}{c}\text{本地区原矿}\\\text{适用税率}\end{array}-\begin{array}{c}\text{本地区选矿}\\\text{产品适用税率}\end{array}\right)$$

不能按照上述方法计算扣减的，按照主管税务机关确定的其他合理方法进行扣减。

【任务实例 6-5】某油气田开采企业 2023 年 6 月开采天然气 100 万立方米，开采成本为 150 万元。全部销售给关联企业，税务机关认定其价格明显偏低，且企业不能提出正当理由。当地无同类天然气售价，主管税务机关确定的成本利润率为 10%。

【任务要求】计算该油气田开采企业当月应纳资源税。

【任务实施】

根据税法规定，纳税人申报的应税产品销售额明显偏低并且无正当理由的，应由税务机关核定计税依据，当地无同类应税产品售价的，按组成计税价格计税。

$$\text{应纳资源税}=150\times(1+10\%)\div(1-6\%)\times6\%=10.53\text{（万元）}$$

四、资源税的会计核算

企业应在“应交税费”科目下设置“应交资源税”明细科目，用来核算企业应交资源税的发生和缴纳情况。该科目贷方反映企业应缴纳的资源税税额，借方反映企业已经缴纳或允许抵扣的资源税，余额在贷方，表示企业应交而未交的资源税税额。

（一）直接销售应税产品资源税的会计核算

企业直接销售应税产品，在计提资源税时，借记“税金及附加”科目，贷记“应交税费——应交资源税”科目；实际缴纳资源税时，借记“应交税费——应交资源税”科目，贷记“银行存款”科目。

【任务实例 6-6】某矿山开采稀土原矿，2023 年 5 月，将部分原矿用于加工成稀土精矿，全部对外销售，向购买方收取的含增值税价款为 150 万元。已知稀土精矿适用的资源税税率为 12%。

【任务要求】 请计算该矿山应纳增值税和资源税税额，并作相关的会计处理。

【任务实施】

应纳增值税税额＝150÷(1+13%)×13%＝17.26（万元）

应纳资源税税额＝150÷(1+13%)×12%＝15.93（万元）

(1) 确认收入和增值税销项税额时。

借：银行存款	1500000
贷：主营业务收入	1327400
应交税费——应交增值税（销项税额）	172600

(2) 计提资源税时。

借：税金及附加	159300
贷：应交税费——应交资源税	159300

(3) 缴纳资源税时。

借：应交税费——应交资源税	159300
贷：银行存款	159300

(二) 自产自用应税产品应纳资源税的会计核算

企业自产自用应税产品，自用于连续生产应税产品的，不缴纳资源税。企业自产自用应税产品，自用于其他方面的视同销售，应当依照规定缴纳资源税。企业自产自用应税产品按规定计提资源税时，借记“生产成本”“制造费用”“应付职工薪酬”等科目，贷记“应交税费——应交资源税”科目；实际缴纳资源税时，借记“应交税费——应交资源税”科目，贷记“银行存款”科目。

【任务实例 6-7】 某企业为增值税一般纳税人，2023 年 1 月，企业职工食堂和宿舍供热等领用企业开采的原煤 550 吨，原煤的不含税售价为每吨 72 元，生产成本为每吨 50 元。原煤的资源税适用税率为 2%。

【任务要求】 请计算该企业应缴纳的资源税税额，并作相关的会计处理。

【任务实施】

该企业领用原煤应纳资源税税额＝550×72×2%＝792（元）

(1) 计算应缴纳的增值税时。

借：应付职工薪酬	32648
贷：库存商品	27500
应交税费——应交增值税（销项税额）	5148

(2) 计算应缴纳的资源税时。

借：税金及附加	792
贷：应交税费——应交资源税	792

(3) 缴纳资源税时。

借：应交税费——应交资源税	792
贷：银行存款	792

五、资源税的征收管理

资源税由税务机关依照《资源税法》和《税收征收管理法》的规定征收管理。海上开采的原油和天然气资源税由海洋石油税务管理机构征收管理。税务机关与自然资源等相关部门应当建立工作配合机制，加强资源税征收管理。

（1）资源税的纳税义务发生时间。纳税人销售应税产品，纳税义务发生时间为收讫销售款项或者取得索取销售款项凭据的当日；自用应税产品的，纳税义务发生时间为移送应税产品的当日。

（2）资源税的纳税期限。资源税按月或者按季申报缴纳；不能按固定期限计算缴纳的，可以按次申报缴纳。

纳税人按月或者按季申报缴纳的，应当自月度或者季度终了之日起 15 日内，向税务机关办理纳税申报并缴纳税款；按次申报缴纳的，应当自纳税义务发生之日起 15 日内，向税务机关办理纳税申报并缴纳税款。

（3）资源税的纳税地点。纳税人应当在矿产品的开采地或者海盐的生产地缴纳资源税。

六、资源税的纳税申报

纳税人对资源税进行纳税申报时，应填报“资源税税源明细表”“财产和行为税减免税明细申报附表”和“财产和行为税纳税申报表”。

任务五　城镇土地使用税的会计实务

城镇土地使用税是国家在城市、县城、建制镇和工矿区范围内，对使用土地的单位和个人，以其实际占用的土地面积为计税依据，按照规定的税额计算征收的一种税。

一、城镇土地使用税的纳税人、征税范围和税率

（一）纳税人

城镇土地使用税的纳税人，是指在税法规定的征税范围内使用土地的单位和个人。

城镇土地使用税的纳税人，根据用地者的不同情况分别确定为：

（1）城镇土地使用税由拥有土地使用权的单位或个人缴纳；

（2）拥有土地使用权的纳税人不在土地所在地的，由代管人或实际使用人缴纳；

（3）土地使用权未确定或权属纠纷未解决的，由实际使用人纳税；

（4）土地使用权共有的，共有各方均为纳税人，由共有各方分别纳税，以共有各方实际使用土地的面积占总面积的比例，分别计算缴纳城镇土地使用税。

（二）征税范围

凡在城市、县城、建制镇、工矿区范围内的土地，不论是属于国家所有的，还是属于集体所有的，都属于城镇土地使用税的征税范围。

提　示

自 2009 年 1 月 1 日起，公园、名胜古迹内的索道公司的经营用地，应按规定缴纳城镇土地使用税。

（三）税率

城镇土地使用税采用定额税率，即采用有幅度的差别税额，按大、中、小城市和县

城、建制镇、工矿区分别规定每平方米城镇土地使用税年应纳税额。城镇土地使用税税率表见表 6-9。

表 6-9 城镇土地使用税税率表

级别	人口	每平方米税额/元
大城市	50 万人以上	1.5~30
中等城市	20 万~50 万人	1.2~24
小城市	20 万人以下	0.9~18
县城、建制镇、工矿区		0.6~12

二、城镇土地使用税的税收优惠政策

城镇土地使用税的税收优惠政策见表 6-10。

表 6-10 城镇土地使用税的税收优惠政策

行为	优惠政策	
非经营行为	免征	(1) 国家机关、人民团体、军队自用的土地。 (2) 由国家财政部门拨付事业经费的单位自用的土地。 (3) 宗教寺庙、公园、名胜古迹自用的土地（公园、名胜古迹内附设的营业单位占用的土地，如索道公司经营用地，应缴纳城镇土地使用税）。 (4) 市政街道广场绿化地带等公共用地。 (5) 老年服务机构的自用土地
国家鼓励的行为	免征	(1) 直接用于农、林、牧、渔业的生产用地。 (2) 经批准开山填海整治的土地和改造的废弃地，从使用的月份起免缴城镇土地使用税 5~10 年。 (3) 农产品批发市场、农贸市场用地。 (4) 国家级省级科技企业孵化器等用地。 (5) 企业办的学校、医院、托儿所、幼儿园，其用地能与企业其他用地明确区分的。 (6) 全民健身体育场馆用地
占用耕地		缴纳了耕地占用税的，从批准征用之日起满 1 年后征收城镇土地使用税
无偿使用	免征	免税单位无偿使用纳税单位的土地
	不免征	纳税单位无偿使用免税单位的土地
房地产开发	免征	经批准开发建设经济适用房的用地
	不免征	其他各类房地产开发用地

续表 6-10

行为	优惠政策	
各行业免征规定	厂区内征	包括办公区、生活区、绿化带、机场跑道等（自 2016 年 1 月 1 日起，企业范围内的荒山、林地、湖泊等占地，全额征收城镇土地使用税）
	厂区外免征	企业的铁路专用线、公路等用地；在厂区以外、与社会公用地段未加隔离的
		火电厂围墙外的灰场、输灰管、输油（气）管道、铁路专用线用地；水电站发电厂房、生产、办公、生活以外的用地；供电部门的输电线路、变电站用地
		盐场的盐滩、盐矿的矿井用地
		林场的育林地、运材道、防火道、防火设施用地；森林公园、自然保护区用地
		水利设施及其管护用地：如水库库区、大坝、堤防、灌渠、泵站等用地
		港口：码头用地
		机场：飞行区用地、场内外通信导航设施用地、飞行区四周排水防洪设施用地、场外的道路用地
		石油行业：地质勘探、钻井、井下作业、油气田地面工程等施工临时用地；企业厂区以外的铁路专用线、公路及输油管道用地；油气长输管线用地在城市、县城、建制镇以外工矿区内的消防、防洪排涝、防风、防沙设施用地

三、城镇土地使用税的计算

（一）计税依据

城镇土地使用税以纳税人实际占用的土地面积为计税依据。凡由省级人民政府确定的单位组织测定土地面积的，以测定的土地面积为准。尚未组织测定，但纳税人持有政府部门核发的土地使用权证书的，以证书确定的土地面积为准。尚未核发土地使用权证书的，应当由纳税人据实申报土地面积，待核发土地使用权证书后再作调整。

（二）应纳税额的计算

城镇土地使用税采用从量计税的方法，计算公式为：

年应纳税额=实际占用应税土地面积（平方米）×适用税额

【任务实例 6-8】 2023 年年初，某企业实际占地面积为 7000 平方米，其中含有企业内开办的医院占地 2000 平方米。2023 年 4 月，该企业为扩大生产，根据有关部门的批准，新征用非耕地 3000 平方米。另外，企业区域外公共绿化用地占地 1500 平方米。已知该企业所处地段适用年纳税额 5 元/平方米。

【任务要求】 请计算该企业当年应缴纳城镇土地使用税税额。

【任务实施】

医院用地、企业区域外公共绿化用地可以免缴城镇土地使用税。

应缴纳城镇土地使用税税额 = (7000−2000)×5+3000×5×8÷12 = 35000（元）

四、城镇土地使用税的会计核算

城镇土地使用税的会计核算应设置“应交税费——应交城镇土地使用税”科目。该科目贷方登记本期应缴纳的城镇土地使用税税额；借方登记企业实际缴纳的城镇土地使用税税额；末贷方余额表示企业应缴而未缴的城镇土地使用税税额。

核算时，企业按规定计算应交城镇土地使用税，借记“税金及附加”科目，贷记“应交税费——应交城镇土地使用税”科目；实际缴纳城镇土地使用税时，借记“应交税费——应交城镇土地使用税”科目，贷记“银行存款科目”。

【任务实例 6-9】 甲贸易公司位于市区，实际占地面积为 7000 平方米，其中办公区占地 5000 平方米，生活区占地 1000 平方米，自办托幼机构占地 1000 平方米。甲贸易公司还有一个位于农村的仓库，实际占地面积为 1500 平方米。已知城镇土地使用税适用税率每平方米税额为 5 元。该公司采用按月计提，按半年缴纳城镇土地使用税税款。

【任务要求】 假设该公司于 2023 年 7 月缴纳上半年税款，请计算应缴纳的城镇土地使用税税额并进行会计处理。

【任务实施】

2023 年上半年应缴纳城镇土地使用税税额 = 6000×5÷2 = 15000（元）

每月计提城镇土地使用税税额 = 15000÷6 = 2500（元）

（1）按月计提城镇土地使用税时。

借：税金及附加 2500

　贷：应交税费——应交城镇土地使用税 2500

（2）缴纳上半年城镇土地使用税时。

借：应交税费——应交城镇土地使用税 15000

　贷：银行存款 15000

五、城镇土地使用税的征收管理

（一）纳税义务的发生时间

（1）纳税人购置新建商品房，自房屋交付使用之次月起，缴纳城镇土地使用税。

（2）纳税人购置存量房，自办理房屋权属转移、变更登记手续，房地产权属登记机关签发房屋权属证书之次月起，缴纳城镇土地使用税。

（3）纳税人出租、出借房产（由房产所有人缴纳），自交付出租、出借房产之次月起，缴纳城镇土地使用税。

（4）以出让或转让方式有偿取得土地使用权的，应由受让方从合同约定交付土地时间的次月起缴纳城镇土地使用税，合同未约定交付时间的，由受让方从合同签订的次月起缴纳城镇土地使用税。

（5）纳税人新征用的耕地，自批准征用之日起满1年时开始缴纳城镇土地使用税。

（6）纳税人新征用的非耕地，自批准征用次月起缴纳城镇土地使用税。

提　示

自2009年1月1日起，纳税人因土地的权利发生变化而依法终止城镇土地使用税纳税义务的，其应纳税款的计算应截止到土地权利发生变化的当月末。

（二）征收方式和纳税地点

城镇土地使用税按年计算、分期缴纳。缴纳期限由省、自治区、直辖市人民政府确定。城镇土地使用税由土地所在地的税务机关征收。土地管理机关应当向土地所在地的税务机关提供土地使用权属资料。

六、城镇土地使用税的纳税申报

纳税人对城镇土地使用税进行纳税申报时，应填报“城镇土地使用税　房产税税源明细表”“财产和行为税减免税明细申报附表”和“财产和行为税纳税申报表”。

任务六　房产税的会计实务

房产税，是以房产为征税对象，按照房产的计税余值或租金收入向房产所有人或经营管理人等征收的一种税。

一、房产税的纳税人、征税范围和税率

（一）纳税人

房产税的纳税人是指在我国城市、县城、建制镇和工矿区（不包括农村）内拥有房屋产权的单位和个人，具体包括产权所有人、承典人、房产代管人或者使用人，主要包括以下几种：

（1）产权属于国家的，其经营管理的单位为纳税人；产权属于集体和个人的，集体单位和个人为纳税人；

（2）产权出典的，承典人为纳税人；

（3）产权所有人、承典人均不在房产所在地的，房产代管人或者使用人为纳税人；

（4）产权未确定以及租典（租赁、出典）纠纷未解决的，房产代管人或者使用人为纳税人；

（5）纳税单位和个人无租使用房产管理部门、免税单位及纳税单位的房产，由使用人代为缴纳房产税。

（二）征税范围

房产税的征税范围为城市、县城、建制镇和工矿区的房产，不包括农村。房产是以房屋形态存在的财产，包括房屋和与房屋不可分割的配套设施和附属设备。但独立于房屋之外的建筑物，如房产围墙、水塔、烟囱、室外游泳池等，不属于房产。

【注意】

房地产开发企业建造的商品房，在出售前，不征收房产税，但对出售前房地产开发企业已使用或出租、出借的商品房应按规定征收房产税。

（三）税率

我国现行房产税采用比例税率。从价计征和从租计征实行不同标准的比例税率。

（1）从价计征的，税率为 1.2%。

（2）从租计征的，税率为 12%。对个人出租住房，不区分用途，按 4%的税率征收房产税；对企事业单位、社会团体以及其他组织按市场价格向个人出租用于居住的住房，减按 4%的税率征收房产税。

二、房产税的税收优惠政策

下列房产免征房产税：

（1）国家机关、人民团体、军队自用的房产；

（2）由国家财政部门拨付事业经费的单位自用的房产；

（3）宗教寺庙、公园、名胜古迹自用的房产；

（4）个人所有非营业用的房产；

（5）企业办的各类学校、医院、托儿所、幼儿园自用的房产；

（6）经营公租房的租金收入，免征房产税；

（7）经财政部和省税务局批准免税的其他房产。

纳税人纳税确有困难的，可由省、自治区、直辖市人民政府确定，定期减征或者免征房产税。

三、房产税的计算

（一）计税依据

1. 从价计征的计税依据

从价计征的计税依据为按照房产原值一次减除 10%～30%损耗后的余值（扣除比例由省、自治区、直辖市人民政府确定）。

对于房产原值的规定主要有以下几点。

（1）房产原值是指纳税人按照会计制度规定，在会计账簿“固定资产”科目中记载的房屋原价（不减除折旧）。因此，凡按会计制度规定在账簿中记载有房屋原价的，应以房屋原价按规定减除一定比例后作为房产余值计征房产税；没有记载房屋原价的，按照上述原则，并参照同类房屋确定房产原值，按规定计征房产税。

【注意】

自 2009 年 1 月 1 日起，对依照房产原值计税的房产，不论是否记载在会计账簿固定资产科目中，均应按照房屋原价计算缴纳房产税。房屋原价应根据国家有关会计制度规定进行核算。对纳税人未按国家会计制度规定核算并记载的，应按规定予以调整或重新评估。

（2）房产原值应包括与房屋不可分割的各种附属设备或一般不单独计算价值的配套设施，主要有：暖气、卫生、通风、照明、煤气等设备；各种管线，如蒸汽，压缩空气、石油、给水排水等管道及电力、电讯、电缆导线；电梯、升降机、过道、晒台等。属于房屋附属设备的水管、下水道、暖气管、煤气管等应从最近的探视井或三通管起，计算原值；电灯网、照明线从进线盒连接管起，计算原值。

（3）纳税人对原有房屋进行改建、扩建的，要相应增加房屋的原值。

（4）居民住宅区内业主共有的经营性房产，自营且没有房产原值或不能将业主共有房产与其他房产的原值准确划分开的，由房产所在地税务机关参照同类房产核定房产原值。

2. 从租计征的计税依据

从租计征房产税的计税依据为房产的租金收入。房产税的租金收入不含增值税。

提　示

免征增值税的，确定计税依据时，租金收入不扣减增值税税额。

（二）应纳税额的计算

1. 从价计征的房产税应纳税额的计算

从价计征是按房产的原值减除一定比例后的余值计征，其计算公式为：

从价计征的房产税应纳税额＝应税房产原值×(1－扣除比例)×1.2%

公式中，扣除比例幅度为10%～30%，具体扣除比例幅度由省、自治区、直辖市人民政府规定。

2. 从租计征的房产税应纳税额的计算

从租计征是按房产的租金收入计征，其计算公式为：

从租计征的房产税应纳税额＝租金收入×12%（或4%）

【注意】

（1）对以房产投资联营，投资者参与投资利润分红、共担风险的，按房产余值作为计税依据计缴房产税。

（2）对以房产投资收取固定收入，不承担联营风险的，实际上是以联营名义取得房产租金，应以出租方取得的租金收入为计税依据计缴房产税。

（3）对于融资租赁的房屋，由承租人以房产余值计征房产税。

【任务实例6-10】2023年，甲公司的房产原值为4000万元，已提折旧800万元。已知从价计征房产税税率为1.2%，当地规定的房产税扣除比例为20%。

【任务要求】请计算甲公司当年应缴纳的房产税税额。

【任务实施】

从价计征房产税的，以房产原值一次减除10%～30%后的余值为计税依据，不扣除折旧。因此：

甲公司应缴纳房产税税额＝4000×(1－20%)×1.2%＝38.4（万元）

四、房产税的会计核算

房产税的会计核算应设置“应交税费——应交房产税”科目。该科目贷方登记本期应缴纳的房产税税额；借方登记企业实际缴纳的房产税税额；期末贷方余额表示企业应交而未交的房产税税额。核算时，企业按规定计算应交的房产税，借记“税金及附加”科目，贷记“应交税费——应交房产税”科目；缴纳房产税时，借记“应交税费——应交房产税”科目，贷记“银行存款”科目。

【任务实例 6-11】 2022 年 12 月 31 日，某公司房屋原始价值为 800 万元。2023 年 6 月底，该公司将其中的 100 万元房产出租给外单位使用，租期为 2 年，每年收取租金 10.5 万元（含增值税，按简易计税办法征税）。当地政府规定，从价计征房产税的，扣除比例为 30%。房产税按年计算，分半年缴纳。

【任务要求】 请计算该公司 2023 年下半年应纳房产税税额并进行会计核算。

【任务实施】

（1）下半年应缴纳的房产税税额：

从价计征部分应纳房产税税额 = 700×(1−30%)×1.2%÷2 = 2.94（万元）

从租计征部分应纳房产税税额 = 10.5÷(1+5%)÷2×12% = 0.6（万元）

下半年应纳房产税税额 = 2.94+0.6 = 3.54（万元）

每月计提房产税 = 3.54÷6 = 0.59（万元）

（2）下半年房产税的会计处理。

下半年每月计提房产税时。

借：税金及附加——房产税	5900	
贷：应交税费——应交房产税		5900

实际缴纳下半年房产税时。

借：应交税费——应交房产税	35400	
贷：银行存款		35400

五、房产税的征收管理

（一）纳税义务的发生时间

（1）纳税人将原有房产用于生产经营，从生产经营之月起，缴纳房产税。

（2）纳税人自行新建房屋用于生产经营，从建成之次月起，缴纳房产税。

（3）纳税人委托施工企业建设的房屋，从办理验收手续之次月起，缴纳房产税。

（4）纳税人购置新建商品房，自房屋交付使用之次月起，缴纳房产税。

（5）纳税人购置存量房，自办理房屋权属转移、变更登记手续，房地产权属登记机关签发房屋权属证书之次月起，缴纳房产税。

（6）纳税人出租、出借房产，自交付出租、出借房产之次月起，缴纳房产税。

（7）房地产开发企业自用、出租、出借本企业建造的商品房，自房屋使用或交付之次月起，缴纳房产税。

（8）自 2009 年 1 月 1 日起，纳税人因房产的实物或权利状态发生变化而依法终止房产税的纳税义务的，其应纳税款的计算应截止到房产的实物或权利发生变化的当月末。

（二）纳税期限

房产税实行按年计算、分期缴纳的征收办法。具体纳税期限由省、自治区、直辖市人民政府规定。以山东省为例，《国家税务总局山东省税务局关于财产和行为税有关政策问题的公告》（国家税务总局山东省税务局公告 2019 年第 3 号）规定，房产税按月、季或半年缴纳的，申报纳税期限为月份、季度或半年终了后 15 日内。

（三）纳税地点

房产税在房产所在地缴纳。房产不在同一地方的纳税人，应按房产的坐落地点分别向房产所在地的税务机关申报纳税。

六、房产税的纳税申报

纳税人对房产税进行纳税申报时，应填报“城镇土地使用税　房产税税源明细表”“财产和行为税减免税明细申报附表”和“财产和行为税纳税申报表”。

任务七　契税的会计实务

契税是以在中华人民共和国境内转移土地、房屋权属的行为为征税对象，向承受权属的单位和个人征收的一种财产税。

一、契税的纳税人、征税范围和税率

（一）纳税人

在中华人民共和国境内转移土地、房屋权属，承受的单位和个人为契税的纳税人。

契税由权属的承受人缴纳。这里所说的“承受”，是指以受让、购买、受赠、互换等方式取得土地、房屋权属的行为。

转移土地、房屋权属行为的转让方和承受方的纳税情况一览表见表 6-11。

表 6-11　转移土地、房屋权属行为的转让方和承受方的纳税情况一览表

转让方	承受方
（1）增值税（销售不动产、转让土地使用权）。 （2）城市维护建设税、教育费附加和地方教育附加。 （3）印花税（土地使用权、房屋等建筑物和构筑物所有权转让书据）。 （4）土地增值税。 （5）企业所得税（或个人所得税）	（1）印花税（土地使用权、房屋等建筑物和构筑物所有权转让书据）。 （2）契税

（二）征税范围

契税以在我国境内转移土地、房屋权属的行为为征税对象。土地、房屋权属未发生转移的，不征收契税。

契税的征税范围主要包括如下。

（1）土地使用权出让。土地使用权出让是指土地使用者向国家交付土地使用权出让费用，国家将土地使用权在一定年限内让与土地使用者的行为。

(2) 土地使用权转让。土地使用权转让是指土地使用者以出售、赠予、互换方式将土地使用权转移给其他单位和个人的行为。土地使用权转让不包括土地承包经营权和土地经营权的转移。

(3) 房屋买卖。房屋买卖是指房屋所有者将其房屋出售，由承受者交付货币、实物、无形资产或其他经济利益的行为。

(4) 房屋赠予。房屋赠予是指房屋所有者将其房屋无偿转让给受赠者的行为。

(5) 房屋互换。房屋互换是指房屋所有者之间相互交换房屋的行为。

提　示

土地、房屋权属的典当、分析（分割）、出租、抵押，不属于契税的征税范围。

(三) 税率

契税采用比例税率，并实行3%~5%的幅度税率。契税的具体适用税率，由省、自治区、直辖市人民政府在上述规定的税率幅度内提出。

二、契税的税收优惠政策

(一) 法定免征契税的情形

(1) 国家机关、事业单位、社会团体、军事单位承受土地、房屋权属，用于办公、教学、医疗、科研和军事设施。

(2) 非营利性的学校、医疗机构、社会福利机构承受土地、房屋权属，用于办公、教学、医疗、科研、养老、救助。

(3) 承受荒山、荒地、荒滩土地使用权用于农、林、牧、渔业生产。

(4) 婚姻关系存续期间夫妻之间变更土地、房屋权属。

(5) 法定继承人通过继承承受土地、房屋权属。

(6) 依照法律规定应当予以免税的外国驻华使馆、领事馆和国际组织驻华代表机构承受土地、房屋权属。

(二) 国务院可以规定免征或减征契税的情形

居民住房需求保障、企业改制重组、灾后重建等，属于可以规定免征或减征的情形。

(三) 省自治区直辖市人民政府可以决定免征或者减征契税的情形

(1) 因土地、房屋被县级以上人民政府征收、征用，重新承受土地、房屋权属。

(2) 因不可抗力灭失住房，重新承受住房权属。

【注意】

纳税人改变有关土地、房屋的用途，或者有其他不再属于免征、减征契税情形的，应当缴纳已经免征、减征的税款。

三、契税的计算

(一) 计税依据

按照土地、房屋权属转移的形式、定价方法的不同，契税的计税依据确定如下。

（1）土地使用权出让、出售，房屋买卖，契税的计税依据为土地、房屋权属转移合同确定的成交价格，包括应交付的货币以及实物、其他经济利益对应的价款。

（2）土地使用权赠予、房屋赠予以及其他没有价格的转移土地、房屋权属行为，契税的计税依据为税务机关参照土地使用权出售、房屋买卖的市场价格依法核定的价格。

（3）土地使用权互换、房屋互换，互换价格相等的，互换双方计税依据为零；互换价格不相等的，以其差额为计税依据，由支付差额的一方缴纳契税。

（4）以划拨方式取得的土地使用权，经批准转让房地产时，契税的计税依据为补缴的土地使用权出让费用或者土地收益。

（二）应纳税额的计算

契税的应纳税额按照计税依据乘以具体适用税率计算。其计算公式为：

应纳契税＝计税依据×税率

【任务实例 6-12】 2023 年 10 月，甲广告公司从乙公司购入一处写字楼，支付不含增值税价款 500 万元。该写字楼乙公司账面原值为 300 万元，已提折旧 75 万元。已知契税税率为 4%。

【任务要求】 计算甲广告公司当月该笔业务应缴纳的契税税额。

【任务实施】

房屋买卖，应以不含增值税的成交价格为计税依据，计征契税。因此：

应纳契税税额＝500×4%＝20（万元）

四、契税的会计核算

企业核算契税应设置“应交税费——应交契税”科目。企业计提契税时，应借记“开发成本”“固定资产”“无形资产”等科目，贷记“应交税费——应交契税”科目；实际缴纳税款时，应借记“应交税费——应交契税”科目，贷记“银行存款”科目。

【任务实例 6-13】 2023 年 9 月，甲公司购买一层楼房用于办公使用，不含增值税价格为 3500 万元，增值税税款为 315 万元。已知当地适用的契税税率为 3%。

【任务要求】 请计算甲公司应缴纳的契税税额并作会计核算。

【任务实施】

（1）甲公司作为房产的承受方需要就房产的价值计算缴纳契税。

应纳契税税额＝3500×3%＝105（万元）

（2）甲公司相关的会计处理如下。

借：固定资产	36050000	
应交税费——应交增值税（进项税额）	3150000	
贷：银行存款		38150000
应交税费——应交契税		1050000
借：应交税费——应交契税	1050000	
贷：银行存款		1050000

五、契税的征收管理

(一) 纳税义务发生时间

契税的纳税义务发生时间是纳税人签订土地、房屋权属转移合同的当日，或者纳税人取得其他具有土地、房屋权属转移合同性质凭证的当日。

(二) 纳税期限

纳税人应当在依法办理土地、房屋权属登记手续前申报缴纳契税。纳税人办理纳税事宜后，税务机关应当开具契税完税凭证。纳税人办理土地、房屋权属登记，不动产登记机构应当查验契税完税、减免税凭证或者有关信息。未按照规定缴纳契税的，不动产登记机构不予办理土地、房屋权属登记。

(三) 纳税地点

契税由土地、房屋所在地的税务机关依照《中华人民共和国契税法》（简称《契税法》）和《税收征收管理法》的规定征收管理。

六、契税的纳税申报

纳税人对契税进行纳税申报时，应填报“契税税源明细表”“财产和行为税减免税明细申报附表”和“财产和行为税纳税申报表”。

任务八 车船税的会计实务

车船税是以车辆、船舶（简称车船）为征税对象，向车船的所有人或者管理人征收的一种税。

一、车船税的纳税人、征税范围和税率

(一) 纳税人

属于《车船税法》规定的车辆、船舶（以下简称车船）的所有人或者管理人，为车船税的纳税人。

根据《中华人民共和国车船税法》（以下简称《车船税法》）的规定，从事机动车第三者责任强制保险业务的保险机构为机动车车船税的扣缴义务人（这里指的是代收代缴义务人），应当在收取保险费时依法代收车船税，并出具代收税款凭证。

(二) 征税范围

车船税的征税范围是指在中华人民共和国境内属于车船税法所规定的应税车辆和船舶。具体包括：

(1) 依法应当在车船登记管理部门登记的机动车辆和船舶；

(2) 依法不需要在车船登记管理部门登记的在单位内部场所行驶或者作业的机动车辆和船舶。

(三) 税率

车船税的税目分为五大类，包括乘用车、商用车、其他车辆、摩托车和船舶。

乘用车为核定载客人数9人（含）以下的车辆；商用车包括客车和货车，其中，客车为核定载客人数9人以上的车辆（包括电车），货车包括半挂牵引车、挂车、客货两用汽车、三轮汽车和低速载货汽车等；其他车辆包括专用作业车和轮式专用机械车等（不包括拖拉机）；船舶包括机动船舶和游艇。

车船税采用定额税率，又称固定税额。根据《车船税法》的规定，对应税车船实行有幅度的定额税率，即对各类车船分别规定一个最低到最高限度的年税额。

车船税的税目和税率依照“车船税税目税额表”执行见表6-12。

表6-12 车船税税目税额表

<table>
<tr><th colspan="2">税 目</th><th>计税单位</th><th>年基准税额</th><th>备注</th></tr>
<tr><td rowspan="7">乘用车［按发动机汽缸容量（排气量）分档］</td><td>1.0升（含）以下</td><td rowspan="7">每辆</td><td>60~360元</td><td rowspan="7">核定载客人数9人（含）以下</td></tr>
<tr><td>1.0升以上至1.6升（含）</td><td>300~540元</td></tr>
<tr><td>1.6升以上至2.0升（含）</td><td>360~660元</td></tr>
<tr><td>2.0升以上至2.5升（含）</td><td>660~1200元</td></tr>
<tr><td>2.5升以上至3.0升（含）</td><td>1200~2400元</td></tr>
<tr><td>3.0升以上至4.0升（含）</td><td>2400~3600元</td></tr>
<tr><td>4.0升以上</td><td>3600~5400元</td></tr>
<tr><td rowspan="2">商用车</td><td>客车</td><td>每辆</td><td>480~1440元</td><td>核定载客人数9人以上，包括电车</td></tr>
<tr><td>货车</td><td rowspan="4">整备质量每吨</td><td>16~120元</td><td>货车包括半挂牵引车、三轮汽车和低速载货汽车等</td></tr>
<tr><td>挂车</td><td></td><td>按照货车税额的50%计算</td><td></td></tr>
<tr><td rowspan="2">其他车辆</td><td>专用作业车</td><td rowspan="2">16~120元</td><td rowspan="2">不包括拖拉机</td></tr>
<tr><td>轮式专用机械车</td></tr>
<tr><td>摩托车</td><td></td><td>每辆</td><td>36~180元</td><td></td></tr>
<tr><td rowspan="4">机动船舶</td><td>净吨位不超过200吨</td><td rowspan="4">净吨位每吨</td><td>3元</td><td rowspan="4">拖船、非机动驳船分别按照机动船舶税额50%计算；拖船按照发动机功率每1千瓦折合净吨位0.67吨计算征收车船税</td></tr>
<tr><td>净吨位超过200吨但不超过2000吨</td><td>4元</td></tr>
<tr><td>净吨位超过2000吨但不超过10000吨</td><td>5元</td></tr>
<tr><td>净吨位超过10000吨</td><td>6元</td></tr>
</table>

续表 6-12

税 目		计税单位	年基准税额	备注
游艇	艇身长度不超过 10 米	艇身长度每米	600 元	
	艇身长度超过 10 米但不超过 18 米		900 元	
	艇身长度超过 18 米但不超过 30 米		1300 元	
	艇身长度超过 30 米		2000 元	
	辅助动力帆艇		600 元	

二、车船税的税收优惠政策

(一) 免征车船税

以下情形免征车船税：(1) 捕捞、养殖渔船；(2) 军队、武装警察部队专用的车船；(3) 警用车船；(4) 消防车船；(5) 依照法律规定应当予以免税的外国驻华使领馆、国际组织驻华代表机构及其有关人员的车船；(6) 商用新能源车船。

【注意】

(1) 免征车船税的“新能源汽车”是指纯电动商用车、插电式（含增程式）混合动力汽车、燃料电池商用车。“纯电动乘用车”和“燃料电池乘用车”，不征收车船税。

(2) 临时入境的外国车船和中国香港特别行政区、中国澳门特别行政区、中国台湾地区的车船，不属于车船税征税范围，不征收车船税。

(二) 减半征收车船税

以下情形减半征收车船税：(1) 节能汽车（1.6 升及以下小排量）；(2) 拖船、非机动驳船；(3) 挂车。

三、车船税的计算

车船税采用从量计征的方法，分别按照征税对象的辆数、整备质量吨数、净吨位、艇身长度等进行计算。车船税应纳税额的计算方法见表 6-13。

表 6-13 车船税应纳税额的计算方法

税 目	计税单位	应纳税额
乘用车、客车和摩托车	每辆	辆数×适用年税额
不大于 1.6 升的节能乘用车		辆数×适用年税额×50%
货车、专用作业车和轮式专用机械车（不包括拖拉机）	整备质量每吨	整备质量吨位数×适用年税额
挂车		整备质量吨位数×适用年税额×50%

续表 6-13

税　目	计税单位	应纳税额
机动船舶	净吨位每吨	净吨位数×适用年税额
非机动驳船、拖船		净吨位数×适用年税额×50%
游艇	艇身长度每米	艇身长度×适用年税额

【任务实例 6-14】 2023 年 4 月 12 日，甲公司购买了一辆发动机汽缸容量为 1.6 升的乘用车，已知适用年基准税额为 480 元。

【任务要求】 请计算当年应缴纳车船税税额。

【任务实施】

购置的新车船，购置当年的应纳税额自纳税义务发生的当月起按月计算，本题中应从 4 月开始计算车船税；购入 1.6 升及以下排量的乘用车，减半征收车船税。因此：

当年应纳车船税税额 = 480×9÷12×50% = 180（元）

四、车船税的会计核算

企业核算车船税应设置“应交税费——应交车船税”科目。企业计提车船税时，应借记“税金及附加”科目，贷记“应交税费——应交车船税”科目；实际缴纳税款时，应借记“应交税费——应交车船税”科目，贷记“银行存款”科目。

【任务实例 6-15】 某货运公司 2023 年拥有载货汽车 10 辆、挂车 5 辆，整备质量均为 20 吨；拥有客车 5 辆。该公司所在省规定载货汽车基准税额每吨 40 元，载客汽车单位税额为每辆 360 元。该公司的车船税按年申报缴纳，按月计提。

【任务要求】 请计算该公司当年应缴纳的车船税税额并作会计核算。

【任务实施】

全年应缴纳车船税税额 = 10×20×40+5×20×40×50%+5×360 = 11800（元）

（1）每月应计提车船税 = 11800÷12 = 983.33（元）

每月计提车船税时。

借：税金及附加　983.33

　贷：应交税费——应交车船税　983.33

（2）缴纳全年税款时。

借：应交税费——应交车船税　11800

　贷：银行存款　11800

五、车船税的征收管理

（一）纳税义务的发生时间

车船税的纳税义务发生时间为取得车船所有权或者管理权的当月。当月是指购买车船的发票或其他证明文件所载月份。

（二）纳税地点

车船税的纳税地点为车船的登记地或者车船税扣缴义务人所在地。扣缴义务人代收代缴车船税的，纳税地点为扣缴义务人所在地。纳税人自行申报缴纳车船税的，纳税地点为车船登记地的主管税务机关所在地。依法不需要办理登记的车船，其车船税的纳税地点为车船的所有人或者管理人所在地。

（三）其他规定

（1）车船税按年申报，分月计算，一次性缴纳。纳税年度为公历1月1日至12月31日。具体申报纳税期限由省、自治区、直辖市人民政府规定。

（2）扣缴义务人应当在收取保险费时依法代收车船税，并出具代收税款凭证，扣缴义务人已代收代缴车船税的，纳税人不再向车辆登记地的主管税务机关申报缴纳车船税。

（3）没有扣缴义务人的，纳税人应当向主管税务机关自行申报缴纳车船税。

（4）已缴纳车船税的车船在同一纳税年度内办理转让过户的，不另纳税，也不办理退税。

（5）在一个纳税年度内，已完税的车船被盗抢、报废、灭失的，纳税人可以凭有关机关出具的证明和完税凭证，向纳税所在地的主管税务机关申请退还自被盗抢、报废、灭失月份起至该纳税年度终了期间的税款。失而复得的，自公安机关出具相关证明的当月起计算缴纳车船税。

六、车船税的纳税申报

纳税人对车船税进行纳税申报时，应填报“车船税税源明细表”“财产和行为税减免税明细申报附表”和“财产和行为税纳税申报表”。

任务九　车辆购置税的会计实务

车辆购置税，是对在中国境内购置规定车辆的单位和个人征收的一种税，就其性质而言，属于直接税的范畴。

一、车辆购置税的纳税人、征税范围和税率

（一）纳税人

在我国境内购置汽车、有轨电车、汽车挂车、排气量超过150毫升的摩托车（以下统称应税车辆）的单位和个人，为车辆购置税的纳税人。

购置，是指购买、进口、自产、受赠、获奖或者以其他方式取得并自用应税车辆的行为。

（二）征税范围

车辆购置税的征收范围包括汽车、有轨电车、汽车挂车、排气量超过150毫升的摩托车。

【注意】

地铁、轻轨等城市轨道交通车辆，装载机、平地机、挖掘机、推土机等轮式专用机械车，以及起重机（吊车）、叉车、电动摩托车，不属于应税车辆。

（三）税率

车辆购置税采用10%的比例税率。

二、车辆购置税的税收优惠政策

下列车辆免征车辆购置税：

（1）外国驻华使馆领事馆和国际组织驻华机构及其有关人员自用的车辆；

（2）中国人民解放军和中国人民武装警察部队列入军队装备订货计划的车辆；

（3）悬挂应急救援专用号牌的国家综合性消防救援车辆；

（4）设有固定装置的运输专用作业车辆；

（5）城市公交企业购置的公共汽电车辆。

根据国民经济和社会发展的需要，国务院可以规定减征或者其他免征车辆购置税的情形，报全国人民代表大会常务委员会备案。

根据财政部、国家税务总局、工业和信息化部发布的《关于延续新能源汽车免征车辆购置税政策的公告》（财政部 税务总局工业和信息化部公告2022第27号）的规定，对购置日期在2023年1月1日至2023年12月31日期间内的新能源汽车免征车辆购置税。2022年12月31日前已列入《免征车辆购置税的新能源汽车车型目录》的新能源汽车可按照该公告继续适用免征车辆购置税政策。

三、车辆购置税的计算

（一）计税依据

不同情形下车辆购置税的计税依据如下：（1）纳税人购买自用应税车辆的计税价格，为纳税人实际支付给销售者的全部价款，不包括增值税税款；（2）纳税人进口自用应税车辆的计税价格，为关税完税价格加上关税和消费税；（3）纳税人自产自用应税车辆的计税价格，按照纳税人生产的同类应税车辆的销售价格确定，不包括增值税税款；（4）纳税人以受赠、获奖或者其他方式取得自用应税车辆的计税价格，按照购置应税车辆时相关凭证载明的价格确定，不包括增值税税款。

若纳税人申报的应税车辆计税价格明显偏低，又无正当理由的，由税务机关核定其应纳税额。

（二）应纳税额的计算

车辆购置税采用从价计征的方法，应纳税额的计算公式为：

$$应纳税额=计税价格\times 10\%$$

【任务实例6-16】 2023年9月，甲公司进口一辆小轿车自用，海关审定的关税完税价格为25万元/辆。已知：小轿车关税税率25%，消费税税率为9%，车辆购置税税率为10%。

【任务要求】 请计算该公司应缴纳的车辆购置税税额。

【任务实施】

进口应税车辆的车辆购置税应纳税额=（关税完税价格+关税+消费税）×车辆购置税税率。其中，关税=关税完税价格×关税税率，消费税=（关税完税价格+关税）÷（1−消费税税率）×消费税税率。经整合计算后：

应纳车辆购置税税额$=25\times(1+25\%)\div(1-9\%)\times 10\%=3.43$（万元）

四、车辆购置税的会计核算

企业核算车辆购置税应设置“应交税费——应交车辆购置税”科目。企业购买车辆所缴纳的车辆购置税应当计入固定资产成本，应借记“固定资产”科目，贷记“应交税费——应交车辆购置税”科目；实际缴纳税款时，应借记“应交税费——应交车辆购置税”科目，贷记“银行存款”科目。

【任务实例 6-17】2023 年 9 月，某公司购进一辆小汽车自用，取得机动车销售发票上注明的价款为 20 万元、增值税税额为 2.6 万元。已知车辆购置税的税率为 10%。

【任务要求】请计算该公司应缴纳的车辆购置税税额并作会计核算。

【任务实施】

应纳车辆购置税税额 = 20×10% = 2（万元）

会计处理如下：

（1）购买汽车时。

借：固定资产　220000

　　应交税费——应交增值税（进项税额）　26000

　贷：应交税费——应交车辆购置税　20000

　　　银行存款　226000

（2）缴纳车辆购置税时。

借：应交税费——应交车辆购置税　20000

　贷：银行存款　20000

五、车辆购置税的征收管理

（一）纳税环节

车辆购置税由税务机关负责征收。车辆购置税实行一次性征收。购置已征车辆购置税的车辆，不再征收车辆购置税。但减税、免税条件消失的车辆，应按规定缴纳车辆购置税。车辆购置税是对应税车辆的购置行为课征，选择单一环节，实行一次课征制度。征税环节选择在使用环节（即最终消费环节）。具体而言，纳税人应当在向公安机关交通管理部门办理车辆注册登记前，缴纳车辆购置税。公安机关交通管理部门办理车辆注册登记，应当根据税务机关提供的应税车辆完税或者免税电子信息对纳税人申请登记的车辆信息进行核对，核对无误后依法办理车辆注册登记。

（二）纳税义务的发生时间

车辆购置税的纳税义务发生时间为纳税人购置应税车辆的当日。

（三）纳税期限

纳税人应当自纳税义务发生之日起 60 日内申报缴纳车辆购置税。

（四）纳税地点

纳税人购置应税车辆，应当向车辆登记地的主管税务机关申报缴纳车辆购置税；购置不需要办理车辆登记的应税车辆的，应当向纳税人所在地的主管税务机关申报缴纳车辆购置税。

六、车辆购置税的纳税申报

纳税人对车辆购置税进行纳税申报时，应填报“车辆购置税纳税申报表”。

任务十　印花税的会计实务

印花税是对在中华人民共和国境内书立应税凭证、进行证券交易行为所征收的一种税。因纳税人主要是通过在应税凭证上粘贴印花税票来完成纳税义务，故名印花税。它是一种具有行为税性质的税种。

一、印花税的纳税人、征税范围和税率

（一）纳税人和扣缴义务人

在中华人民共和国境内书立应税凭证、进行证券交易的单位和个人，为印花税的纳税人，应当依照《中华人民共和国印花税法》（以下简称《印花税法》）的规定缴纳印花税。

在中华人民共和国境外书立在境内使用的应税凭证的单位和个人，应当依照《中华人民共和国印花税法》的规定缴纳印花税。

纳税人为境外单位或者个人，在境内有代理人的，以其境内代理人为扣缴义务人；在境内没有代理人的，由纳税人自行申报缴纳印花税，具体办法由国务院税务主管部门规定。

证券登记结算机构为证券交易印花税的扣缴义务人，应当向其机构所在地的主管税务机关申报解缴税款以及银行结算的利息。

（二）征税范围

印花税的征税范围包括合同、产权转移书据、营业账簿、证券交易，共有四大类、十七个税目。

（三）税率

印花税的税目和税率依照“印花税税目税率表”（见表6-14）执行。

表6-14　印花税税目税率表

税　目		计税依据及税率	备注
合同（指书面合同）	借款合同	借款金额的万分之零点五	指银行业金融机构、经国务院银行业监督管理机构批准设立的其他金融机构与借款人（不包括同业拆借）的借款合同
	融资租赁合同	租金的万分之零点五	
	买卖合同	价款的万分之三	指动产买卖合同（不包括个人书立的动产买卖合同）

续表 6-14

税目		计税依据及税率	备注
合同（指书面合同）	承揽合同	报酬的万分之三	
	建设工程合同	价款的万分之三	
	运输合同	运输费用的万分之三	指货运合同和多式联运合同（不包括管道运输合同）
	技术合同	价款、报酬或者使用费的万分之三	不包括专利权、专有技术使用权转让书据
	租赁合同	租金的千分之一	
	保管合同	保管费的千分之一	
	仓储合同	仓储费的千分之一	
	财产保险合同	保险费的千分之一	不包括再保险合同
产权转移书据	土地使用权出让书据	价款的万分之五	转让包括买卖（出售）、继承、赠予、互换、分割
	土地使用权、房屋等建筑物和构筑物所有权转让书据（不包括土地承包经营权和土地经营权转移）	价款的万分之五	
	股权转让书据（不包括应缴纳证券交易印花税的）	价款的万分之五	
	商标专用权、著作权、专利权、专有技术使用权转让书据	价款的万分之三	
营业账簿		实收资本（股本）、资本公积合计金额的万分之二点五	
证券交易		成交金额的千分之一	

二、印花税的税收优惠政策

下列凭证免征印花税：

（1）已缴纳印花税的凭证的副本或抄本，但副本或抄本视同正本使用的，应另行贴花；

（2）财产所有者将财产赠给政府、社会福利机构及学校所书立的书据；

（3）国家指定的收购部门与村民委员会、农民个人书立的农副产品收购合同；

（4）无息、贴息贷款合同；

（5）外国政府或国际金融组织向我国政府及国家金融机构提供优惠贷款所书立的合同；

（6）房地产管理部门与个人签订的用于生活居住的租赁合同；

（7）农业保险合同；

（8）特殊的货运凭证，包括军需物资运输、抢险救灾物资运输凭证、新建铁路的工程临管线运输凭证。

三、印花税的计算

（一）计税依据

1. 印花税计税依据的一般规定

印花税的计税依据为各种应税凭证上所记载的计税金额。具体规定为：

（1）应税合同的计税依据，为合同所列的金额，不包括列明的增值税税款；

（2）应税产权转移书据的计税依据，为产权转移书据所列的金额，不包括列明的增值税税款；

（3）应税营业账簿的计税依据，为账簿记载的实收资本（股本）、资本公积合计金额；

（4）证券交易的计税依据，为成交金额。

2. 印花税计税依据的特殊规定

（1）应税合同、产权转移书据未列明金额的，印花税的计税依据按照实际结算的金额确定。

（2）计税依据按照上述规定仍不能确定的，按照书立合同、产权转移书据时的市场价格确定；依法应当执行政府定价或者政府指导价的，按照国家有关规定确定。

（3）证券交易无转让价格的，按照办理过户登记手续时该证券前一个交易日收盘价计算确定计税依据；无收盘价的，按照证券面值计算确定计税依据。

（4）同一应税凭证由两方以上当事人书立的，按照各自涉及的金额分别计算应纳税额。

（5）已缴纳印花税的营业账簿，以后年度记载的实收资本（股本）、资本公积合计金额比已缴纳印花税的实收资本（股本）、资本公积合计金额增加的，按照增加部分计算应纳税额。

（二）应纳税额的计算

印花税的应纳税额按照计税依据乘以适用税率计算。其计算公式为：

应纳印花税=计税依据×适用税率

同一应税凭证载有两个以上税目事项并分别列明金额的，按照各自适用的税目税率分别计算应纳税额；未分别列明金额的，从高适用税率。

【任务实例 6-18】 甲公司为增值税一般纳税人。2023 年 7 月 1 日甲公司与乙公司签订买卖合同，合同列明不含增值税价款 3000 万元，增值税税款 390 万元。本年 7 月 20 日甲公司与乙公司签订融资租赁合同，合同列明不含增值税租赁费 1000 万元，增值税税款 130 万元。

【任务要求】 计算甲公司本年 7 月上述业务的应纳印花税。

【任务实施】

买卖合同应纳印花税＝3000×0.3‰＝0.9（万元）＝9000（元）

融资租赁合同应纳印花税＝1000×0.05‰＝0.05（万元）＝500（元）

应纳印花税合计＝9000+500＝9500（元）

四、印花税的会计核算

企业缴纳的印花税可以不通过“应交税费”科目核算。缴纳时，可直接借记“税金及附加”“固定资产清理”“无形资产”“其他业务成本”等科目，贷记“银行存款”科目。

当进行固定资产或无形资产的购销、转让和租赁时，若作为购买方或承受方、承租方缴纳印花税，可直接借记“税金及附加”“固定资产”“无形资产”等科目；若作为销售方或转让方、出租方缴纳印花税，可直接借记“固定资产清理”“其他业务成本”等科目。

其他情况下，一般企业在缴纳印花税时，可直接借记“税金及附加”等科目。

【任务实例 6-19】 甲公司与 A 企业签订技术转让合同 1 份，金额为 20 万元。

【任务要求】 请计算双方各自应缴纳的税款，并作相关的会计处理。

【任务实施】

技术转让合同应缴纳的印花税税额＝200000×0.3‰＝60（元）

技术转让涉及的增值税税额＝200000×6%＝12000（元）

（1）甲公司取得转让收入，计算缴纳印花税时，会计处理。

借：银行存款	212000	
贷：其他业务收入		200000
应交税费——应交增值税（销项税额）		12000
借：税金及附加	60	
贷：银行存款		60

（2）A 企业购买技术的会计处理。

借：无形资产	200060	
应交税费——应交增值税（进项税额）	12000	
贷：银行存款		212060

五、印花税的征收管理

（一）纳税方式

印花税采用申报的方式缴纳。印花税也可以采用粘贴印花税票或者由税务机关依法开具其他完税凭证的方式缴纳。印花税票粘贴在应税凭证上的，由纳税人在每枚税票的骑缝处盖戳注销或者画销。印花税票由国务院税务主管部门监制。

（二）纳税义务的发生时间

印花税的纳税义务发生时间为纳税人书立应税凭证或者完成证券交易的当日。

证券交易印花税扣缴义务发生时间为证券交易完成的当日。

（三）纳税期限

印花税按季、按年或者按次计征。实行按季、按年计征的，纳税人应当自季度、年度终了之日起 15 日内申报缴纳税款；实行按次计征的，纳税人应当自纳税义务发生之日起 15 日内申报缴纳税款。

证券交易印花税按周解缴。证券交易印花税扣缴义务人应当自每周终了之日起 5 日内申报解缴税款以及银行结算的利息。

（四）纳税地点

纳税人为单位的，应当向其机构所在地的主管税务机关申报缴纳印花税；纳税人为个人的，应当向应税凭证书立地或者纳税人居住地的主管税务机关申报缴纳印花税。

不动产产权发生转移的，纳税人应当向不动产所在地的主管税务机关申报缴纳印花税。

纳税人为境外单位或者个人，在境内有代理人的，以其境内代理人为扣缴义务人。境外单位或者个人的境内代理人应当按规定扣缴印花税，向境内代理人机构所在地（居住地）主管税务机关申报解缴税款。

纳税人为境外单位或者个人，在境内没有代理人的，纳税人应当自行申报缴纳印花税。境外单位或者个人可以向资产交付地、境内服务提供方或者接受方所在地（居住地）、书立应税凭证境内书立人所在地（居住地）主管税务机关申报缴纳；涉及不动产产权转移的，应当向不动产所在地主管税务机关申报缴纳。

证券登记结算机构为证券交易印花税的扣缴义务人，应当向其机构所在地的主管税务机关申报解缴税款以及银行结算的利息。

六、印花税的纳税申报

纳税人对印花税进行纳税申报时，应填报“印花税税源明细表”“财产和行为税减免税明细申报附表”和“财产和行为税纳税申报表”。

思政小课堂

纳税人应当充分运用国家出台的相关税收政策，促进产业行业发展，合法合规纳税：

（1）我国征收房产税，有利于抑制房产投资投机行为，调控房产市场价格，节约和优化配置社会资源，规范房地产行业的发展，缩小财富差距，实现社会公平，体现了“坚持房子是用来住的、不是用来炒的定位”的精神；

（2）我国通过征收进口关税、增值税、消费税来提高进口商品的价格，以便减少进口商品对我国商品的不良影响，保护和促进我国产业的发展，体现了“加快构建以国内大循环为主体、国内国际双循环相互促进的新发展格局”的精神。

【课后练习】

6-1 单选题

（1）市区某纳税人当月应纳增值税 2 万元，减免 1 万元，补交上月未缴的增值税 0.5 万元，滞纳金 0.1 万元。该纳税人本月应缴纳城市维护建设税（　　）万元。

A. 0.14　　B. 0.182　　C. 0.105　　D. 0.154

(2) 下列关于关税税务处理的说法，正确的是（　　）。

A. 外国企业无偿赠送进口的物资免征关税

B. 进料加工料件，无论是否出口，按照实际进口数量免征进口关税，加工的成品出口，免征出口关税

C. 出口加工区区内企业和行政管理机构进口的自用合理数量的办公用品，予以免除进口关税

D. 已征进口关税的货物，因品质或规格原因，原状退货复运出境的，纳税人自缴纳税款之日起 3 年内可以申请退还关税

(3) 根据我国《土地增值税暂行条例》的规定，我国现行的土地增值税适用的税率属于（　　）。

A. 比例税率　　B. 超额累进税率

C. 定额税率　　D. 超率累进税率

(4) 根据资源税法律制度规定，下列各项中，不属于资源税征税范围的是（　　）。

A. 原油　　B. 与原油同时开采的天然气

C. 有色金属矿原矿　　D. 人造石油

(5) 根据我国税收法律制度的规定，下列税种中实行从量征收的是（　　）。

A. 契税　　B. 城市维护建设税

C. 房产税　　D. 城镇土地使用税

(6) 根据城镇土地使用税法律制度的规定，城镇土地使用税的计税依据是（　　）。

A. 纳税人实际占用的土地面积

B. 纳税人实际用于经营活动的土地面积

C. 纳税人有效利用的建筑面积

D. 纳税人实际拥有的居住面积

(7) 甲企业以房产进行投资联营，共担风险，并参与被投资企业的利润分红，则房产税的计税依据为（　　）。

A. 取得的分红　　B. 房产市值

C. 房产原值　　D. 房产余值

(8) 下列车船免征车船税的有（　　）。

A. 外商投资企业汽车

B. 武警消防车

C. 政府机关办公用车辆

D. 未纳船舶吨税的我国远洋运输船

(9) 赵某于 2023 年 9 月 1 日购入一辆小汽车自用，于 10 月 30 日申报并缴纳车辆购置税 10 万元。由于车辆制动系统存在严重问题，2023 年 11 月 30 日，赵某将该车退回，则赵某可以申请退还的车辆购置税为（　　）。

A. 10 万元　　B. 9 万元　　C. 8 万元　　D. 0

(10) 下列各项中，不征收印花税的是（　　）。

A. 技术开发合同　　B. 出版印刷合同

C. 产品加工合同　　D. 法律咨询合同

(11) 周某向谢某借款 80 万元，后因谢某急需资金，周某以一套价值 90 万元的房产抵偿所欠谢某债务，谢某取得该房产产权的同时支付周某差价款 10 万元。已知契税税率为 3%。关于此次房屋交易缴纳契税的下列表述中，正确的是（　　）。

A. 周某应缴纳契税 0.3 万元　　B. 周某应缴纳契税 2.4 万元

C. 谢某应缴纳契税 2.7 万元　　D. 谢某应缴纳契税 0.3 万元

6-2 多选题

（1）关于城市维护建设税的下列说法正确的有（　　）。
A. 由于减免增值税、消费税而发生退税的，可同时退还已征收的城市维护建设税
B. 对出口产品退还增值税、消费税的，不退还已缴纳的城市维护建设税
C. 城市维护建设税按减免“两税”后实际缴纳的“两税”税额为计税依据计征
D. 对“两税”实行即征即退办法的，随“两税”征收的城市维护建设税也应退还
（2）下列税收、费用不计入出口货物的完税价格的有（　　）。
A. 出口关税
B. 境内输出地点装载前的运输及相关费用
C. 境内输出地点装载前的保险费
D. 在货物价款中单独列明由卖方承担的佣金
（3）下列情形中，不征收土地增值税的有（　　）。
A. 个人之间互换自有经营用房
B. 企业之间互换房产
C. 因国家建设需要收回国有土地使用权而使房地产权属发生转让的
D. 处于抵押期间的房产
（4）根据资源税法律制度规定，下列单位和个人的生产经营行为中，应缴纳资源税的有（　　）。
A. 冶炼企业进口铁矿石
B. 个体经营者开采原煤
C. 军事单位开采石油
D. 中外合作开采天然气
（5）下列关于城镇土地使用税纳税义务发生时间说法正确的有（　　）。
A. 出租、出借房产，自交付出租、出借房产之月起
B. 购置新建商品房，自房屋交付使用之次月起
C. 对于新征用的耕地，自批准之日起满一年时
D. 房地产开发企业自用商品房，为房屋使用或交付之次月
（6）下列各项房产或其他建筑物，应征房产税的有（　　）。
A. 企业职工宿舍
B. 房地产公司出租的写字楼
C. 工厂围墙
D. 农村房屋
（7）根据现行车船税法律制度规定，下列说法正确的有（　　）。
A. 应税车船的所有人或管理人未缴纳车船税的，应由使用人代缴
B. 警用车船免征车船税
C. 纯电动车船不征车船税
D. 车船税法对应税车船实行幅度定额税率
（8）根据税收法律制度的规定，下列关于车辆购置税的说法中正确的有（　　）。
A. 车辆购置税的征税范围包括汽车、有轨电车、汽车挂车、排气量超过150毫升的摩托车
B. 车辆购置税的计税依据包括购买车辆所缴纳的增值税税款
C. 纳税人应当在向公安机关交通管理机构办理车辆登记注册前，缴纳车辆购置税
D. 公安机关交通管理部门办理车辆注册登记，应当根据税务机关提供的应税车辆完税或者免税电子信息对纳税人申请登记的车辆信息进行核对，核对无误后依法办理车辆注册登记
（9）关于印花税纳税人的下列表述中，正确的有（　　）。

A. 会计账簿以立账簿人为纳税人
B. 产权转移书据以立据人为纳税人
C. 建设工程合同以合同当事人为纳税人
D. 证券交易以证券出让方为纳税人

(10) 关于契税计税依据的下列表述中，符合法律制度规定的有（　　）。
A. 受让国有土地使用权的，以成交价格为计税依据
B. 受赠房屋的，由征收机关参照房屋买卖的市场价格规定计税依据
C. 购入土地使用权的，以评估价格为计税依据
D. 交换土地使用权的，以交换土地使用权的价格差额为计税依据

6-3　判断题

(1) 因故退还的境外进口货物，可以免征出口关税，并退还已征收的进口关税。（　　）

(2) 计算土地增值税时，土地增值额的大小，取决于转让房地产的收入额和扣除项目金额两个因素。（　　）

(3) 纳税人不能准确提供应税产品销售数量的，以应税产品的产量或按主管税务机关确定的折算比换算成的数量为计征资源税的销售数量。（　　）

(4) 公园、名胜古迹内的索道公司经营用地，免征城镇土地使用税。（　　）

(5) 以房屋为载体、不可随意移动的附属设备和配套设施，如果单独记账，价值没有计入房产原值，可以不计算缴纳房产税。（　　）

(6) 已缴纳车船税的车船在同一纳税年度内办理转让过户的，不需要另外纳税。（　　）

(7) 纳税人以受赠、获奖或者以其他方式取得并自用的应税车辆的计税价格，由主管税务机关参照市场价格核定。（　　）

(8) 企业缴纳的印花税必须通过“应交税费”科目核算。（　　）

(9) 一般企业在缴纳印花税时，可贷记“税金及附加”科目。（　　）

(10) 甲房地产企业向乙公司转让其商品房的，契税和土地增值税均由甲企业缴纳。（　　）

【实践教学任务】

其他税种的会计核算

(1) 甲贸易有限公司主要从事金属材料进出口业务，拥有进出口经营权。2023 年 5 月，该公司从加拿大进口一批钢材用于生产，货物于 6 月 1 日抵达上海港，该货物采用实际成本计价。该货物的成交价格为 20 万美元，关税税率为 1%。运抵广州港前发生的运杂费为 8000 元，保险费率为 0.25%。已知汇率 1∶6.76。

要求：计算该公司进口这批货物应缴纳的关税税款，并对甲贸易有限公司上述业务进行账务处理。

(2) 甲油田为增值税一般纳税人，本年 5 月生产原油 100000 吨，当月对外销售 70000 吨，每吨售价为 5000 元（不含增值税），货款已收到。原油的资源税税率为 6%。

要求：计算甲油田本年 5 月的增值税销项税额和应纳的资源税，并对甲油田上述业务进行账务处理。

(3) 甲公司为增值税一般纳税人，本年占用土地 24000 平方米，其中企业自办的幼儿园占用土地 2400 平方米。当地政府核定的城镇土地使用税税额为每平方米 2 元，城镇土地使用税按季缴纳。

要求：计算甲公司本年第一季度应纳的城镇土地使用税，并对甲公司本年第一季度的

城镇土地使用税业务进行账务处理。

（4）甲公司为增值税一般纳税人，本年拥有房屋原值1000万元（含本公司幼儿园使用的房产原值100万元），将其中原值300万元的房屋出租，年租金为24万元（不含增值税），其他自用。当地政府规定按房地产原值一次性减除30%后的余值纳税，房产税按季缴纳。

要求：计算甲公司本年第一季度应纳的房产税，并对甲公司本年第一季度的房产税业务进行账务处理。

（5）甲运输公司为增值税一般纳税人，本年拥有载货汽车30辆（货车整备质量全部为10吨）；大型客车10辆；中型客车15辆。该省人民政府规定，载货汽车整备质量每吨车船税税额为72元；大型客车每辆车年车船税税额为720元，中型客车每辆车年车船税税额为600元。

要求：计算甲公司全年应纳的车船税，并对甲公司上述业务进行账务处理。

（6）甲公司为增值税一般纳税人，本年7月一次购买印花税票2000元，准备在未来一定期间使用。本年7月签订一份买卖合同，合同所列不含增值税金额为200000元，增值税税额为26000；当月签订一份土地使用权、房屋等建筑物和构筑物所有权转让书据，书据所列不含增值税金额为100000元，增值税税额为9000元；新启用营业账簿10本［均不属于记载实收资本（股本）、资本公积的账簿］。买卖合同的印花税税率为0.3‰，土地使用权、房屋等建筑物和构筑物所有权转让书据的印花税税率为0.3‰。

要求：计算甲公司本年7月应纳的印花税，并对甲公司上述业务进行账务处理。

（7）甲公司为增值税一般纳税人，本年5月接受乙公司捐赠一幢办公楼，办公楼的市场价值为1500万元（不含增值税），取得由乙公司开具的增值税专用发票。甲公司取得的增值税专用发票本年5月符合抵扣规定，当地的契税税率为3%。

要求：计算甲公司本年5月应纳的契税，并对甲公司上述业务进行账务处理。

参考文献

[1] 中国注册会计师协会．会计［M］．北京：中国财政经济出版社，2023.
[2] 中国注册会计师协会．税法［M］．北京：中国财政经济出版社，2023.
[3] 全国税务师职业资格考试教材编写组．税法（Ⅰ）［M］．北京：中国税务出版社，2023.
[4] 全国税务师职业资格考试教材编写组．税法（Ⅱ）［M］．北京：中国税务出版社，2023.
[5] 全国税务师职业资格考试教材编写组．涉税服务实务［M］．北京：中国税务出版社，2023.
[6] 梁伟样．税务会计实务［M］．北京：科学出版社，2022.
[7] 刘彩霞．税务会计实务［M］．北京：清华大学出版社，2023.
[8] 盖地．税务会计与筹划［M］．2 版．北京：人民邮电出版社，2023.
[9] 盖地．税务会计学［M］．15 版．北京：中国人民大学出版社，2022.
[10] 梁俊娇，王怡璞．税务会计［M］．6 版．北京：中国人民大学出版社，2023.
[11] 梁文涛，耿红玉．纳税实务［M］．大连：东北财经大学出版社，2023.
[12] 梁文涛，彭新媛．税务会计实务［M］．5 版．大连：东北财经大学出版社，2023.
[13] 梁文涛．纳税筹划实务［M］．5 版．大连：东北财经大学出版社，2021.
[14] 苏强．企业所得税汇算清缴财税处理实务与申报表填报案例解析［M］．北京：经济科学出版社，2022.
[15] 苏强．营改增后增值税会计处理和税会差异调整操作实务［M］．北京：经济科学出版社，2017.
[16] 吴瑶，陈园．税务会计实务［M］．上海：立信会计出版社，2023.
[17] 李海燕，蔡冬梅．税务会计［M］．3 版．上海：上海财经大学出版社，2023.
[18] 林颖华，郑雪莲．税务会计与纳税申报实务［M］．厦门：厦门大学出版社，2023.
[19] 王碧秀．税务会计［M］．2 版．北京：高等教育出版社，2020.
[20] 王碧秀．税务会计习题与实训［M］．2 版．北京：高等教育出版社，2021.